新신개인의
탄 생 을
꿈 꾸 며

新 신개인의 탄생을 꿈꾸며

마진찬 지음

일체의 권위와 집단,
위선적인 성도덕으로부터도 자유로운
새로운 개인의 출현!

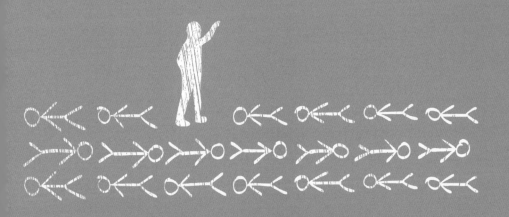

창해

혜리, 해경, 채경, 그리고······ 영호에게

몇 년 전 한 여성이 내게 책을 내보라고 충동질하였다. 이 책 자체는 그 여성의 권유와는 전혀 무관하지만, 결과적으로는 그 여성의 조언을 따른 셈이 되었다. 익명성의 자유를 만끽하는 웹에 글을 쓴다는 것과 책을 낸다는 것에는 큰 차이가 있다. 웹의 생명은 익명성이라고 믿는 나는 내 블로그에 나에 대한 어떤 정보도 싣지 않는다. 만약 그 블로그의 주인이 나라는 것을 세상 단 한 사람이라도 알게 되고, 그 사실을 내가 인지하는 순간, 내 글쓰기는 곧바로 위선의 탈을 쓰게 되기 때문이다. 나는 온전히 자유롭게 내가 원하는 바대로 글을 쓰기보다는 내가 이 블로그에 글을 쓰고 있다는 것을 알고 있는 그 사람을 의식하면서 조금씩 '마사지'를 하게 될 것이다. 나는 내가 얼마나 멋진 사람인지를 보여주려고 애쓸 것이고, 내 속에 있는 음험한 본능과 욕망은 억제될 것이다. 따라서 설령 익명으로 책을 낸다 해도 방금 말한 익명성의 자유는 얻어지지 않는다. 어쨌든 출판사 관계자는 지은이가 나라는 사실을 알고 있으니 말이다. 결국 책을 내기 위해서는 자신의 생각을 자신의 이름으로 사람들에게 내보인다는 것에 대한 두려움 또는 발가벗겨짐, 말과는 달리 글로 쓸 때의 어휘 선택의 중압감 등등을 이겨내야 한다. 게다가 책을 쓴다 한들 누가 알아주거나 관심 가질 만한 권위가 내게는 없다.

그러다가 어느 티비쇼에서 다양한 경험이 물리적 삶의 길이뿐만 아니라 정서적 삶의 길이도 늘려준다는 말을 들었는데, 이 말이 낙타의 등을 부러뜨린 마지막 지푸라기가 되었다. 책을 냄으로써 얻는 이득이나 효과, 목표 등을 고려하지 않고 오로지 '해보지 않았던 어떤 경험'에만 의미를 두니 갑자기 걱정, 두려움 등이 완전하게는 아니어도 통제 가능한 크기로 줄어드는 느낌이 들었다.

나는 서머셋 모옴의 『서밍업』을 다시 읽으면서 자기 자신의 생각을 쓰되, 그것이 자서전도 아니고 회고록도 아닐 수 있으며, 자신의 모든 것을 까발릴 필요가 없는, 적당히 솔직하면서 적당히 비밀을 간직하는 방식의 글쓰기가 가능하다는 것에 용기를 얻었다.

지난 몇 년 동안 나의 일관된 화두는 '일체의 권위로부터 자유로운, 집단의 일원이 아닌 개별적 존재로서의 인간, 즉 개인의 출현'이었으니, 나 스스로 개인으로 우뚝 서보고 싶은 욕망도 작용하였다. 책을 낼 만한 어떤 지위나 권위도 가지고 있지 못하지만, 지난 내 삶과 내 이웃들의 삶에 대한 진지한 고민과 성찰의 결과물을 내놓지 못할 이유는 없어 보였다.

내 머릿속에 있는 가상의 청중, 내 앞에서 내 이야기를 들어주는 사람은 주로 내 아이들이었다. 또 가끔은 죽은 내 친구와 대화하는 장면을 떠올리곤 하였다. 내가 아는 가장 완전한 자유주의자, 나의 스승이자 멘토였던 그 친구는 이 사안에 대해 어떤 생각을 할까, 하면서 말이다.

일본이 서양을 번역하는 과정에서 종종 어려운 개념들을 만나곤 했다. 해당 어휘의 개념이 지시하는 역사적 사태를 동아시아 역사에서 찾기 힘들어서이다. 그 예가 society와 individual이었다. '사회'라는 의미에서의 society는 자본주의의 경험과 분리되지 않는다. 그리고 individual은 society와 동전의 양면을 이루니 자본주의를 경험하지 않는 당시 일본인들이 두 단어를 이해하고 적절히 번역하기는 당연히 힘들었을 것이다. individual에 대한 초기 번역어는 인민각개, 각개인 등이 쓰였다가 이후 2음절로 번역하는 추세가 확립되면서 '개인'이라는 표현으로 최종 결정되었다.

개인이라는 어휘가 만들어졌지만 그 내용까지 확보된 것은 아니며, 그 의미마저 단일한 것은 아니다. 조선 시대에 개인은 아마도 개별 백성 한 명 한 명을 의미했을 것이고, 이 경우 백성은 왕과 커플일 것이다. 딸이나 아들로서의 개인은 가족과 커플이고, 직원은 회사와 커플이다. 이렇게 다양한 삶의 국면에서 우리는 다양한 집단에 속하게 되고 그 집단의 일원으로서 규정된다. 나는 우리가 체득하는 이런 다양한 성격의 개인 정체성 중에서 사회와 양면관계에 놓여있는 개인의 정체성을 획득하는 것이 지금 우리 사회, 우리 문명의 최대 과제라고 생각한다. 그런 정체성을 가진 개인을 이 책에서는 임시방편으로 '신(新)개인'이라 칭했지만 명칭이 뭐가 되든 상관할 바는 아니다. 중요한 것은 제대로 된 사회와 제대로 된 개인의 탄생일 터이니.

　개인이 다양한 억압으로부터 자유로워지기 위해서 가장 필요한 것은 역시 경제적 독립이다. 보통의 노력만으로는 살아가는 것 자체가 힘든 경우에 정치적 사회적 독립이라는 것은 요원하기만 하다. 그러나 이 책에서는 이런 사회 경제적 요소는 많이 다루지 않았다. 결코 중요하지 않아서가 아니라 사회적으로 이미 충분히 논의되고 있기 때문에 굳이 내가 추가할 필요가 없어 보였기 때문이다.

　꽤 많은 부분이 여성과 성 문제에 할애되었다. 우리 사회의 구조를 커다란 시각에서 담아낼 능력이 내게 부족했다는 것이 가장 큰 이유이다. 하지만 약간의 자기합리화를 한다면, 정치적 억압과 성적 억압(남녀에게 달리 적용되는 성윤리 및 가정 내 성별 분업에 따른 억압 등등)이 동전의 양면처럼 불가분의 관계일 뿐만 아니라 일상에서 다가오는 억압은 성적 억압이 압도적이라고 보기 때문이다. 정치 경제적 억압과 성적 억압이라는 틀은 인간의 노동을 생산노동과 재생산노동이라는 두 가지 범주로 바라보는 시각과도 상통한다. 그런데 1990년에 발표된 자료에 의하면, 소련 전체에서 가사노동에 쓰이는 시간의 양은 소련 전체에서 행해지는 생산노동에 소요되는 시간의 90%에 달하였다고 한다. 인간 노동의 모든 요소에 억압의 기제가 작동하고 있고, 재생산노동은 거의 전적으로 여성이 담당하였고, 생산노동의 상당부분을 여성이 담당하였다는 것을 감안하면 평균적으로 여성 한 명이 받는 억압의 양은 남성 한 명이 받는 억압의 양을 훨씬 상회했을 것임을 짐작할 수 있다.

간단한 계산을 해보자. 당시 소련 전체에서 행해지는 생산노동의 40%와 가사노동의 90%를 여성이 담당했다고 가정하면, 남성과 여성 전체의 노동 시간의 비는 70 : 120이 된다. 이는 소련만의 문제가 아니라 모든 사회에서 여성은 남성보다 훨씬 더 오래 일하고, 잠은 덜 자고 여가시간도 턱없이 부족하다. 세계적으로 모든 노동의 2/3를 여성이 담당하고 있으며, 식량의 절반을 여성이 생산하지만 전체 소득의 10%만이 여성에게 돌아가고, 전체 자산의 1%만을 여성이 소유하고 있다.

퍼스널과 폴리티컬은 하나의 실체를 이루는 두 측면이므로 결코 어느 하나를 다른 것에 우선하거나 뒤로 밀어서는 안 된다. 소련을 포함한 동유럽사회주의의 실패는 계급혁명과 여성해방을 동시에 추구하지 않았기 때문이다. 물론 표어나 정강에서는 언제나 두 가지를 동시에 표방하였다. 그러나 현실에서 문제가 생기면 여성해방의 과제는 언제나 뒷전으로 밀려나기 일쑤였다. 나는 그것이 동유럽사회주의 실패의 가장 큰 원인이라고 본다. 반면, 비록 각각의 과제에서는 다소 미흡하거나 온건한 태도를 취했지만 두 가지 과제를 동시에 움켜쥐고 나아갔던 북유럽사회주의는 크게 성공하였다.

현재 우리 사회에 정치 경제적 억압에 대한 논의와 성적 억압에 대한 논의는 차고 넘친다. 그러나 이 두 가지를 하나의 실체로 바라보면서 누구와 연대하고 누구와 타협하면서 어떻게 싸워나갈지에 대한 고민을 하지 않는다면 변화의 길은 훨씬 멀고 험할 것이며, 과연 성공할지도 미지수이다. 여성해방 없는 계급해방은 기껏해야 가부장들의 안식처에 불과하고, 계급해방 없는 여성해방은 〈섹스앤더시티〉 류의 중산층 여성의 액세서리로 전락할 것이다.

1980년대가 정치혁명의 시대였다면 지금은 사회혁명의 시대이며, 그 혁명의 소용돌이로 뛰어드는 스프링보드가 바로 여성주의이다. 여성주의 혁명은 이제까지의 모든 혁명과는 달리 권력 구조의 개편이 아니라 인간을 바라보는 시각의 변화를 추구한다. 기존의 혁명과는 달리 지속적이고 최종적인 권위를 갖는 지도부가 따로 없다. 그때그때 상황에 따라 모였다가 흩어진다. 기존의 혁명과는 달리 혁명의 이념과 가치를 위해 희생할 것을 요구하지 않는다. 혁명의 이념과 가치를 즐길 것을, 그 혁명에 맞춰 춤출 것을 요구한다.[1] 페미니즘은 본질적으로 아나키즘이다. 페미니즘의 이런 특징들이 민주/진보 진영의 일부 남성들이 느끼는 당혹감의 원인일 거라고 나는 짐작한다.

30여 년 만에 다시 혁명의 소용돌이를 맞이하였지만 20세기 초 1차 여성해방 때와는 달리 이번 혁명에서 내게 주어진 사회적 발언권은 거의 없다. 그럼에도 용기를 내어서 말해본다면, 나는 성 평등이 여성주의의 핵심 의제는 아니라고 본다. 쓸만한 사회사상치고 성 평등에 반대하는 사상은 없다. 즉, 성 평등은 여성주의'만'의 의제가 아니다. 성 평등에 관한 대

---

1 ⋯with ad hoc leaders but no final authority⋯, feminism does not ask its adherents to sacrifice,⋯, but to live and enjoy it. It is a revolution one can dance at. (『From eve to dawn』 마릴린 프렌치)

부분의 이슈는 이미 상식의 범주로 들어와 있다. 다만 실현되지 않는 상식일 뿐이며, 그 상식의 실현을 위한 각고의 노력이 필요할 뿐이다. 물론 그 상식의 최전선에서 상식의 범위를 넓히려는 여성주의의 고단한 전투가 치러지고 있는 것은 분명하다. 다만 김대중과 노무현이 상식적이고 합리적인 정치인일 뿐 좌파는 아니듯이 지금 여성주의라는 범주로 묶여서 논의되는 많은 이슈들이 굳이 페미니즘이라는 라벨이 필요한가 하는 의문이 들곤 한다.

내가 이해하는 여성주의의 핵심은 성도덕으로부터의 해방이다. 여성을 그리고 인간을 억압하는 최종적인 장치는 성도덕이다. 그러나 남성은 이 성도덕으로부터 꽤나 자유롭게 살아가고 있다. 결국 남성인 내가 성의 자유를 주장하는 목적이 여성의 해방인지 남성인 나의 더 많은 성적 자유인지를 구별하기는 쉽지 않다.

이 책에서 언급한 나의 생각을 가끔 밝혔을 때 내 아내의 주요한 반응은 "그렇게도 바람이 피우고 싶으냐?"였고, 내 딸 역시 그다지 우호적인 반응은 보이지 않았다. 1960년대 2차 여성주의 물결에서 일부 여성주의자들은 성혁명은 여성의 대상화와 가정에 대한 남성의 무책임성을 증가시킬 뿐이라며 성혁명을 여성에게 우호적으로 보지 않기도 하였다.

유럽 혁명사에서 남성들이 자신들의 성적 욕구를 해소해 줄 것을 여성 동료에게 요구하는 경우가 종종 있었다. 여성이 거절하면 상대를 부르주아적이라고 비난하곤 했다. 미국 흑백 시민운동 과정에서도 흑인 남성이 백인 여성에게 섹스를 요구한 후 거절당하면 상대 백인 여성을 인종주의

자라고 비난했고, 반대로 백인 여성이 그 요구를 받아들이면 이제는 흑인 여성들로부터 여성 간의 연대를 해쳤다고 비난받았다고 하니 성이 얼마나 예민한 문제인지 짐작할 수 있다.

그러나 많은 연구가 보여주듯이 성혁명은 남성에게 성적 자유를 좀 더 가져다 주었을 뿐 별다른 변화를 일으키지 않았지만 여성에게는 실로 드라마틱한 자유와 변화를 가져다 주었다. 남성들이 누리게 될 추가적인 성적 자유가 싫어서 본인들이 누리게 될 어마어마한 자유를 포기할 이유는 없지 않은가? 게다가 그 자유로 인해 누군가(남성들)가 자유를 잃는 것이 아니라 오히려 더 누리는 것이니 얼마나 좋은 일인가? 즉, 여성주의 혁명의 과실은 여성에게만 이롭고 남성에게는 불리한 것이 아니라 남성에게도 이롭다. 이 점이 여성주의 혁명이 즐거운 이유이다.

이 책에서 다루지는 않았지만 여성에게 가해진 억압의 기제는 형태를 바꿔서 대칭적으로 남성에게도 가해진다. 나는 이것을 억압의 데칼코마니라 부른다. 한 예를 들면, '진짜 사나이' 류의 남성관은 현역 병장으로 만기제대한 남자만이 진짜 남자이며, 나머지는 어딘가 문제 있는 하급 남자라는 인식을 전제하고 있다.

우리가 아는 유럽은 복지국가, 68혁명 그리고 2차 여성주의 물결의 산물이다. 비슷하게 우리 사회도 몇 년 전부터 복지국가에 대한 논의가 활발하게 이루어지고 있고, 2016~2017년 촛불혁명이 일어났다는 것은 우리 사회가 어쩌면 획기적인 전환점에 놓여 있는 것은 아닌지 하는 기대를 갖게 한다.

그런 점에서 지금의 광범위한 페미니즘 열풍은 우리 사회를 획기적으로 바꿀 수 있는 마지막 퍼즐 조각이라고 본다. 지금의 여성주의 열풍이 참으로 반가운 이유이다. 물론 유럽의 경험이 우리 사회에서 그대로 되풀이되지 않을 수도 있다. 유럽은 2차 대전 종전 후 대단히 긴 평화를 만끽하고 있지만, 동아시아는 16세기 이후 화약고였으며, 이 화약고로서의 상태는 금세기를 완전히 관통할 것으로 나는 짐작한다. 전쟁이라는 극단적인 공포 상태에 놓인 사회의 구성원들에게 정상적인 사유를 기대하는 것은 무리이다. 비록 나 자신은 혁명의 소용돌이 주변에 머물 수밖에 없는 처지이지만 지난번과는 달리 이번 혁명은 즐겁고 신나게 경험할 것이다. 혁명은 고래도 춤추게 한다고 하지 않는가?

2018년 4월

마진찬

차례

제1부

진정한 시민을 위하여

세월호

열아홉 살 이후 내 모든 사유의 밑바탕에는 광주가 있었다. 30년이 흐른 후 그 자리를 세월호가 차지하였다. 우리들은 비록 국가권력이 자행한 학살에 대해 살아남은 자의 슬픔을 느낄지언정 그 사태 자체에 대한 책임은 느끼지 않았다. 그러나, 단언컨대, 세월호 비극의 책임에서 자유로운 사람은 이 땅에 단 한 명도 없다.

2014년 3월, 개나리가 화창하게 핀 어느 날, 내 오랜 친구가 죽었다. 병원에서 말하는 사인은 간암이었다. 그리고 3주 후, 세월호가 침몰하였다. 나는 선실에 갇혀 유리창을 두드리는 학생들 사진을 보면서 깨달았다. 내 친구의 사인은 자살이라는 것을. 4월 16일 이후 얼마나 많은 날을 하늘과 땅이 붙어버렸으면 하면서 살았던가! 얼마나 많은 밤을 제발 내일이 오지 않기를, 제발 내일 눈을 뜨지 않기를 기도하며 잠이 들었던가!

수많은 사고 때마다 반복되는 '안전불감증'에 대한 지적은 이번에도 되풀이 되었다. 정부의 대책도 그렇고 언론의 시각도 크게 다르지 않았다. 그러나 내가 가라앉는 세월호를 보면서 느꼈던 감정은 안전에 대한 갈망, 우리 사회의 안전불감증에 대한 원망과는 전혀 다른 것이었다. 그것은 공포감이었다.

공포감은 나와 비슷한 처지에 있는 사람이 불행해졌을 때 환기되는 감정이다. 세월호에서 느끼는 공포감은, 그 상황에서 나는 어떻게 대처했을까, 우리 아이들은 어떻게 대처했을까, 하는 생각에서 발생한다. 내 아이 역시 자신도 같은 상황에서는 선실 안에서 가만히 다음 지시를 기다렸을 거라고 말했다. 나라고 해서 크게 다를 것 같지 않았고, 많은 내 친구들도 같은 생각이었다. 선장이라는 권위가 지시하는 바를 거스르기는 쉽지 않다. 물론 긴급상황에서는 무조건 갑판으로 이동해야 한다는 수칙을 알고 있는 사람이라면 선장의 지시에 의문을 품고 달리 대응할 수는 있겠지만, 그런 기초 수칙조차 알지 못하는 대부분의 학생들은 배운 대로 착하게 선장의 지시를 그대로 따를 수밖에 없지 않겠는가? 당시 상황에서도 이대로 있다가는 정말로 죽을지도 모르겠다고 생각한 학생들은 갑판으로 피신하여 살 수 있었다.

나는 학원에서 몇 년간 강의했었던 적이 있다. 그때 쉽게 볼 수 있는 모습 중 하나는 학생들끼리 뭔가로 논쟁하다가 권위 있는 뭔가가 제시되면 그 논쟁은 곧바로 해결되었다. 권위 있는 뭔가는 교사의 의견, 책에 쓰여 있는 바, 이 둘 중 하나이다. 그런 상황에서 자신의 이성과 논리를 근거로 의견을 굽히지 않고 끝까지 주장하는 경우는 극히 드물다. 그러기에는 시험과 점수가 주는 중압감이 너무 크다. 게다가 그 논쟁의 주제가 단순한 역사적 사실이나 수학, 또는 과학처럼 수식으로 증명되는 경우가 아니라면 더더욱 그렇다. 문학보다는 수학 쪽으로 관심사가 급격히 기울었던 내 학창 시절을 반추해 보아도 그렇다. 문학적 감수성이 부족했던 것이 가장 큰 이유였다. 한편으로 수학은 계급장을 떼고 교사와 맞붙을 수 있다는 이유도 나름 작용했다. 적어도 교사가 말하니 정답이겠지 하고 물러설 이유는 없다. 그렇지만 문학 쪽은 영 아니었다. 내가 아무리 "이 시는 슬픈데요" 하고 말해도 "이 놈아! 이 시가 어딜 봐서 슬프냐!" 하고 면박을 받는 걸로 질의응답은 끝나기 마련이었다. 내 감성과 무관하게 특정 구절은 작가의 고귀한 인격을 상징하는 것이어야만 했고, 다른 구절은 작가의 현재 처지가 투영된 것이어야만 했다.

지금의 교육과 사회 제도에서는 권위에 도전하면서 자신의 감성을 지키기보다는 그 권위에 어울리는 감성을 키우도록 하는 것이 더 유리하다. 학생들이 갖는 의문점에 대해 그들의 감성을 다치지 않게 하면서 조리 있게 그리고 끈기 있게 그 주제를 논하기에는 우리의 입시 일정이 녹록하지 않다. 그렇게 권위에 충실하고 오와 열이 반듯한 사람으로 키운 결과가 세월호이다. 이 사회는, 아니 우리는 얼마나 많은 것을 십대 학생들에게 단지 그들이 어리다는 이유만으로 금지하고 유보하도록 강요하는가? 아마 그 금지 목록을 나열하는 것만으로도 책 한 권 분량은 족히 넘을 것이다. 금연까지야 양보한다 치더라도 염색은 왜 안 되는가? 브래지어는 꼭 해야 하는데, 왜 원색을 착용해서는 안 되는가? 왜 짧은 치마를 입으면 안 되고, 연애는 유보해야 하며, 섹스를 하면 안 되는가? 왜 투표하면 안 되고, 출마하면 안 되는가?

세월호의 교훈은 결코 '안전'이 아니다. 지켜주지 못해서 미안한 것이 아니라 스스로를 지킬 수 있도록 가르치지 못해서 미안한 것이다. 어른 말씀 잘 듣고, 선생님 말씀 잘 듣고, 부모님 말씀 잘 듣는 착한 학생. 이것이 우리 교육의 목표이지 않은가? 권위에 충실히 따르는 것, 권위에 문제를 제기하지 않는 것, 이것이 우리 교육의 모습이 아니던가? 세월호에서 고작 '안전'이라는 교훈을 얻는 데에 그친다면 다음에 가라앉는 것은 대한민국 그 자체일 것이다. 아니 어쩌면 많은 사람들이 의심하듯이 지금 이미 대한민국은 심각하게 기울어져 있는지도 모른다. 어쩌면 우리는 '안전'한 객실에 가만히 앉아 있지 말고 서둘러 파도가 치는 '위험'한 갑판으로 피신해야 하는 것은 아닐까? 안전해 보이는 가정에서, 안전해 보이는 학교에서, 안전해 보이는 여러 사회 질서와 제도 속에서 우리는 구명조끼만 걸친 채 오지도 않을 구조의 손길을 기다리고만 있는 것은 아닐까? 안전한 체제 안에서 때를 기다리라는 방송은 지금도 학교에서 가정에서 미디어에서 되풀이되어 나오고 있지 않은가? 그렇게 순치된 우리의 무딘 감성을 찢어발길 것을 세월호가 요구하고 있다.

2014년 4월 16일 이후 세상은 완전히 달라졌다. 또는 달라져야만 했다. 세상은, 우리 사회는 철저히 잘못되었다는 것은 너무나 명백한 사실로 다가왔다. 과거는 종언을 고해야 한다는 것, 그 과거와 완전히 불가역적으로 결별해야 한다는 것에 의문을 품을 수는 없었다. 사회와 국가의 기본 운영원리를 바꿔야 하며, 우리 문명의 근본틀이 변해야 한다. 나는 그 '변화'의 핵심은 권위에 굴하지 않는 개인, 합리주의와 자유주의의 세례를 받은 개인, 자신의 주위로부터 매일같이 쏟아지는 광기 어린 폭력으로부터 자신의 감성을 지킬 줄 아는 개인, 천 년의 인습으로부터 자유로운 인민각개의 출현이라고 믿는다. 사회구성원 각자가 독립된 개인으로 우뚝 서는 것. 이는 우리의 문명 앞에 놓인 과제이다. 이를 위해 개별적 존재로서의 개인의 삶을 억압하는 모든 장치를 걷어 내야 한다. 각종 제도와 사회 규범에 깃든 억압 속성, 우리의 언어에 스며들어 있는 집단성과 권위주의, 사회적 폭력의 매개체이자 훈련장인 가정과 학교, 세상의 절반인 여성에 대한 억압, 가장 불온한 감성인 사랑에 대한 억압과 규격화 등을 제거해야 한다. 그때서야 비로소 우리는 가정이 아닌 개개인을 구성 요소로 하는 사회의 탄생과 민주주의를 운영원리로 하는 공화국의 탄생을 보게 될 것이다.

시민참정권

"전 매달 당신에게 후원금을 보내고 있어요. 그리고 후원금을 더 내려고 일을 더 많이 하고 있어요." 그 말을 듣자 마치 가슴에 비수가 꽂힌 듯했다. 맙소사, 이 아이는 토요일 밤에도 거의 11시까지 일하는데 그런 아이가 내게 돈을 보내고 있다고? 난 희미하게 미소를 지으며 이런 말을 했다. "어, 우리 선거운동은 그럭저럭 잘하고 있어요. 후원금은 안 보내도 돼요. 난 괜찮을 거예요. 정말이에요." 그 학생이 내 얼굴을 똑바로 쳐다봤다. "아니에요, 저도 이 선거에 참여하고 있어요. 이건 내 싸움이기도 해요."

엘리자베스 워런, 『싸울 기회』 중에서

나는 "투표 좀 제대로 하자"는 말을 좋아하지 않는다. 말 자체는 지극히 타당하지만, 실제 쓰이는 맥락에서 그 말은 주권재민과 시민의 참정권이라는 민주공화국의 원칙을 '한낱' 투표행위로 평가절하할 위험이 있기 때문이다. 그리하여 선거라는 소란스럽고 작동 방식이 심히 의심스러운 절차를 통해 선출된 권력자가 시민의 이익이 아닌 자신의 고교동창생 또는 같은 교회 사람들을 위해 권력을 휘두르면서도, 자신은 민주적 절차를 통해 선출되었으므로 독재라고 비난하는 것은 잘못되었다고 항변하는 사태를 맞이하게 된다.

"투표 제대로 하자"는 문구는 "우리가 주권을 행사할 길이 투표 말고는 없으니 이거라도 제대로 하자"는 지극히 자조적이고 패배적이고 수동적인 맥락에서 쓰인다. 참정권을 투표권으로 격하시키는 것은 보편적 참정권이 화두가 된 이래로 지배계급과 기득권층들이 줄곧 애용한 수법이다. 당연히! 투표권은 참정권의 극히 일부일 뿐이다. 또한 이런 사고는 선거를 통해 독재정부가 들어섰으니 어쩔 수 없는 것 아니냐는 패배주의를 낳거나, 선거를 통해 집권하지 않으면 말짱 '꽝'이라는 선거한탕주의를 불러일으킬 가능성이 많다. 집권 자체야 말할 수 없이 중요하지만 집권하고 나서 무엇을 할 것인지는 그 이상으로 중요하다. 그리고 '집권'과 '집권 이후 하고자 하는 것' 이 두 가지는 시간적 선, 후로 이해하기보다는 동시적 과정으로 이해하는 것이 더 타당하다. 세월호는 나쁜 정치인 몰아내고 좋은 정치인 앉힌다고 해서, 나쁜 관료 몰아내고 좋은 관료 앉힌다고 해서 해결될 문제가 아니다.

국가의 주인은 국민이라고 한다. 도대체 어느 주인이 아랫것들한테 일을 맡겨놓고 4년이나 5년에 한 번 보고받고 결재하는가? 도대체 어느 사장이 4년이나 5년에 한 번 보고받고 결재받는가? 어느 회사 사장이나 다들 매일매일 보고받고, 의논하고, 토론하고 결재한다. 세월호가 우리에게 던지는 메시지는 바로 이것이다. 국가는 시민의 상식으로 운영되어야 한다. 전문가의 식견은 그것을 보조할 뿐, 결코 국가와 사회의 초석이 될 수는 없다.

나는 주권재민의 원칙과 시민참정권의 일상적 실현을 위해 광범위한 영역에서 '배심제'의 도입을 주장한다. 배심제 재판이 그 대표적인 예다. 배심제 재판에 대해 이런저런 비판과 한계를 지적하겠지만, 나는 엘리트의 양심보다 시민의 상식을 더 믿는다. 시민의 상식이 언제나 옳은 것도 아니고 제대로 작동하리란 보장도 없다. 그럼에도 불구하고! 지금의 헬조선은 선출되지 않는 엘리트(라고 쓰고 기득권자라고 읽는다)에게 너무나 많은 권력을 부여하고 있다. 나는 전면적으로 배심제 재판이 이루어져야 한다고 믿는다. 성문화된 법은 삶의 다양성을 완전히 포착할 수 없다. 필연적으로 법 조항과 실제의 현실 사이에 약간의 틈이 생기게 마련이다. 이 틈을 자본과 기득권층들이 교묘히 파고들면서 죄형법정주의의 약점을 찌른다. 특정 법 조항은 이 사건에 정확하게 대응하지 않으므로 적용되어서는 안 된다고 주장한다. 결국 사회적으로 큰 손실을 입힌 자본가와 권력자는 아주 약간의 처벌만 받고 풀려난다. 이런 일이 재발되지 않기 위해 국회가 법을 손본다. 기존의 틈새는 조금 더 촘촘히 메워졌지만 그렇다고 해서 여전히 완전한 것은 아니어서 입법자들보다 더 똑똑한, 그래서 자본에게 고용된 특급 법조인들은 다음 번에도 역시나 그 틈새를 비집고 자신들의 고용주를 무사히 구출해 낸다. 이 틈새는 절대로 법 조항만으로 메울 수 없다. 뼈와 뼈 사이에는 완충 작용을 하는 연골이 있다. 법이 사회의 기본 틀을 형성하는 뼈라면 그 뼈와 뼈 사이의 틈은 시민의 상식이라는 연골로 메워져야 한다. 이것이 배심제가 필요한 이유이다.

입법과정에서도 배심제가 이루어져야 한다. 선거를 통해 뽑힌 300명의 의원들과 추첨으로 뽑힌 동수 또는 그 이상의 시민배심원들이 함께 법안에 대해 투표하는 입법배심원제. 입법배심원제에서는 국회의원들은 자신이 발의한 법안이 왜 통과되어야 하는가를 시민의 눈높이에 맞춰 설명해야 한다. 다른 의원들과 주거니 받거니 하는 물밑 거래보다 시민들을 설득하는 데 더 주력하게 된다. 소수당일지라도 노력하기에 따라 중요한 법안을 통과시킬 수 있다. 추첨으로 뽑힌 300명의 시민배심원단에 대한 대표성을 문제 삼겠지만, 적어도 "평균 연령 55.5세, 평균 재산 41억 원, 여성 17%, 16%는 병역의무 불이행, 서울대 출신 27%, 법조인 출신 16%, 교수 출신 16%"인 집단(20대 국회 구성)보다는 더 시민 전체를 대표할 수 있다. 입법 활동의 전문성을 모르는 바는 아니나 그 전문성은 법안 발의 및 상임위 활동으로 제한해야 한다. 해당 법안을 통과시켜서 5천만 전체 시민의 삶을 좌지우지하는 최종 표결은 배심원단과 함께 해야 한다.

마땅히 지금의 의원선출방식은 독일식 정당명부제로 바뀌어야 한다. 그러나 그것만으로는 부족하다. 참정권의 원칙을 일상적으로 실현하기 위한 고민이 필요하다. 그 방안 중 하나가 배심제라고 나는 생각한다. 헌법재판소도 마찬가지다. 평생 법(만)을 공부한 9명에게 헌법 정신을 수호하라고 다그치지만 말고 그 노고를 우리가 같이 짊어지도록 하자. 물론 더 좋은 방안은 헌법재판관의 구성을 지금처럼 모두 법관으로 채우는 것 대신 국민 전체를 대표할 수 있도록 하는 것이다. 예를 들면, 대자본, 중소기업, 자영업자, 블루칼라, 화이트칼라, 농어민, 여성, 청소년, 노인의 이익을 대변하는 사람들로 구성하는 식이다. 국회의원들 너무 욕하지 마라. 우리가 뽑은 사람들이다. 문제는 그들에게 모든 걸 맡기고 우리는 구경만 하고 있는 점이다. 국회 인사청문회를 보면 다들 답답할 것이다. 아주 적합한 사람을 얼토당토않은 이유를 들어 거부하고, 말도 안 되는 이를 정략적으로 통과시킨다. 시민들의 눈높이에 맞춰 일을 해달라고 '사정'해본들 아무 소용이 없다. 해결책은 국회의원과 동수의 배심원단을 구성해 시민들 스스로가 인사청문회 속으로 들어가야 한다. 선출된 그들과 함께 우리 시민이 함께 우리 사회의 미래를 결정하자. 검찰총장, 대법원장, 각급 학교장 직선제도 그래서 필요하다. 교육감 직선제라는 작은 변화가 우리 사회의 진보를 얼마나 가능케 했는가?

전문가의 권위에 우리 사회의 미래를 맡겨 놓을 것인가? 그들이 알아서 할 것이니 우리들은 4년 동안 아무 것도 하지 말고 그대로 있어야 하는가? 중요한 사안에 대해서 누가 뭐라 의견을 제시하면 흔히들 하는 소리가 "가수가 노래나 할 것이지 뭘 안다고?", "학생이 공부나 할 것이지 뭘 안다고?", "전공도 다른 사람이 뭘 안다고?" 등이다. 노래는 가수만 부르나? 요리는 요리사만 하나? 운전수만 운전하나? 선거날만 투표하나? 아니다! 투표는 날마다 하고 있다. 그걸 우리가 모르고 있을 뿐이다. 술자리에서, 커피숍에서, 관계망(SNS)에서, 기사에 댓글을 다는 동안 투표가 이루어지고 있다. 진정 우리의 모든 일상이 정치의 장이다. 전문가의 권위를 의심하라. 믿지 말라는 말이 아니라 내 이성이 승복하기 전에 그들의 권위에 먼저 머리를 숙여서는 안 된다는 말이다. 미디어의 기사를 읽다 보면 관련 사항에 대한 교수들의 인터뷰를 수없이 보게 된다. 그들이 얼마나 '전문가'인지는 모르겠으나 그럴 때마다 나는 1969년 뉴욕 주 낙태 관련 입법청문회에 몰려들어가 "We are the real experts!(우리가 진짜 전문가야)"라고 소리친 여성들이 떠오른다.

관료주의와 시민의 양식

우리 동네 고등학교 운동장은 일요일이면 근처 교회의 주차장으로 변한다. 교회가 학교에 돈을 내고 학교 운동장을 주차장으로 쓰는 거다. 나는 이게 교육의 공공성을 해친다고 생각한다. 그래서 학교장에게 항의를 했더니, 학교 운영위의 결정사항이라는 답변을 받았다. 그 학교 운영위라는 것이 사실상 교장의 눈치를 보면서 교장이 요구하는 바를 승인해주는 기관에 불과하다. 교장은 학교 운영위의 결정이라면서 자신의 책임을 회피하는 구실을 갖는다. 이른바 교장은 집행기관이지 의결기관이 아니라는 논리다. 법적 제도적으로는 맞는 말인지는 모르나 현실의 어느 학부모가 이 말에 동의하겠는가? 교장의 눈치를 보지 않고 독자적으로 의결할 수 있을 정도로 독립되고 자기 논의 기반을 갖춘 학교 운영위가 얼마나 있겠는가? 내가 교육청에 민원을 제기하니 담당자가 전화를 해와서 대충 아래와 같은 대화를 나눈 적이 있다.

나　학교 운동장을 교회 주차장으로 쓰는 것은 교육적이지 않다.

담당　학교 운동장을 교회 주차장으로 쓰는 것이 교육적인지 아닌지의 판
　　　단은 교장의 권한이다.

나　그것이 교장의 권한인지를 알고 싶은 것이 아니라 학교 운동장이
　　　교회 주차장으로 쓰이는 것이 바람직한가에 대한 당신의 의견과
　　　판단을 듣고 싶다.

담당　내가 왜 그런 판단을 해야 하는가? 그 판단은 온전히 교장이 하게
　　　되어 있다. 규정이 그렇다.

나　무슨 소리냐? 교육의 공공성이 무너지고 있는데, 태평하게 규정 따
　　　지고 책임 따질 때냐?

담당　왜 그러느냐? 혹시 조기 축구 회원이냐? 축구 못해서 그러느냐?

　학교 운동장을 교회 주차장으로 쓰는 결정 권한이 누구에게 있느냐가
그렇게도 중요할까? 교장은 학교 운영위의 결정을 집행하는 부품에 불과
한가? 교장의 결정을 교육청 관리는 그저 바라만 보고 있어야 하는가?
　관료주의의 역사는 동아시아에서 매우 길다. 송, 고려의 성립과 함께
관료주의가 시작하였다고 본다. 우리의 경우 조선시대 전기에 관료주의
는 최고의 시기를 구가한다. 일본은 메이지유신 때 관료주의의 틀이 잡히
면서 전성기가 시작되었다. 메이지유신의 지향점은 일견 서양 베끼기로

보이지만 역사적 흐름으로 보면 관료주의를 운영원리로 하는 강력한 중앙집권국가를 지향한 것으로 이해할 수 있다. 그러나 조선에서 관료주의의 효용성은 임진왜란 이후 급격히 떨어진다. 임진왜란 이후 우리 문명의 방황은 관료주의를 넘어선 새로운 사회 운영원리를 찾지 못했기 때문이다. 그 새로운 운영원리는 민주주의이며, 문제는 민주주의를 어떻게 구현하느냐이다. 관료주의 사회에서 개개인은 자신에게 주어진 권한, 의무, 책임으로 이해된다. 자신의 권한과 책임 너머의 일은 내 알 바 아니다. 관료주의가 우리 사회 전체를 지배하고 있다는 것에 대한 한 가지 예를 들겠다. 우리 사회의 호칭 구조는 홍 과장(님)처럼 홍이라는 성(집단의 이름)과 과장이라는 타이틀 즉, 그에 해당하는 책임과 권한으로 구성되어 있다. 우리에게 홍길동은 매우 낯선 존재다. 이름 뒤에 타이틀이 붙어야 비로소 우리는 안심한다. 홍길동 시장, 홍길동 장관, 홍길동 선수…. 인간을 개별적 존재로 이해하기보다는 어느 집단에 소속되어 있고, 그곳에서 어떤 위치에 있는가가 더 중요하게 되었다.

앞에 언급한 장면에서 만약 교장이 "학교 운영비가 부족하여 부득이 교회에 임대하였다. 나도 못내 불편하다. 하루속히 이런 식의 수익사업을 하지 않고도 학생들이 여름에 쾌적하게 냉방이 된 교실에서 공부할 수 있는 때가 오면 좋겠다"고 답변하였다면? 만약 교육청 관리가 "아! 그것 참 곤란한 상황이다. 교장과 의논해 보겠다." 또는 "당신의 민원을 보고 상황을 알아본 결과 당신의 문제 의식에는 공감하지만 학교 운영 예산과 학생들의 공부 환경 등을 종합해 봤을 때 학교 운동장을 주차장으로 사용함으로써 발생하는 피해보다 그로 인한 이득이 더 큰 것으로 보인다. 학교의 선택은 부득이하다. 양해를 바란다." 이런 식으로 답변하였다면 나는 그들이 최소한의 시민적 상식과 양식은 갖춘 것으로 이해할 수 있다. 사태의 본질을 이해하기보다 책임 소재를 따지는 것이 더 우선일 수는 없는 것 아닌가? 멋모르고 절벽으로 뛰어가는 사람이 있으면 일단 막고 봐야 하지 않는가? 모든 인간은 시민으로서의 책무를 위해 자신에게 주어진 권한을 최대한 활용해야 할 의무가 있다. 교장은 교장인 동시에 시민이다. 시민적 책무를 다하기 위해 교장이 된 것이고, 시민적 책무를 다하기 위해 장사를 하는 것이고, 시민적 책무를 다하기 위해 기자가 되는 것이다. 교장과 교육청 관리는 자신들의 시민적 의무를 생각하지 않았다. 자신들의 업무 분장 내에서 그들은 무죄일지 모르나 공화국의 법정에서 그들은 유죄라고 본다.

율리우스 푸치크라는 체코 기자가 있었다. 나치한테 끌려가 죽었다. 『교수대의 비망록』이라는 책을 남겼는데, 그는 이 책에서 나치대원들은 정열이라도 있지만, 체코 간수나 행정 관료는 영혼 없는 나무 인형으로 비유한다. 관료주의는 인간의 영혼을 빨아먹는 암이다. 치밀한 업무 분장, 그럴 듯한 책임과 권한의 분배로 이루어진 시스템을 보면서 흐뭇해할지도 모르지만, 뼈와 뼈 사이에 관절이 필요하듯(그리고 문제는 거의 항상 이 부분에서 발생한다) 조직과 조직, 업무와 업무 사이에도 반드시 관절이 있어야 한다. 어떤 문제가 생겼을 때 관료의 답은 언제나 똑같다. 우리 관할이 아니다. 우리 업무 밖의 일이다. 우리는 매뉴얼대로 처리했다. 결국 아무도 잘못한 사람은 없는데 우리는 엉망이 되어 버린 현실을 갖게 된다. 이런 가정을 해보자. 만약 홍길동 부장이 자신의 업무에서 잘못된 판단을 하였다. 그런데 이 사실을 홍길서 과장은 알고 있었다. 그러나 홍길서는 아무 말도 하지 않았다. 결국 일이 잘못되었다. 누구의 잘못이 더 큰가? 홍길동은 단지 능력이 부족할 뿐이다. 그에 맞는 다른 일을 맡기면 된다. 그러나 홍길서는 조직의 암이다. 즉시 제거해야 하는 악성 종양이다.

시민적 권리와 책임. 이보다 더 상위의 개념이 있을 수 있는가? 학교 주차장 사용의 결정이 운영위에 있다면 교장은 넋 놓고 바라만 보아야 하는가? 결정권이 교장에게 있다면 다른 교사 또는 교육청은 바라만 보아야 하는가? 대의 민주주의에서 권한의 위임은 절대적이어야 하는가? 위임된 권한에 대한 시민적 감시와 견제는 4년에 한 번씩만 허용되어야 하는가? 주권재민은 선거철에만 적용되는 원리인가? 시민 참정권의 일상적 구현을 고민해야 한다.

법과 제도는 매일매일 시민의 상식으로 재해석되어야 한다. 그렇지 않으면 법과 제도를 만든 근본 목적보다 규정 자체가 더 중요하게 되는 것은 시간 문제다. 모든 제도는 만들어진 순간부터 보수화되기 마련이다. 물론 우리 사회는 법의 추상적 목적을 실현하는 것은 둘째 문제고, 제발 법 자체를 지켰으면 할 정도로 불법과 탈법이 횡행하다 보니 어느새 법을 지키는 것 자체가 민주요 진보요 상식인 것으로 보이는 측면이 있다. 도무지 보수적이지 않은 무리들이 자칭 보수를 참칭하고, 그러다 보니 매력이라고는 눈곱만큼도 없는 무리가 진보라 불리기도 한다. 법은 이미 확보된 정의이다. 그러므로 법을 지키는 것이 진보로 분류될 이유가 없다. 진보는 지금은 정의의 영역에 속하지 않지만 가까운 미래에 정의로 포함될 영역으로 불리어야 마땅하다.

우리 사회 기득권세력들의 후안무치가 극에 달하다 보니 정의, 상식, 양심이라는 진보적 가치 자체가 보수화되는 경향이 있다. 20여 년 전 방영된 〈양심냉장고〉라는 텔레비전 쇼 프로그램이 있었다. 야간에 신호등 지키기, 횡단보도 정지선 지키기, 청소년에게 담배 안 팔기 등등의 실천항목을 내걸고, 그걸 지킨 사람들에게 냉장고를 상품으로 주는 내용이었는데, 그 냉장고를 '양심냉장고'라 불렀다. 그걸 보던 당시에는 나도 별다른 문제의식을 느끼지 못했다. 아무도 지켜보지 않지만 빨간 신호등 앞에서 멈춰서는 사람들, 내가 안 팔아도 다른 가게에서 담배를 구할 터이니 팔아도 무방한 것 아닌가라는 생각에 청소년에게 담배를 팔기보다는 '양심'에 따라 팔지 않는 가게 주인의 모습은 나름 신선하게까지 보였다. 이 당연한 생각이 깨진 것은 2000년 프랑스를 방문했을 때였다. 우리로 치면 읍 정도 되는 도시에서였다. 첫날 구경 삼아 거리를 걷다가 기차역 근처 교차로에서 보행자 신호를 기다리고 있는데, 빠른 속도로 왼쪽에서 다가오던 차 한 대가 갑자기 내 앞에서 급정거를 하였다. "쟤 왜 저러나?" 싶어 바라보는데, 부릉부릉 악셀을 밟아대는 것이다. 나보고 빨리 지나가라는 뜻이었다! 생전 첨 받아보는 대접(?)에 얼떨떨한 기분으로 횡단보도를 건넜다. 그 횡단보도는 신호등 없는 횡단보도가 아니라 분명히 차량 및 보행자용 신호등이 있었고, 그 장소 또한 결코 한적한 곳은 아니었다. 그

짧은 순간에 내 머리를 스쳐 지나가는 것이 바로 양심냉장고였고, 비로소 나는 그 냉장고는 양심냉장고가 아니라 준법냉장고라는 것을 깨달았다.

이것이 프랑스에 대한 나의 첫 인상이었고, 더 강렬한 두 번째 인상은 다음날 아침에 받았다. 아침 일찍 산책 삼아 길을 걷다 역시나 횡단보도 앞에서 보행자 신호를 기다리고 있었다. 아무리 차보다 사람이 우선이라고는 해도 어디나 정신 나간 사람들은 있기 마련이니 함부로 길을 건널 수는 없는 노릇이다. 그때 도로 맞은 편에서 내 쪽으로 오던 차가 역시나(!) 내가 서 있던 횡단보도 앞에서 멈춰 서는데(이때는 그다지 감동적이지 않았다), 운전하던 여성이 길 건너편에 있는 나를 바라보며 환한 미소를 지으면서 고개를 까딱하며 나 보고 길을 건너라는 신호를 하였다. 내 인생에서 그보다 더 환한 미소를 마주친 기억이 없다. 이렇게 좋은 기억을 안고 며칠 후 넘어간 파리에서 지하철 역무원에게 어이없는 인종 차별을 받음으로써 프랑스에 대한 나의 기억은 균형(?)을 찾게 되었지만 말이다.

준법은 단순하고 쉽고 양심은 복잡하고 어렵다는 말이 아니라 양심과 준법은 다른 층위에 속하는 개념이고, 때로는 일치하지만 때로는 일치하지 않을 수 있으며, 구별하기 어려울 때도 많다. 남의 물건을 훔치지 않는 것이 양심 때문인지 그러다 잡히면 혼나기 때문인지 어떻게 구별하는가? 그 프로그램에서 야간에 신호등을 지켰던 사람들 그리고 지금도 묵묵히 법을 지키는 사람들을 폄하할 생각은 전혀 없다. 하지만 오로지 법질서를 지키는 것만이 능사인양 떠들어대면서 본인들은 교묘히 법의 허점을 파고드는 기득권 세력들을 생각하면 씁쓸하기만 하다. 무엇보다 때론 목숨

과도 바꾸는 양심을 준법이라는 하위 레벨로 격하시키는 것에는 결코 동의할 수 없다. 불법이고 내게 불이익이 오지만 내 양심에 따라 행하기도 하며, 법으로는 문제 없고 내게 이득이 되지만 내 양심에 따라 하지 않는다. 이것이 양심이다. 애초에 양심의 문제는 법 자체와는 아무런 상관도 없다.

모든 법과 제도는 허점이 있기 마련이다. 이 허점은 법조인들의 법리 해석으로 채워져서는 안 되고 마땅히 시민들의 상식으로 메워져야 한다. 이것을 기득권 세력들이 폄하하듯이 법 감정이라 부르든, 억강부약(抑强扶弱)이라 부르든, 어퍼머티브 액션(affirmative action) 프로그램이라 부르든지 간에 강자에게는 법이 촘촘히 적용되어야 하고, 약자에게는 여유롭게 적용되어야 함은 당연하다. 모든 법과 제도는 존재하는 목적을 갖고 있다. 지키기 위해 규칙이 있는 것이 아니라 상위의 가치를 구현하기 위해 규칙을 지키는 것이다. 이는 극단적으로 규칙은 어겼으나 그 규칙이 이루고자 하는 상위의 가치는 실현하는 상황이 존재할 수 있다는 것을 뜻한다. 규칙이 구현하고자 하는 상위의 가치를 잊어버리는 순간 그 규칙은 도그마가 되고 만다.

정치 연령과 독립

　자유로운 개인의 가장 중요한 정체성은 시민 사회의 일원으로서 자신의 위치를 자각하는 것이다. 그런데 정치의 장만큼 이 자각을 공고하게 하는 것도 드물다. 정치는 현실을 집약하고 있기에, 되도록 이른 나이부터 정치의 영역을 경험하고, 정치를 통해 사회가 작동하는 방식을 깨달아야 하는 이유이다. 상식이 작동하는 대부분의 나라에서 선거 연령은 만 18세 이하에서 성립한다. 그리고 이는 점점 낮아지는 추세다. 만 18세가 어리다고? 유관순이 만세 운동을 주도한 때가 만 16세였다. 그때는 지금과 상황이 다르다고? 뭐가 얼마나 다른데? 워낙 말도 안 되는 사고가 횡행하는 우리 사회이다 보니 이런 주장이 받아들여지는 게 어렵고 시간이 걸릴 수도 있다. 그래서 난 이런 방식도 상상하곤 한다.

　일정 기간, 이를테면, 그림자선거권을 주는 방식이다. 중고등학교 학생들도 선거일에 일반 유권자들과 함께 투표한다. 단 그들의 투표 결과는 별도로 집계한다. 투표 용지에 차이를 두면 어렵지 않은 일이다. 그렇게 3년 정도 실시해서 그 결과를 보고 다시 사회적 논의를 해보자. 또는 중학생에게는 그림자선거권을 주고, 고등학생에게는 반 표를 주는 것도 한 방안이라고 본다. 고교생에게 반 표만 주는 것이 그들의 자존심에는 큰 상처일 수도 있다. 하지만 나는 백 년 후 백 걸음 진보에는 조금도 관심이 없다. 지금 당장의 반 걸음 진보가 목마르도록 필요하다. 그렇게 해서라도 선거연령을 낮추는 것이 우리 사회를 위해 도움이 된다는 인식이 퍼지기를 기대한다.

　선거연령만 낮춰서는 안 된다. 피선거권도 낮춰야 한다. 대통령 만 40세 규정은 박정희가 아무 근거 없이 정한 것인데, 지금껏 통용되고 있다. 그러는 사이 우리는 30~40대의 매력적인 인간들이 당선되어 수상이네 대통령이네 하는 다른 나라의 모습을 부러움에 가득 찬 시선으로 바라볼 수밖에 없게 되었다. 국회의원을 비롯하여 자치단체장, 자치단체의회 의원도 만 25세 이상으로 제한되어 있다. 만 25세면 고등학교를 졸업하고 6년이나 지났고, 대학을 졸업하고도 남는 나이다. 그 나이가 되어서야 비로소 시의원, 국회의원이 될 수 있다는 게 말이 되는가? 너무 어린 사람은 의정활동을 못한다고? 나이 어린 사람이 제대로 의정활동을 할 수 있도록 다선 의원이 도와주면 되는 것 아닌가? 보좌관은 가방 들어주려고 있는가? 정당은 괜히 가입하는가?

　선거 및 피선거 연령을 낮추어서 청소년들이 일찍부터 자신 및 자신의 친구가 시의원이 되고 시장이 되는 경험을 해야 한다. 좀 더 이른 시기에 자신의 결정이 자신을 포함한 사회 전체의 미래에 영향을 준다는 것을 깨닫게 해야 한다. 그런 경험을 통해 자신들이 사회가 보호해주는 피보호자가 아니라 사회를 구성하는 개별적인 존재라는 사실을 깨닫도록 해야 한다. 공부 열심히 하는 것만이 미래를 준비하는 것이 아니다. 자신들의 주위에서 펼쳐지는 현실에 대한 독자적인 인식 능력을 갖추는 것이야말로 진정으로 미래를 준비하는 것임을 알게 해야 한다.

우리 사회의 정치인의 평균적인 경력이 20살 전후에 정당에 가입하고, 20대에 기초의회 의원을 경험하고, 30대에 기초단체장 및 광역의회 의원을 경험하기 시작해 40~50대에는 광역단체장, 국회의원 나아가 대통령 또는 수상 등의 위치에서 국가 전체의 일을 처리하는 정도가 되어야 한다. 제대로 작동하는 대부분의 사회가 다 이렇게 움직이고 있다.

또한 성공한 기업가가 별다른 정치적 훈련 없이 기업가로서의 후광을 등에 업고 곧바로 유력 정치인이 되는 일은 안철수를 마지막으로 더 이상 나타나지 않기를 바란다. 두 가지 측면에서 기업가는 정치와 어울리지 않는다. 하나는 기본적으로 기업은 기업가가 혼자 책임지는 구조이나 정치는 그렇지 않다는 점에서다. 기업가는 반대 의견을 이유 없이 거절하고 그 위험을 스스로 짊어지면 된다. 그러나 국가는 정치인 혼자서 책임을 질 수 있는 구조가 아니다. 기업의 실패는 기업가 본인 및 다수의 노동자의 피해로 국한되지만 국가의 실패는 국민 전체의 피해로 귀결한다. 해고된 노동자는 다른 회사로 취직할 수 있지만 실패한 국가의 시민은 갈 곳이 없다. 뚝심은 기업경영으로 국한되어야 한다.

다음으로, 기업가의 사고는 인풋과 아웃풋 즉, 효율이 지배하고 있는데, 정치는, 국가는 결코 효율이 지배하는 영역이 되어서는 안 된다. 국가는 최후까지 사회에서 가장 비효율적인 영역일 수밖에 없다. 그 비효율을 얼마나 효율적으로 해내느냐가 관건이지 국가 자체가 효율을 추구해버리면 사회적 약자는 갈 곳이 없다. 사회 전체가 효율적으로 움직이기 위해서는 그 효율을 지속적으로 보장해주고, 또 그 효율이 초래한 그늘에 끊임없이 빛을 보내주는 기구가 필요하다. 이 기구가 바로 국가이다.

강한 자를 억제하고 약한 자를 다독여야 하는 국가는 본질적으로 효율적일 수 없고 효율적이어서도 안 된다. 반면 기업가는 효율을 지상 최고의 덕목으로 간주하며 오랜 세월을 지낸 사람이다. 그러므로 정치를 하기 위해서는 다른 정치신인보다 훨씬 강도 높은 정치적 훈련을 통해 기업가로서의 본능을 완전히 청소하고서 입문해야 한다.

국가기구에 기업과 같은 기준을 적용한 대표적인 잘못된 사례가 지방정부의 부채비율이다. 몇몇 한심한 정치인이 자신이 맡은 지방정부가 부채 제로를 달성했다고 자랑하고, 이것이 '성과'인양 받아들여지고 있다. 그런데 부채를 제로로 만드는 법은 아주 간단하다. 아무 일도 안하고 걷히는 세금으로 빚 갚으면 된다. 부채의 성격과 발생 원인이 중요한 것이지 부채 자체가 나쁜 것은 결코 아니다. 기업만 해도 별다른 연구개발이나 투자 없이 부채만 제로인 기업보다 적절한 투자를 위해 부채를 끌어다 쓰는 기업이 더 비전이 있는 것 아닌가? 하물며 국가기구를 부채비율 그 차제만으로 평가하는 것은 국가가 응당 해야 하는 과제를 방기하게 만드는 셈이니 결코 바람직스럽지 않은 모습이다. 국가는 사회에 흩어져 있는 수많은 비효율적인 부분들을 끌어 모아 통합 관리함으로써 국가가 개입하지 않았다면 그 비효율로부터 신음했을 사회 각 부분에 활기를 불어넣어주는 것이 그 임무이다. 치매노인을 예로 들어보자. 치매노인을 치료하고 간호한다는 것은 대단히 비효율적인 일이다. 국가가 개입하지 않는다면 개별 가정에서 개별적으로 이 비효율을 떠안아야 하는데, 그렇게 되면 개별 가정의 효율성이 치명적으로 낮아진다. 이를 국가가 떠안으면 국가 자체는 비효율이 증가하겠지만 개별 가정의 효율은 높아진다. 이것이 국가여야 한다.

나는 69살까지는 내가 원하는 대로 투표하지만 그 이후에는 무조건 20~30대의 표심을 따르기로 작정하였다. 그때 그들이 아무리 황당한 정당과 말도 안 되는 후보를 지지해도 무조건 그들이 원하는 데로 밀어주고 싶다. 나는 20~30대가 용틀임할 때마다 사회는 한 단계 도약한다고 믿는다. 한 인간의 일생을 보아도 그렇다. 약간의 예외도 있지만 사람은 20대에서 30대 전반까지의 기간에 형성한 세계관을 무덤까지 가져간다. 40대나 50대에 인생을 뒤흔드는 충격적인 경험을 거치면서 혁명적인 변화를 가져오는 경우도 있겠지만 대부분의 경우에 변화는 부분적인 가감이 있을 뿐 본질적인 변화는 힘들지 않겠는가? 따라서 20~30대가 정치적 승리를 맛보면서 낙관적인 세계관을 가지고 성장하는 것이 우리 사회 전체를 위해서 반드시 필요하다.

19대 대통령선거 결과에 대해 내가 가장 기뻐하는 부분이 바로 이 점이다. 40대 후반~50대 중반 세대에게 가장 중요한 사건이 뭐겠는가? 87년 6월항쟁이라는 정치적 승리 아니겠는가? 아무리 80년 광주의 충격이 거대한 분노의 자양분을 제공했다고는 하지만 분노만으로는 오랜 세월을 견딜 수 없다. 87년의 정치적 승리야말로 그 집단을 수구진영으로부터 지켜낸 원동력이라고 본다. 지금 유럽을 포함한 서구사회의 진보와 민주진영의 근원이 어디겠는가? 68 없이는 설명할 수 없다. 이번 대선 승리는 지난번 김대중, 노무현 때의 전술적 승리와는 질적으로 다르다. 합종연횡 없이 각각의 정치 세력이 각자의 지지자를 선택한 결과이다. 지금의 승리를 전략적 승리라고 단언할 수는 없다. 전략적 승리가 되기 위해서는 수구정당의 지지율이 20% 아래로 떨어져야 한다. 그런 점에서 이번의 24% 득표는 우리 사회 수구진영이 휘청거리고 있다는 점을 분명히 보여주고 있어 시사하는 바가 크다. 호남과 부산, 경남의 남남연대를 강고히 하여 수구의 본산 대구, 경북을 고립시킨다면 우리 사회의 본질적 업그레이드가 가능하리라 믿는다. 진보정당이 3위를 기록한 곳이 호남(광주 전남북)이라는 것에 호남인들은 자부심을 느껴도 된다. 그러나 수구진영의 반격에 맞서 한국 사회를 개혁하기 위해서는 그 개혁을 추진해 낼 정치세력을 보호해야 하고, 그를 위해서는 강력한 남남연대가 필요하고, 그 걸림돌인 모 정당에 모여있는 떨거지 정치인에 대한 대중적 숙청이 반드시 필요하다고 본다. 내 개인적으로는 정당지지율에 기반한 국회 구성(독일식 정당명부제)과 내각제로의 개헌을 통해 이번 선거가 나의 마지막 전략투표가 되기를 바란다. 어찌되었든 젊은 층의 지지를 등에 업은 이가 승리했다는 것은 이 세대들을 오랫동안 광장에 붙잡아둘 것으로 믿는다. 수구언론은 이제 광장을 벗어나 일상으로 돌아가자고 할 것이다. 그러나 어떤 경우에도 광장을 떠나서는 안 된다. 선거는 민주주의의 꽃이 아니다. 아무리 합법적 절차를 통해 등장한 정부일지라도 민의를 거스르는 순간 뒤집혀야 한다. 그걸 다음 선거까지 기다려서는 안 된다. 움베르토 에코는 소설 『프라하 묘지』에서 프랑스의 19세기를 "이 나라 사람들이 지난 백 년간 한 일이라곤 정부를 타도하기 위해 바리케이드를 세우고 새로운 정부가 들어서자마자 그 정부를 타도하기 위해 다시 바리케이드를 설치하는 것이었다"라고 풍자하였다. 웃자고 하는 이야기지만 분명히 민주주의가 무엇인지에 대한 본질을 담고 있다.

젊은이들이 이른 시기에 자주성을 갖춘 개인, 시민사회의 일원으로 자리 잡기 위해서는 가급적 이른 시기에 정치적 경험을 해야 한다. 가급적 이른 시기에 사회 경제적 독립을 해야 한다. 여러 매체를 통해 접하는 서양의 젊은이들은 대체로 꽤 이른 나이부터 용돈을 벌기 시작하고, 우리보다 훨씬 이른 나이에 부모로부터 공간적인 독립을 한다. 20살 이후에도 부모와 같이 사는 것은 자주성의 훼손으로 받아들여지거나 종종 비웃음의 대상이 되곤 한다. 내가 만나본 서양인들의 경우에서 쉽게 확인할 수 있는 사항인데, 나는 이런 그들의 문화, 그리고 그 문화를 가능하게 하는 여러 사회적 장치들이 못내 부럽다. 우리도 대략 고등학교를 졸업하는 나이에 부모와 분리된 시공간에서 살아갈 수 있도록 국가와 사회가 도와줘야 한다. 우리 사회의 젊은이들과 서양의 젊은이들을 비교할 때 내가 가장, 어쩌면 유일하게 우리 젊은이들에게 낮은 점수를 주는 분야가 바로 부모로부터의 독립 여부이다. 경제적 독립만을 말하는 것이 아니다. 공간적 독립도 매우 중요하다. 궁극적으로는 심리적 탯줄을 끊고 시민사회의 자주적 주체로서 독립하여야 한다. 지식의 양은 이미 세계 최고 수준이다. 간혹 지적하는 비판적 사고의 측면도 나는 그렇게 나쁘게 보지 않는다. 촛불광장에서 우리는 십대들이 얼마나 명징한 사유를 하는지를 충분히 확인하지 않았는가? 우리 사회의 후진적인 시스템에 억눌려 있을 뿐 우리 사회 젊은이들의 '품질'은 매우 우수하다고 나는 믿는다. 그 개인적 우수함이 사회적으로 발현될 수 있도록 하기 위해 진보진영의 많은 정치집단과 사상가들이 고민하고 있으며, 그 고민들이 '복지국가', '페미니즘' 등등의 내용을 채우고 있다고 생각한다.

나는 우리 사회가 지향해야 할 구체적인 목표로 '스무 살 독립'을 제시한다. 그 정도 나이면 특별한 사정이 없는 한 '경제적 독립'은 못하더라도 부모로부터 '공간적' 독립은 해야 한다. 공간적 독립이 의미하는 것은 자신의 지배하에 있는 공간을 사회적 계약을 통해 확보한다는 뜻이며, 그 공간에서 이루어지는 자신의 삶을 온전히 지배하는 것이다. 한마디로 말해 밥하고 빨래하고 청소하는 '재생산노동'을 스스로 해야 한다는 것이다. 인간의 삶을 지속 가능하게 해주는 두 가지 노동 중에서 생산노동은 이런 저런 이유로 20대 중후반으로 연기될 수 있지만, 재생산노동은 적어도 스무 살에는 시작하는 것이 타당하다고 생각한다. 물론 부모와 같이 살면서도 얼마든지 재생산노동에 참여할 수 있지만 공간적으로 독립하는 것이 훨씬 그림이 좋다. 그래야 연애도 맘대로 할 것 아닌가? 문제는 비용이다. 부모의 경제력과 무관하게 시민으로서의 품위를 느낄 수 있는 주거 공간을 확보해주고, 자신의 꿈을 대비하는 데 방해가 되지 않는 범위에서의 노동만으로도 그 공간을 유지할 수 있도록 국가와 사회가 도와줘야 한다. 이런 주장에 반대할 이는 한 사람도 없겠지만 재원 확보가 문제이며, 천정부지로 치솟은 부동산 값이 문제이다.

땅은 매우 특별하고 독특한 '상품'이다. 매우 제한된 양만이 존재하며, 소모돼 사라지지 않고 후손에게 소유권이 이전된다. 이 고리를 끊어야 한다. 우리 사회의 부동산 문제는 토지공개념의 실현을 더 이상 미룰 수 없을 정도의 상황이다. 아무리 우리가 자본주의 체제라 할지라도 적어도 '토지'에 대해서는 '소유권'을 무한정 인정해서는 안 된다. 완만한 국유화가 필요하다. 그래야 온갖 경제 사회 문제를 집어삼키는 블랙홀이 된 부동산 문제가 해결 가능하다. 그렇다고 토지를 몰수하자는 말은 아니다. 많은 사람이 주장하듯 토지에 대한 세금을 지금보다 대폭 올리면 된다. 그런데 여기에 문제가 있다. 고가의 주택이 있다고 해서 고소득자라는 보장이 없다. 즉 세금을 낼 여력이 없는 경우가 있을 수 있다. 이에 대한 진보진영의 답변은 그러면 '집을 팔아라!'이다. 그런데 다른 방법이 있다. 세금을 꼭 돈으로 내라는 법은 없다. 주식처럼 실물로 납세하는 방법도 있다. 부동산에 대한 세금 납부를 부동산 자체로 하면 된다.

예를 들어, 토지세가 1%라고 하면, 1%에 해당하는 금액을 돈으로 내든가 그럴 돈이 없으면 해당 토지에 대한 소유권의 1%를 국가에게 이전하면 된다. 만약 어떤 사람이 보유 토지에 대해서 이런 식으로 세금을 납부한다면 30년 후에는 해당 토지에 대해 국가가 26%의 지분을 갖게 되고, 50년 후에는 40%를, 100년 후에는 63%를 갖게 된다. 매우 완만한 국유화 과정이다. 또한 강제가 아니니 현금 여력이 있는 사람은 얼마든지 돈으로 내면 된다. 나는 2% 정도가 적정하다고 생각한다. 2%의 토지세를 35년 정도 현물납세를 하면 해당 토지의 국가 지분이 50%가 된다. 이렇게 해서 확보한 재원이면 청년들의 조기 독립을 충분히 가능하게 할 수 있을 것이다.

사회적 문제를 지적할 때 그 원인과 해결 방안으로 민도를 지적하곤 하는데, 그렇게 되면 답이 안 나온다. 민도는 원인이 아니라 결과다. 민주주의를 할 민도가 부족한 것은 제대로 된 민주주의를 경험하지 못했기 때문이다. 민주적으로 작동하는 사회를 만드는 것과 민주적으로 사회를 운영할 능력이 있는 시민의 출현은 동시적 과정이다. 동전을 만들 때 앞면 먼저 만들고 나중에 뒷면을 만들지 않는다. 흔히 하는 말로 사람이 책을 만들고 책이 사람을 만들듯이 사람이 제도를 만들고 제도가 사람을 만든다. 관료주의는 관료적 인간을 끊임없이 재생산할 것이고, 민주적 사회는 민주적 인간을 재생산해 낼 것이다. 서로 다른 두 가지 방식과 제도 중에서 하나를 선택할 때, 그 제도 자체의 논리적 완결성이나 우열보다 더 중요한 것은 어느 방식이 더 시민의 참여와 자율을 보장하는가를 살펴야 한다. 어떤 경우든 이른바 국민성과 민족성을 탓하는 패배주의와 결연히 맞서 싸워야 한다.

100여 년 전 조선을 방문했던 이사벨 버드 비숍은 조선 사람들이 "느려도 너무 느리다"고 묘사했다. 그 느려터진 조선인들이 지금 세계에서 둘째 가라면 서러울 정도의 패스트 팔로워가 되었다는 것을 그녀는 상상이나 할 수 있었을까? 우리가 모든 것이 역사적 산물이라는 것을 믿는다면, 우리의 성격, 우리의 본능, 결코 인간적이지 않은 인간성조차도 모두 진화와 역사의 산물이라는 것을 믿는다면, 지금 우리의 어느 것 하나 만족스럽지 않은 모습이 결국은 과거 우리가 처했던 모순과 과제를 극복하는 과정의 산물이었다는 것을 인정한다면, 지금 우리의 숨통을 조이는 이 수많은 모순들도 종국에는 극복되리라는 믿음을 잃지는 않을 것이다.

5시 퇴근을 위하여

생산직 노동자와는 달리 사무직 노동자는 통계에 잡히지 않는 무임금 추가 노동이 꽤 된다. 더 빠른 진급을 위해 자발적으로 충성하는 거야 뭐라 할 수 없지만, 그놈의 분위기와 눈치 때문에 6시 정시 퇴근을 하지 못하는 것은 문제다. 그렇지만 비효율적인 장시간 노동에 대한 사회적 공감대가 커지면서 일부 기업에서는 정시 퇴근을 독려하고 있는 모습은 다행이다.

그런데 얼마 전 참으로 우스운 기사를 보았다. SK그룹의 한 회사에서 6시 정시 퇴근 독려 운동을 하고 있는데, 6시 정시 퇴근을 위해 직원들이 점심을 부리나케 먹고 총알같이 회사로 뛰어가서 일을 한다는 것이다. 그렇게 해서 6시 이전에 일을 끝마치고 정시 퇴근을 하게 되는데, 직원들의 만족도가 매우 높다고 했다. 정시 퇴근을 실현하려는 경영자의 높은 의지를 칭찬해야 할지 노동시간에 대한 무지를 탓해야 할지 당황스러웠다.

물론 정시 퇴근이라는 '사회적 과제'에 관심을 가지는 것 자체는 좋은 일이다. 그러나 우리나라 노동법에서 점심시간은 무임금 시간이다. 즉, 하루에 8시간을 일하면 1시간의 휴식시간을 제공해야 하는데 이 휴식시간은 무급이다. 결국 그 기사에 나온 노동자들은 6시 정시 퇴근을 위해 점심시간에 기꺼이(!) 무임금노동을 하고 있는 것이다. 점심시간 1시간을 온전히 쉬고 6시 30분까지 연장근무 할 때는 불만이 많았는데, 점심을 30분 만에 후딱 해치우고 나머지 30분 동안 무임금노동을 하고서 6시 정시 퇴근을 하니 만족도가 높아졌다? 조삼모사(朝三暮四)라는 고사가 떠오른다. 얼마나 우리 사회가, 우리의 자본주의가 기본적인 것에 대한 합의가 부족한지를 보여준다. 너무나 억압적인 사회에 살다 보니 감수성이 무디어져서 웬만한 것은 잘 참는 인내심도 한몫한다. 온갖 쓸데없는 개인 정보를 요구하는 이력서, 휴가 내고 쉬겠다는데 이유를 밝히라는 연차 사유, '누구는 6시 땡이야'라는 모욕적인 표현, 모호한 표현을 함으로써 훗날의 책임을 면하려는 상사….

그런데 8시간 노동을 상징적으로 보여주는 슬로건은 '9 to 6'가 아니라 '9 to 5'이다. 오래 전 돌리 파튼이라는 가수가 부른 노래 제목도 〈9 to 5〉이다. '9 to 5'로 일할 때는 점심시간이 따로 없었던가? 굶고 일하든가 눈치껏 샌드위치로 때웠던가? 이유야 모르겠지만 언제부터인지 8시간 노동에서 점심시간이 제외되면서 '9 to 6'가 8시간 노동이 되어 버렸다. 뭐 그거야 노동시간을 어떻게 정의하느냐의 문제이니 넘어가자. 내가 말하고 싶은 것은 6시에 퇴근하는 것 자체에 약간 문제가 있다는 점이다. 바로 배가 적당히 고픈 시간이어서 삼겹살에 소주 한잔 하기 좋은 시간대이다. 부서 차원에서 이루어지는 회식을 말하는 것이 아니라 동료들끼리 어울리는 술자리 말이다. 예전에 삼성에서 '7 to 4'를 시행한 적이 있다. 제도 자체의 타당성이나 호불호와는 별개로 확실히 당시 회식이 많이 줄었다고 한다. 가정과 직장의 양립이 사회적 화두로 떠올랐는데 6시 퇴근은 마이너스 요소임이 분명하다. '9 to 5'가 최선이겠으나 자본의 대대적인 반대가 있을 것이고, 이를 돌파해 낼 수 있는 역량이 우리 사회에 있을까 싶다. 변칙적으로 '9 to 6'를 '8 to 5'로 바꾸는 방법이 있기는 한데, 이를 위해서는 정시 퇴근이 아주 당연하게 받아들여지지 않으면 안 된다. 그렇지 않으면 우리 사회의 어정쩡한 분위기 속에서 5시 정시 퇴근이 힘들어지고 괜히 출근 시각만 당겨지면서 노동시간 연장의 수단으로 악용될 것이 뻔하기 때문이다. 우리 사회가 서머타임을 못하는 이유도 같은 우려 때문이지 않은가?

정시 퇴근이 반드시 보장된다는 전제하에 나는 '9 to 6'보다는 '8 to 5'가 더 좋다. 물론 점심시간을 노동시간에 포함해서 '9 to 5'로 가는 것이 최선이다. 지금도 많은 회사에서 같은 부서원끼리 점심을 먹으면서 업무 이야기를 나눈다. 즉, 점심시간이 업무 시간의 연장으로 여겨지고 있다.[2]

---

2 2015년 진행된 한국노동사회연구소의 주요 서비스산업 노동 실태조사에서 점심시간을 포함한 1일 평균 휴게시간은 39.6분에 불과했고, 점심시간을 30분 이상 사용하지 못하는 경우도 49.2%에 달했다.

존재하는 모든 것은 그 이름으로 불려야 한다

누군가 나를 부른다. "길동 형!" 그러면 상대가 누구인지 파악이 되지 않더라도 거의 대부분 "응"이라고 답한다. 만약 "길동아!"였다면? 상대를 파악하고 나서 "응" 또는 "예"가 될 것이다. 상대와 나의 지위에 따라 어휘가 달라진다. 상대의 지위 파악이 잘 안되면 대답하기가 꽤 곤란하다. 물론 대부분 일단 '예'라고 답하고 보겠지만. 이런 모습은 현재의 호칭 방식이 상대방과 나의 사회구조 속에서 위치를 파악하여 서로를 부르는 것이 어렵지 않았던 과거 농경사회의 산물이라는 점을 상징적으로 보여준다.

상대를 '형'이라고 부르기 위해서는 상대의 나이를 파악해야 한다. 그러다 보니 상대의 나이를 파악하기 전에는 상대를 부르기가 참으로 어색해진다. 이 어색함을 더욱 더 부채질하는 것은 우리말에 적당한 2인칭 대명사가 없다는 사실이다. 모르는 사람과 사소한 문제로 다투는 상황에서 상대를 도대체 뭐라 불러야 할지 당혹스러웠던 기억을 우리 모두 갖고 있을 것이다. "당신! 당신이 나를 언제 봤다고 당신이야!" 게다가 존대와 반말의 구별까지! "너 왜 갑자기 반말이야!" 권위적인 호칭 구조, 2인칭 대명사 부재, 존댓말 이 세 가지는 원활한 커뮤니케이션을 가로막는 우리 언어의 3종 세트이다. 서로의 사회적 지위와 무관하게 개별 인간으로서 대화하는 것을 방해하고 있다.

호칭

다음과 같은 가상의(그러나 현실에선 무수히 볼 수 있는) 신문기사 또는 TV 뉴스 리포트를 생각해 보자.

"…홍길동 대통령은 김길서 전 서울시장과 이길남 전 새누리당 대표를 만났고, 이 자리에는 박길동 전 대통령 시절 안길서 전 청와대 수석비서관이 있었는데…이날 이 전 새누리당 대표는 김 전 서울시장과…또한 안 전 청와대 수석비서관은 박 전 대통령의 뜻을…홍 대통령은…"

뭐 대충 이렇다. 기사 뒤에 가면 성에 직함만 붙어 나온다. 가끔은 누가 누군지 구별하기 어려울 정도다. 그런데 일반인들에 대한 기사는 이렇다.

"…홍길동 씨는…고길동 씨를…. 이에 고 씨는 홍 씨를…"

이 두 가지 사례의 문제점을 살펴보자. 첫째, 일반인들은 그냥 씨라 부르고 윗분들은 다들 직함을 붙인다. 이게 말이 되나? 일반 시민들은 대충 불러도 되고 정치인과 관료들은 깍듯이 직함을 붙인다? 이건 말이 안 된다. 이런 구역질 나는 방식은 사라져야 한다.

둘째, 공직자들을 무슨 무슨 직함으로 부르는 것 자체를 바꿔야 한다. 물론 공직자나 사회 주요 인사들을 언급하면서 그들이 어떤 자리에 있는지 무슨 일을 하는지를 밝히는 것은 매우 필요하므로 직함을 생략할 수는 없다. 따라서 나는 '이름+타이틀'의 순서를 반대로 할 것을 제안한다. 즉, '문재인 대통령'이 아니라 '대통령 문재인'이 정답이다. 또한 처음에 타이틀을 밝힌 후에는 이름으로'만' 부를 것을 제안한다. 즉, "… 대통령 문재인은 국민의당 대표 안철수와 만난 자리에서… 문재인은… 안철수는…" 으로 말이다.

공직자나 정치인들을 그들의 이름이 아니라 직함으로 부르는 것은 우리의 의식 속에 그들의 권위를 끊임없이 주입하는 과정이다. 저 사람들은 당신들과 같은 일반인이 아니라 국가기구에서 일하는 매우 높으신 분이다라는 식이다.

그런데 직함이 야기하는 권위주의적 심리 상태가 우리의 일상적인 관계에도 스며들고 있다고 나는 본다. 종합병원에서 근무하는 청소부가 의사와 구내 식당에서 마주 앉아 시사적인 문제에 대해 대등하게 자신의 의견을 피력하기는 쉽지 않다. 노동자의 경제적 지위가 여전히 생활이 아닌 생계 또는 생존의 수준에 머물러 있고, 이런 경제적 지위의 열악함이 정치적 지위의 열악함으로 이어지기 때문이기도 하다. 하지만 우리의 호칭 구조가 갖는 권위적 체계가 우리의 마음과 영혼을 잠식하기 때문이기도 하다. 즉, 의사는 언제나 ~선생님, ~과장님, ~교수님으로 불린다. 앞에 가는 의사를 부를 때 "선생님"이라고 부른다. 그런데 반대로 의사가 청소부를 부를 때는? 아마 대부분 말 끝을 적당히 흐리면서 "저기~"라고 부를 것이다. 사회 내 각종 위계 질서에서 상층에 속하는 사람들을 이름으로만 부르는 경우는 미디어든 우리 일상 대화에서든 매우 드물다. 옆집에 사는 사람의 직업이 교장이면 모든 대화에서 그는 교장님으로 불릴 것이다. 사장님, 변호사님, 검사님, 교수님 등등. 동네 이웃끼리 대화할 때 회사 다니는 사람을 회사원님, 또는 노동자님이라고 부르지는 않는다. 회사원이나 노동자라는 게 내세울 게 없다고 보고, 그렇게 부르는 것을 미디어에서 본 적이 없기 때문이다. 김 씨, 박 씨는 들어보았어도 김 시민, 박 회사원이란 말은 들어본 적이 없다. 지나가는 시민 김씨, 회사원 박씨 등으로 언급된다. 그런데 꼭 높으신 양반들은 홍길동 검사, 홍길서 교수 등으로 불린다. 공화국의 주인을 깎아내리고 그들의 종을 오히려 높이는 지금의 호칭 방식을 당장 바꿔야 하는 이유이다.

　너무나도 오래된 우리말의 습관이라고는 하지만 사람을 부르는 지금의 방식은 바뀌어야 한다. 공적인 영역뿐만 아니라 기업 등의 민간 영역, 나아가 개인들끼리의 호칭 방식도 바뀌어야 한다. 그리고 그 시점이 무르익었다. 최선의 대안도 이미 나와 있다. 서구 언어가 보여주는 호칭 방식이 바로 그것이다.

우리 언어에서 호칭이 갖는 문제점을 보자. 첫째, '성+직위'의 형태를 띠는 구조는 성이라는 씨족집단과 직위라는 조직 내 위치로 개인을 특정한다는 점에서 인민각개의 성립이라는 근대 이후의 시대정신에 어긋난다. 둘째, 화자와 청자의 위계질서를 드러낸다. '김 과장' '김 과장님', '길동아', '길동 형' 모두 두 사람의 위계질서를 반영하고 있다. 친인척 간에 쓰이는 형/오빠와 같은 호칭을 사회 전체로 확장해서 쓰는 것도 문제이다. 하지만 무엇보다 우리말의 호칭은 대화 참여자의 권력관계를 강화함으로써 사회구성원들 간의 수평적 의사소통을 가로막는 걸림돌로 작용하고 있다. 게다가 존댓말 사용까지 고려한다면 수평적 의사소통은 매우 힘들어진다. 그렇다고 존댓말 구조를 한꺼번에 바꿀 수는 없는 노릇이니 우선 호칭부터 바꾸자는 것이다.

과거 국가대표 축구팀 감독으로 부임한 히딩크는 묘한 상황을 발견한다. 운동장에서 선수들이 말이 없더라는 것이다. 후배가 선배를 '길동 형' 뭐 이렇게 불렀을 텐데, 호칭이 대화의 장애로 작용한다고 판단한 히딩크는 경기 중에 서로를 오직 이름으로만 부르게 하였다고 한다. 이름 뒤에 붙는 '형' 또는 '~아/야'와 같은 꼬리를 떼어버린 것이다.

의사소통이나 조직관리에서 호칭으로 인한 불편함은 한계점을 넘었다. 내가 만나본 사람 중에 우리 사회의 호칭방식에 대해 불편함을 호소하지 않는 이가 하나도 없었다. 내가 다니는 회사도 한때는 서로를 '님'이라고 불렀지만, 외부 소통과 혼선이 생기면서 어색함을 극복하지 못하고 결국 포기하고 말았다. 오죽하면 다음카카오에서 영어이름을 쓰기로 했을까? 청와대 일부 조직에서 이름 대신 별명을 부르는 것도 같은 맥락이다. 별명으로 영어 이름을 쓰는 경우도 있어 조금 서글프지만. 이런 시도 자체는 나쁜 것은 아니다. 하지만 해결책이 될 수는 없다. 조선시대 이름 대신 '자'를 부르는 것과 같지 않은가?

생각해보라. 한국인들로 구성된 한국기업에서 원활한 의사소통을 위해 구성원들(한국 사람!)이 영어 이름을 갖는다? 엄연히 위계질서가 있는 회사에서 윗사람을 직함 없이 이름으로만 부르는 것이 너무 힘들자 영어 이름으로 불러버리는 것이다. 홍길동 과장을 '홍길동'으로 부르기는 어색해도 마이클 과장을 '마이클'이라고만 부르는 것은 전혀 어색하지 않다. 오히려 마이클 과장이라고 부르는 것이 더 어색하다. 언어가 갖는 거대한 관성 탓이다. 내가 지적하고자 하는 것은 우리말 호칭의 불편함이 극에 달했다는 점, 그 불편함의 극복을 위한 즉각적인 조치가 필요하다는 점이다.

나는 호칭 개혁이야말로 우리 문명 앞에 놓인 최대의 과제이며, 우리 문명을 근본적으로 변화시킬 매우 래디컬한 방안이라 믿는다. 그러나 상대를 이름으로 부르고 싶어도 사회 관습과 관성에서 벗어나기란 참으로 어려운 일이다. 그것을 개별 인민이나 개별 민간 조직이 풀어낼 수는 없다. 그래서 국가가 나서야 한다. 호칭을 바꾼다는 것, 언어 습관을 바꾼다는 것은 사회의 근본적이고 전면적인 변화를 뜻한다. 이 정도의 어젠다를 주도할 수 있는 집단은 국가밖에 없다. 이런 사소한 사항에 어떻게 국가가 관여하느냐고? 무슨 소린가? 이 사회구성원 거의 모두가 불편해서 환장하겠다고 하는데, 한국 이름이 불편해서 영어 이름을 쓰겠다는 사람들이 나올 정도인데, 당연히 국가가 나서서 해결해야 하는 일이다. 해서 나는 몇 가지 실천 방안을 제시하고자 한다.

첫째, 모든 미디어에서 사람을 이름으로만 부르자. 미디어는 대부분 공적인 사안을 다루므로 경어를 쓰지 않는다. 설령 대통령이 주어인 경우에도 '~하였습니다'라고 하지 '~하셨습니다'라고 하지 않는다. 즉, 타이틀이 아니라 이름으로 불렀을 때 들 수 있는 '건방진' 느낌으로부터 자유롭다. 대담 프로에서는 이름만 부르는 것이 어색할 수가 있다. 이 경우에는 이름 뒤에 '씨' 정도를 붙여 부르는 것이 타당하다. '님'은 지나치게 무겁다. '홍길동 님'보다는 '홍길동 씨'가 원활하고 활기찬 대화에 더 유리하다고 본다. "~라고 생각하는데 안철수 씨는 어떻게 생각합니까?", "방금 심상정 씨가 ~라고 주장했는데…"가 "~라고 생각하는데 안철수 님은…"이나 "방금 심상정 님이 ~라고 주장했는데"보다 더 활기차지 않은가? 호칭의 무게가 대화의 편의성을 짓눌러서는 결코 안 된다.

둘째, 공무원, 정치인들이 서로를 이름으로만 부르도록 하자. 적어도 공무원은 국가의 피고용인이므로 국가 정책으로 강제할 수 있다고 본다. 정치인은 마땅히 강제할 방법은 없고 각자의 판단에 따를 수밖에는 없지만 호칭 개혁의 필요성을 설파하면서 대세를 장악해가면 어려울 것도 없다. 더 나아가 사적인 자리에서도 서로를 형님/동생으로 부르는 것을 금지하자. 무슨 깡패집단도 아니고….

셋째, 초등학교에서부터 동료 및 선후배를 부를 때뿐만 아니라 교사를 부를 때조차도 이름으로 그리고 이름으로만 부르도록 가르치자.

넷째, 대화나 토의에서는 이름 뒤에 붙는 접사는 '씨' 정도만 쓰도록 하고, 권력관계가 포함된 접사는 쓰지 않도록 한다. 대화 중이 아니라 상대의 이목을 끌기 위해 부르는 경우가 있다. 멀리 있는 사람을 부르는 경우다. 이때는 "장하성!" 또는 "임종석 씨!"로 부르면 된다. "길동 형!", "길동아!"와 같이 권력관계가 포함된 접사는 쓰지 않아야 한다. 그리고 그에 대한 대꾸는 "예"로 통일되어야 한다. "응"은 아주 친한 관계에서만 통용되는 표현으로 축소되어야 하고, 일상의 모든 대화에서는 "예"만 쓰도록 해야 한다.

다섯째, 약간 논란의 여지가 있지만 드라마 등에서 이런 호칭을 쓰도록 권고하는 방법이 있다. 박정희, 전두환 시절에나 쓸 수법이긴 하지만 드라마의 영향력을 감안할 때 괜찮은 방법이라고 생각한다. 드라마에서 사장을 '홍 사장님!'이라고 부르는 것이 아니라 '홍길동 씨!'라고 부르는 장면. 물론 처음에는 매우 낯설 것이다. 당연하다. 수백 년 넘게 지켜온 버릇인데. 하지만 이렇게라도 바꿔야 한다. 1945년 해방 이후가 우리말과 관련한 여러 문제들(호칭, 언문일치, 존대어법 개선 등등)을 해결할 수 있는 최적의 시기였지만 어쩌랴! 지금부터라도 하나씩 바꿔나가야 한다.

공적인 영역에서 이름으로만 부르는 방식이 자리 잡으면 민간 영역으로 확대되는 것은 그리 오래 걸리지 않는다. 우리 사회는 새로운 유행을 받아들이는 데 익숙하고 열광적이다. '씨'를 쓸 것이냐 '님'을 쓸 것이냐, 성명으로 부를 것이냐 개인이름(우리말에서 '이름'은 서구 언어의 기븐네임과 풀네임 두 가지를 포함한다. 이름은 풀네임으로 정의하고 기븐네임에 해당하는 어휘를 새로 만들었으면 한다. 개인이름 정도면 어떨까 싶다)으로 부를 것이냐 등등의 세세한 사항은 우리가 서로를 이름으로 부르게 되는 분위기가 정착된다면 자연스럽게 각각의 상황에 맞는 방식이 자리 잡을 것이다. 공적 공간에서는 말할 것도 없고 사적인 공간에서도 서로를 이름으로 그리고 이름으로만 부르게 될 날을 꿈꿔본다.

2인칭 대명사

3인칭 대명사의 경우 문어에서는 그, 그녀 등이 자리를 잡았고, 구어에서는 그 여자, 그 남자 등이 자리를 잡았다. 2인칭은 너, 당신, 선생, 그쪽 등등이 쓰이고 있는데, 각각의 어휘가 갖는 한계가 있어서 어느 것 하나 널리 쓰이기가 힘들다.

모든 경우에 두루 쓰일 수 있는 2인칭 대명사의 부재는 원활한 의사소통을 가로막는 우리말의 치명적인 약점이다. 역시 이 불편함을 호소하지 않는 이가 드물다. 모르는 사람끼리 이야기하면 상대를 마땅히 부를 어휘가 없다. 그쪽, 선생, 아저씨, 아줌마, 학생, 젊은이, 할아버지 등등으로 부르거나 아니면 교묘히 주어를 생략해서 문장을 구성한다.

영어의 유(you)를 직수입하자는 남영신[3]의 주장에 나는 동의한다. 마땅한 다른 대안이 떠오르지 않는다. 사람들의 일상 언어로 과연 자리 잡을

---

3 이 사람이 편찬한 〈한+ 국어사전〉(성안당)에서 '껍데기'라는 항목을 찾아보기 바란다. 사전이 얼마나 통쾌할 수 있는지를 알게 될 것이다.

수 있을까 하는 의구심이 들기도 하지만 시도해볼 가치는 있다. 앞에서 얘기한 호칭 개혁을 위해 쓰는 방법을 거의 그대로 쓸 수 있다. 다만 워낙 생소한 변화이므로 소설 같은 문학이나, 드라마나 미디어 등에서 선도적으로 쓸 필요가 있다. 그러면 인터넷 공간으로 자연스럽게 퍼지면서 이후 일상 언어로 자리 잡을 기반이 될 것이다.

존댓말

존댓말이 드러내는 것은 존경이 아니라 권력이다. 그 권력의 줄이 평소에는 느슨하게 쳐져 있다가도 필요한 경우에는 언제든지 팽팽하게 당겨지면서 상대를 강제하는 수단으로 쓰인다. 남북을 막론하고 권위적 체제하에서는 최고 권력자와 관련해서는 언제나 극존칭이 쓰였다. 이황 님, 칸트 님이라는 표현은 없지만 예수님 부처님 공자님은 두루두루 쓰인다. 역사적 인물을 이렇게 '님'으로 불러야 할 이유가 없다. 예수의 말이 예수님 말씀이 되고 공자의 말이 공자님 말씀이 되는 순간 그들의 말은 비판은 없고 해석만이 가능한 도그마로 변한다.

영어로 대화하거나 영어학원에서 공부해본 경험이 있는 사람들이 이구동성으로 지적하는 것이 있다. 마음이 편하다는 것이다. 외국어로 대화하는 것 자체는 기술적으로 힘들지만 나이와 무관하게 상대를 유로 부르고 존댓말을 쓰지 않는다는 것이 얼마나 많은 자유를 선사하는지 모른다. 30대의 젊은 사람들과 정치적인 또는 시사적인 대화로 이야기하면서 그들이 자유롭게 나의 의견을 논박하는 모습을 보면, 과연 이들이 한국말로 대화한다면 이렇게 자유롭게 자신들의 의견을 제시할 수 있을까 하는 생각을 자주 한다. 비록 서로 존댓말을 쓴다고 할지라도 한국말로 대화하는 것 자체가 한국말에 깃들어있는 권위와 서열 구조 속으로 포섭되는 걸 뜻하기 때문에 30대가 50대에게 자유롭게 상대의 말을 반박하면서 자신의 의견을 내세우기는 쉽지 않다. 몇몇 친해진 사람과는 한국말로 대화할 때 서로 이름을 부르고 반말을 쓰자고 제안해보기도 하였다. 30대와 반말로 대화하는 통쾌함과 짜릿함, 그런 분위기가 주는 자유!

존댓말의 불편함 역시 얼마나 많은 사람들을 힘들게 하는지 모른다. 서비스업 종사자들이 이른바 사물 존대를 포함하여 모든 술어를 존대로 구사하는 것을 비난만 해서는 안 된다. 그만큼 존대와 반말의 구별로 인한 불편함이 크다. 바쁜 와중에 자칫 반말로 들릴 수도 있는 표현을 썼다가 낭패를 보느니 어법에 어긋나더라도 차라리 모든 표현을 존대로 해버리는 것이 안전하기 때문에 나타나는 현상이다. 그렇다고 모든 구어를 반말로 해버리자는 주장에는 선뜻 동의하기 힘들다. 가능하지도 않다. 사람들이 불편해하는 것은 지나친 존대법이지 존대 그 자체는 아니다. 우리말에 지나치게 많은 존대어법을 조금씩 줄여나갔으면 하는 바람이다. 존대어법은 어휘 자체가 길 뿐만 아니라 대개 완곡어법을 쓰기 마련이어서 문장이 자꾸 길어지면서 의사소통의 효율을 방해한다. 같은 시간에 리포터가 전달하는 정보의 양에서 우리말이 영어보다 경쟁력이 낮은 이유 중 하나도 존댓말 사용 때문이다.

따라서 우리말의 체계를 크게 흔들지 않고서도 바로 적용할 수 있는 '작은' 변화들을 하나씩 모색해보자. 이를테면, 존칭 어미 '시'의 사용을 줄였으면 한다. "~라고 말씀하셨는데"보다 "~라고 말씀했는데" 정도로 존대의 수위를 낮추는 것이다. "~라고 말했는데"로 갈 수도 있지만 이 경우 '말씀'이라는 어휘가 우리말에서 사라져 버릴 위험이 있다. 언어에서 어휘는 많을수록 좋다. '께'라는 표현도 줄일 수 있다고 본다. "홍길동 여사께서는"보다는 "홍길동 여사는" 정도로 수위를 낮춰도 괜찮다고 본다. 역시 미디어들을 통해서 모범을 보이면 이후 일상언어로 퍼져나갈 것이다. 사실 일상언어에서는 조금씩 무너지고 있다. 그러니 국립국어원 같은 곳은 우리말의 어법에 어긋난다라는 원칙만 되풀이하지 말고 현대 산업사회에 어울리는 우리말의 새로운 화법을 개발해서 대중들에게 제시해야 한다.

자본주의가 역사에서 해낸 위대한 성과 중의 하나가 경제적 지배관계에서 인격적 지배를 제거한 것인데, 우리 사회에서는 회사에서의 지위와 개인의 인격적 지위가 완전히 분리되어 있지 않다. 조직의 상사에게 게다가 회사 대표에게 거리낌없이 자신의 의견을 개진하기에는 상당한 용기가 필요하다. 이는 상급자나 연장자에게 존경을 표하는 우리의 문화적 유산 때문인데, 그 문화적 유산을 우리에게 전달해주는 매개체가 바로 존댓말이다. 게다가 군대 경험은 상명하복의 권위주의를 우리 영혼 깊숙이 심어놓는다.

우리 사회에서 여성이 남성보다 유리한 거의 유일한 경우가 군대를 경험하지 않는 것인데, 그건 단지 2년이란 시간의 문제가 아니다. 어릴 적 성폭행을 당한 여성이 나머지 인생에서 오랫동안 그 트라우마를 겪듯이 폭력적이고 권위적이며 합리성과는 전혀 거리가 먼 2년간의 군대경험은 그들의 영혼을 오랫동안 짓누를 것이다. 이유야 어쨌든 군대를 면제받은 사람은 단지 2년을 번 것이 아니다. 2년 동안 받았을 자긍심의 훼손을 겪지 않았다는 것에 감사해야 한다. 조직원들이 자신들이 속한 위계의 위치와 무관하게 수평적이고 자유로운 의사교환이 이루어지는 것은 해당 조직의 발전에 대단히 고무적이며 우리 사회 전체를 위해 축복이 아닐 수 없다.

오래 전에 영어 공용어화론이 제기된 적이 있다. 영어를 국민 다수가 쓰게 되면 국가의 경쟁력이 커지고 정보 습득도 빨라진다는 것이 주요 내용이었다. 정보 습득이야 그렇다 쳐도 국가경쟁력을 결정하는 것은 국민의 지적 능력이지 외국어 능력은 아니다. 지금처럼 영어 사용 능력이 개인의 커다란 경쟁력의 요소가 된 것은 그동안 국가가 외국어로 된 지식과 정보를 한국어로 번역하는 데 무책임할 정도로 소홀했기 때문이다. 즉, 영어로 된 정보와 지식을 습득한 사람들은 그것을 국가와 사회를 위해 쓰기보다는 자신들의 사적 이익을 추구하기 위해 사용하기 마련이다.

민간 영역에서는 당연한 일이다. 외국어 사용 능력에 따라 민간 부분에서 경쟁력의 차이가 생기는 것은 불가피하지만 국가가 번역 사업을 강화해서 한국어로 표현된 지식과 정보의 축적에 힘썼다면 지금처럼 영어에 올인하는 사회 분위기는 나타나지 않았을 것이다.

일본의 메이지유신에서 보고 배울 점 단 한 가지를 고르라면 번역을 통해서 서양문명을 받아들인 모습이다. 서양 베끼기에 불과했던 메이지유신이 일본 문명의 한 단계 도약에 결정적으로 기여한 것은 수많은 서양의 개념어들을 대부분 자신들의 언어로 번역했기 때문이다. 번역을 통한 문명의 한 단계 도약은 보통 문명의 전환기에 최적의 방안이겠지만 지금도 늦지 않았다. 지금 우리 문명의 최대 과제 중 하나는 서양을 우리 관점으로 이해하고 그것을 번역하는 것, 과거 한문으로 쓰여진 지식체계를 현대한국어로 번역하는 것이다. 하지만 지금의 현실을 보면 참으로 요원한 과제가 아닐 수 없다.

특히 한문은 한자로 기록되었기 때문이 아니라 어순이 중국어를 따랐다는 점에서 중국어로 쓰였다고 해도 과언이 아니다. 이 점이 조선 지식인들의 결정적 한계였다. 한자를 쓴 것이 문제가 아니라 사용한 문장 구조가 우리 것이 아니었다는 게 진정한 문제다. 설령 한자를 썼어도 문장구조가 우리말의 어순을 따랐다면 지금처럼 과거의 지식체계가 낯설지는 않을 것이다.

외국어를 받아들이는 데는 여러 가지 양상이 있다. 알파벳만 빌려 쓸 수 있고('사랑'을 'sarang'이라고 쓰는 식, 베트남처럼), 문자만 빌려 쓸 수도 있고(love라 쓰고 '사랑'이라 읽는 방식, 일본이 취한 방식), 거꾸로 말 또는 개념만 빌려 쓰고 쓰기는 고유 방식을 취할 수도 있고('컴퓨터', '시스템'처럼), 아예 문장을 통째로 받아들이는 경우도 있다. 말로는 '나는 너를 사랑한다'고 하면서 일기나 편지에 쓸 때는 'I love you'라고 쓰는 식이다. 조선의 지식인들이 취한 방식이 마지막이다. 조선의 그 수많은 천재들이 써놓은 텍스트가 우리 현대인에게 쉽게 다가오지 않는 것은 똑같은 어휘의 뜻이 그때와 지금이 다르기 때문이기도 하지만 무엇보다 구어의 어순을 따르지 않았기 때문이다. 청산별곡이 어렵지 않게 이해되는 것은 기록에 쓰인 문자가 한글이어서가 아니라 그 어순이 현재 우리가 쓰고 있는 어순과 일치하기 때문이다. 현대 영미인들이 16세기에 쓰여진 셰익스피어의 원작을 볼 때, 어휘가 낯설고 뜻이 바뀐 것이 있어서 약간의 어려움은 느끼겠지만 우리만큼은 아니다.

또 듣고 말하기의 중요성을 강조하는 기사를 종종 보지만, 영어 교육의 첫 번째 과제는 텍스트를 이해하는 것이지 대화가 가능한 것은 아니다. 지금 우리 주변에서 영어가 필요한 영역을 보라. 회화가 필요한 곳도 있겠지만 대부분은 영어로 된 텍스트를 이해하는 것이다. 이 땅에서 태어나 교육받는 사람들은 대부분 이 땅에서 살다 죽는다. 그들이 영어를 회화의 형태로 사용할 경우는 가끔 가는 해외여행 말고는 극히 드물다. 그러나 영어로 된 텍스트를 이해해야 하는 경우는 그보다 훨씬 많다. 당연히 영어 교육의 초점이 텍스트 이해로 가야 하는 이유다. 듣고 말하기를 강조하는 것은 해외 유학을 갈 가능성이 높은 부유층의 시각이 지나치게 반영된 것은 아닐까? 그리고 난 텍스트를 이해하는 것과 듣고 말하기가 마치 별개의 사안인 것처럼 보는 시각에 원칙적으로 동의할 수 없다. 텍스트를 이해하는 능력이 강화되면 듣고 말하기 능력도 같은 수준까지는 아니어도 어느 정도 향상되기 마련이다.

그러나 영어 공용어화론에 대한 찬반 입장과는 무관하게 나는 당시 해당 논쟁이 주로 경제적 측면을 강조하는 것이 불만이었다. 어차피 영어를 공용어로 삼는다는 것은 불가능할 터이다. 그러나 그런 논쟁 자체가 부질없는 것으로 사라지기보다는 우리 사회에 충격을 줌으로써 우리 문명의 한 단계 도약에 도움이 되는 쪽으로 진행되었으면 하는 아쉬움이 있었다. 이제까지 언급한 호칭의 문제, 2인칭 대명사 문제, 존댓말의 문제 등등이 모두 포함되어 있지 않는가? 혹시라도 다음에 이런 논쟁이 재연된다면 경제적 관점이 아니라 구성원 간의 자유로운 의사소통을 방해하고 현대산업사회와 어울리지 않는 우리말의 한계를 지적하는 관점에서 이루어졌으면 한다. 앞에서 영어 이름을 쓰는 회사의 사례를 들었지만 극단적으로 대화를 아예 영어로 하는 경우도 있다. 1997년 대형 추락사고를 경험한 대한항공은 사고 원인을 우리말에 녹아있는 권력관계, 권위주의 때문으로 보고 조종실에서는 대화를 영어로 하게 하였다. 수백 명의 희생자를 낸 사고의 원인이 우리말의 특징 때문이라면 그때라도 사회적 공론화가 이루어졌어야 했지만 그렇지 못했다. 영어 공용어화론자들도 이 사고를 자신들 주장의 타당성 근거로 제시하지 않았다. 기대승과 이황이 17년 동안이나 끈질기게 논쟁을 할 수 있었던 데는 이황의 인품과 기대승의 패기도 있었겠지만, 그들이 말이 아니라 편지로 그것도 외국어로 논쟁을 했기 때문이지 않을까 하는 생각을 해본다.

한국 나이에 대하여

우리나라 나이는 참 재미있다. 태어나자마자 한 살이다. 이걸 많은 사람들은 뱃속에서의 기간으로 오해하면서 생명 존중의 표현이라고 말하곤 한다. 일견 그럴듯하지만 그것이 우리나라 나이의 특징을 제대로 설명하지는 못한다. 만약 임신기간을 1년으로 간주해서 태어나자마자 한 살로 간주하는 거라면 우리는 매년 새해 첫날이 아니라 자신의 생일에 한 살 더 나이를 먹어야 한다. 그러나 모든 한국인들은 새해 첫날 동시에 한 살 더 나이를 먹는다. 즉, 12월 31일에 태어난 사람이 다음날 두 살이 된다. 바로 이점, 새해 첫날 모든 사람들이 한꺼번에 나이를 한 살 더 먹는 것이 본질적인 특징이다. 그래서 한국식 나이 계산법은 임신 기간과는 전혀 무관하다. 한국 나이의 본질은 서기, 단기와 같은 연호(年號)이다.

우리에게 익숙한 서력의 기원부터 이야기해보자. 서력 기원은 예수가 태어난 해를 기준으로 연도를 센다. 서기 2017년이라 함은 예수가 태어난 해를 제1년으로 간주했을 때 2017번째 되는 해라는 뜻이다(Anno Domini 2017). 여기서 재미있는 점은 예수의 생일 그 자체는 전혀 중요하지 않다는 것이다. 예수가 3월 2일에 태어났든, 7월 9일에 태어났든 아무 상관이 없다. 태어난 해가 AD 1년이다. 또한 AD 1년은 예수가 태어난 날부터 시작하여 다음해 생일 전까지를 뜻하지 않는다. 예수가 태어난 해의 1월 1일부터 12월 31일까지가 전부 AD 1년이다. 크리스마스가 12월 25일이라고 해서 그 해 12월 1일을 BC 1년 12월 1일로 부르지는 않는다. 예수 탄생 이전이라 해도 AD 1년 12월 1일이다. AD 2년은 예수 탄생 1주일 뒤에 시작한다. 이렇게 차곡차곡 해를 세어서 금년은 AD 2017년이 되는 것이다. 태어난 날짜와 무관하다는 점, 태어난 순간 1이라는 숫자를 부여한다는 점, 생일이 아니라 다음 해 첫날 1만큼 증가한다는 점에서 서력 기원 계산법과 우리나라 나이 셈법이 완벽하게 일치한다. 이런 방식의 연도셈법은 동아시아에서는 아주 흔하다. 동아시아는 해를 세종 24년, 중종 5년식으로 구분한다. 그럼 해당 왕의 제1년은 언제일까? 세종은 1418년 왕위에 올랐다. 그렇다면 세종 1년은 1418년인가? 아니면 1419년인가? 달리 말하면 1418년은 태종 18년일까? 아니면 세종 1년일까? 아니면 둘 다일까? 동아시아에서는 한 해에 두 이름을 부여하지 않는다. 태종 18년 또는 세종 1년 둘 중 하나만 취한다. 즉, 왕위에 오른 해를 전(前) 왕의 해로 보느냐 새 왕의 해로 보느냐의 문제이다. 왕위에 오른 해(즉위년)를 1년이라 부르는 방식을 '즉위년칭원법'이라 하고, 즉위한 해 다음해를 1년이라 부르는 방식을 '유년칭원법'이라 부른다. 삼국시대에는 즉위년칭원법을 따랐다. 그러나 유교의 이념이 자리 잡은 고려, 조선시대에는 유년칭원법을 따랐다. 일반적으로 새 왕은 전 왕의 아들이므로 아들이 아버지의 해를 지운다는 것은 옳지 않다고 여겼다. 태조처럼 역성혁명을 일으킨 경우와 세조, 중종, 인조처럼 정변에 의해 왕위에 올라서 굳이 전왕을 예우할 필요가 없는 경우에는 즉위년칭원법을 썼다. 1506년 반정으로 중종이 왕위에 오르며 1506년은 중종 1년이 된다. 마찬가지로 인조반정이 일어나 인조가 왕위에 오른 1623년이 인조 1년이다.

우리나라 나이셈법은 즉위년칭원법을 따르는 일종의 연호라고 이해하는 것이 맞다. 예를 들어, 홍길동이 2001년에 태어났다면 그 해(2001년)를 AH 1년(Anno Honggildong 1)이라 부르는 식이다. 만약 2005년에 김철수가 태어났다면 2005년은 AK 1년(Anno Kimchulsoo 1)이면서 동시에 AH 5년(Anno Hong 5)이 된다. 즉, 우리나라 나이는 사람 개개인을 누구의 자식이 아니라 개별적이고 독립적인 개체로 간주한다. 통쾌하지 않은가? 결국, '홍길동은 금년에 11세이다'라는 말은 '홍길동이 태어난 해를 기준으로 해를 세면 금년은 11년째 되는 해이다'라는 뜻이다. 말이 길어지니 줄여서 '홍길동의 나이가 11세이다'라고 해버리는 것이다. 바로 이런 이유로, 우리나라 사람들은 태어나자마자 한 살이라 부르고, 새해 첫날 모든 사람들이 동시에 나이를 한 살 더 먹는다.

나이셈법 하나 가지고 조선 시대가 엄청 개인의 가치를 존중하는 사회였다고 주장하는 것은 아니다. 게다가 이런 나이셈법은 투표권이나 성인 판단의 기준 등등 사회의 몇몇 분야에 그대로 적용되기는 힘들다. 다만 우리가 늘 쓰는 셈법이니 그 의의를 알았으면 한다. 많은 연구가 보여주 듯이 조선이 극단적인 남성우월주의 사회가 된 것은 16세기 이후이다. 그 전에는 유산 분배에서 아들딸의 차별이 없었고, 시집을 가는 경우뿐만 아 니라 장가가는 경우도 흔하였다. 고모와 이모라는 구별은 물론이거니와 그런 호칭 자체가 아예 없었다. 부모의 여자 형제는 모두 숙모라 불렀다. 숙부, 외숙부의 구별도 없었고 모두 숙부라 불렀다. 호칭뿐 아니라 상속 과 같은 권리 의무 관계에서도 부계 모계 구분 없이 '나'를 중심으로 이루 어졌다.

•

제2부

•

페미니즘을 위하여

아이는 여성의 것

아주 오래된 이야기이지만 아나운서 출신의 모 여성이 이혼 과정에서 자신이 양육권을 갖게 된 아이의 친부(생물학적 아비)가 누구인지를 유전적으로 검사하여 밝혀야만 하는 비극적 일이 있었다. 나는 그때 그 여성이 "이 아이는 내 아이이다! 이 아이가 태어나는 데 일조한 정자의 주인이 누구인지 나는 관심 없다!"고 말하면서 우리 사회의 남근주의에 맞서 싸우기를 얼마나 간절히 상상했는지 모른다. 물론 그것은 한 개인이 감당하기에는 너무 벅찬 일이지만 말이다.

지금은 다양한 피임 수단을 사용하여 원하지 않는 임신을 피하면서 성을 즐길 수 있게 되었다. 그럼에도 불구하고, 피임이란 것이 완전하지는 않으니 혹시라도 원하지 않는 임신이 될 수도 있으므로 섹스는 결혼제도 안에서만 이루어져야 한다고 주장할지도 모르겠다. 그러나 이 경우에도 지금의 결혼제도를 고수하기보다는 아이의 정체성에 대한 새로운 접근을 하는 것이 더 바람직하다고 본다. 아이의 생물학적 정체성 즉 혈통을 부계가 아닌 모계에서 찾으면 된다. 거칠게 말해 아이를 '여성의 것', 남성의 아이가 아니라 여성의 아이로 이해하면 아무런 문제가 없다. 여성이 낳고 싶으면 낳으면 되고 원하지 않으면 중절하면 된다. 아내가 임신을 했는데 아이의 생물학적 아빠가 내가 아니면 어떡하냐고? 아이가 태어나는 순간 아이의 생물학적 아빠가 갖는 지분은 무시할 수 있을 정도로 작다. 아빠는 철저히 출산 이후 만들어지는 문화적 존재일 뿐이다. 아이의 생물학적 아빠가 내가 아닌 경우 아이에 대한 지분은 어쨌든 내 아내가 거의 대부분을 갖고 있고, 아이의 생물학적 아빠는 무시할 수 있을 정도로 작은 지분만을 갖고 있다고 보면 된다. 깨끗한 물 한 드럼통에 빗방울 하나 떨어졌다고 드럼통에 있는 물이 빗물이 되는 것은 아니다.

정자와 난자가 만나 수정란이 된다. 난자는 보통 하나만 무대에 나오지만 정자는 수억 개가 등장한다. 그 수많은 정자 중에 단 하나만 수정에 성공하기 때문에 종종 이 과정은 경쟁으로 묘사되곤 한다. 당신은 이미 수억 대 일의 경쟁을 뚫고 태어난 사람이니 용기를 가지라는 말이 그럴 듯하게 들리기도 한다. 정자는 남성에게서 오는 것이니 여기에서 남성의 본질적 경쟁 심리를 유추하기도 한다. 그러나 1cc의 정액 속에 정자가 3천만 개 이하인 경우 정자과소증이라고 하여 불임의 원인이 되곤 한다. 그런데 이 경우 정상적인 경우보다 경쟁이 덜 치열했을 뿐인데, 왜 불임이 되는가? 여성의 질내 환경이 정자의 생존에 그리 우호적이지 않기 때문이다. 난자까지 일군의 정자가 도달하려면 대규모 정자 집단이 필요하고,

또한 난자의 주위에 있는 보호막을 뚫고 정자가 진입하기 위해서는 정자 하나만으로는 어림도 없다. 수많은 정자의 진입 노력이 동시에 이루어져야 가능하다. 즉, 수정은 경쟁의 과정이 아니고 희생과 협동의 과정이다. 좀 거친 예를 들자면, 고지를 점령하는 전투에서 최종적으로 고지에 깃발을 꽂는 병사는 한 사람이다. 그 한 명의 병사가 성공하기 위해서는 수많은 동료들의 희생과 일사분란함이 필요한 것은 너무나 당연하다. 만약 고지 탈환 과정에서 병사들이 모두 옆에 있는 동료 병사들을 경쟁자로 인식한다면 고지 탈환이라는 목표 자체가 성취되지 못한다. 나는 전쟁영화를 좋아하지 않아서 전쟁영화에서 고지 탈환 장면이 어떻게 표현되는지 잘 모르지만 경쟁의 과정으로 묘사되지는 않을 것 같다. 또는 전체 작전의 성공 여부보다는 개인의 포상에 더 관심을 갖는 병사를 좋게 나타내지도 않을 듯싶다. 그런데 어떤 측면에서는 비슷하게 보이는 정자와 난자의 수정 과정이 언제나 경쟁으로만 묘사되는 것일까? 아마도 대중들이 단합하고 연대하는 것보다는 자신들에게 잘 보이도록 서로 경쟁하는 것이 그들의 기득권을 유지하는 데 더 유리하다는 것을 일찌감치 깨달은 지배계급의 관점이 사람들에게 부지불식간에 퍼졌기 때문이라고 본다.

어쨌든 정자와 난자가 만나 수정란이 된다. 난자는 정자보다 매우 크다. 기본적으로 할 일이 많기 때문이다. 정자는 DNA 정보 말고는 아무 것도 없다. 남녀가 같이 집을 짓자고 해놓고선 남자는 달랑 도면 하나만 들고 현장에 오는 셈이다. 그러나 여자는 도면을 들고 올 뿐만 아니라 집을 지을 각종 재료도 가지고 오고, 그 재료로 실제 집을 지을 일꾼들도 데리고 온다. 그런데 집을 다 짓고 나서 남자가 그 집을 자신의 것이라고 우긴 다면 어떻겠는가? 난자 속에도 DNA는 있다. 물론 정자에 있는 DNA도 필요하고 난자에 있는 DNA도 필요하다. 정자가 홀수 페이지 도면이라면 난자는 짝수 페이지 도면인 셈이다. 그런데 난자 속에는 미토콘드리아도 있다. 미토콘드리아는 세포 내 에너지 생산을 맡는다. DNA 정보가 국가 기관이라면 미토콘드리아는 공장과 농장인 셈이다. 공장에서 물건을 만 들고 농장에서 곡식이 생산되지 않는데 국가가 유지될 수 있는가? 게다 가 태양이 없다면 지구상의 생명이 유지되겠는가? 그 태양의 역할을 자 궁이 하고 있다. 수정란에 끊임없이 에너지를 공급해주는 것은 자궁이다. 자궁은 곧 여성이다. 여성은 그걸 아홉 달 동안이나 수행한다.

나는 첫 아이가 태어났을 때 육아일기에 "아이가 엄마의 몸을 빌려 태 어나다"라고 썼다. 뭔가 멋있어 보여 나름 흡족했던 기억이 난다. 이 세상 어디를 떠돌던 아이의 영혼이 엄마의 몸을 빌려 육화한 것 아닌가 하는 신비적 느낌도 있었다.

그렇지만 첫째가 자라나는 과정을 보면서 그리고 두 번째 임신 과정을 지켜보면서 생각이 바뀌었다. 아무리 생각을 해도 인간의 생식을 '양성생 식'이라고 부르는 것은 지나치게 진실을 호도하고 있었다. 여성의 역할이 지나치게 축소되고 남성의 역할은 지나치게 과장되었다. 성교가 시작되 고 사정을 하고 수정이 되고 수정란이 무럭무럭 자라서 아이로 태어나는 전 과정이 아홉 달인데, 그 아홉 달 동안 내가 한 것이라곤 성교 후 사정까 지 대충 10~20분 정도 힘쓴 것이 다였다. 그런데 아내는 약 40만 분 동안 아이를 뱃속에서 키웠다. 그러니 아이가 태어나기까지 내가 한 몫은 아내 몫의 만 분의 일이 안되더라는 것이다. 개구리의 경우는 양성생식이라 불러서 크게 문제될 것이 없어 보였다. 그렇지만 인간의 경우는 좀 아니다 싶었다.

시간이라는 측면에서만 그런 것이 아니다. 앞에서 말한 생물학적 과정까지 고려해보니 아이의 탄생에 도대체 내가 기여한 것이 없더라는 생각이 들었다. 남편당과 아내당이 공동연립정부를 구성했는데, 국가의 모든 생산을 아내당이 맡아서 하고 그 생산을 하기 위한 에너지 공급도 아내당이 도맡아서 하는 경우 도대체 그 정부를 공동연립정부라고 부른다는 것이 우습지 않은가? 결국 둘째가 태어난 후 나는 "엄마의 몸이 변해 아이가 되었다"라고 썼다. 내가 보기에 아이의 탄생은 양성생식이라기보다는 단성생식 또는 히드라의 출아생식에 더 가까웠다. 적어도 아이가 탄생한 시점에서 나는 아이에 대한 지분을 거의 가지고 있지 않았다. 전적으로 아내 혼자서 생고생해서 아이를 '만든' 것이었다. 그런데 출생신고할 때는 느닷없이 내 아이인 듯이 내 성을 아이에게 부여하다니! 2008년 민법이 개정되면서 여성의 성을 아이에게 물려줄 수 있게 되어 조금은 다행이지만 이것도 혼인신고 때 미리 결정을 해야 한다. 그렇지 않으면 자동으로 부성원칙주의를 따르게 되어 있다. 사람 생각은 변할 수 있으니 이 부분도 좀 더 자유를 줘야 하며, 자녀들이 부모 중에서 반드시 한 명의 성만 따라야 하는가도 생각해 보았으면 한다. 또 자녀가 성인이 되었을 때 부계와 모계 중에서 선택할 수 있도록 하는 것도 좋다고 본다. 개인적으로 부모성같이쓰기를 하고 있지만 부모성같이쓰기는 본질적 해법이 아니라고 본다. 나는 결혼 후 부부가 같은 성을 쓰는 것도 나쁘지 않다고 본다. 이 경우 남자의 성을 같이 쓸 수도 있지만 여자의 성을 같이 쓸 수도 있어야 하고, 더 나아가 결혼하면서 남녀가 모두 제3의 성으로 바꾸는 것도 허용해야 한다고 본다. 근본적으로 이름뿐만 아니라 성도 바꿀 수 있는 자유가 허용되어야 한다. 나는 결혼 전(더 정확히는 혼인신고 전)에는 결혼제도 자체에 대한 고민이 전무하였다. 얼마 전 문득 혼인신고의 시기를 조절하는 변칙적인 방식으로 아내의 성을 아이들에게 줄 수 있었을 거라는 생각이 들었다. 즉, 혼인신고를 하지 않고 아이의 출생신고를 하면 자연스럽게 아내의 호적으로 들어가면서 아내의 성을 따를 수 있었다. 상상만으로도 통쾌한 일이 아닐 수 없다. 자신의 성을 따르는 아이를 둔 여성! 그리고 그 여성을 아내로 갖는 나!

내게 신의 권능이 있어 단 한 가지를 마음껏 할 수 있다면 나는 부성원칙주의를 모성원칙주의로 바꿀 것이다. 아이에게 엄마의 성을 부여하라! 한자 '姓' 자체가 여성이 낳았다고 되어 있지 않은가? 이것은 결코 꿈이 아니다. 여성들의 단결과 투쟁으로 얼마든지 쟁취 가능한 가까운 미래이다. 성(姓) 없이 성(性) 없다! 약자가 강자를 이기는 유일한 방법은 연대와 파업이다. 여성의 성을 부여하는 권리를 인정받기 전까지 섹스를 거부하고 결혼과 출산을 거부하라. 남성들이 얼마나 섹스에 굶주려 있는지를 생각해보면 승패는 명확하다.

혹자는 우리나라에서 여성이 결혼 후에도 성을 바꾸지 않는 것이 무슨 대단한 여성의 지위인양 해석하지만 꿈보다 해몽에 가깝다. 우리나라에서 여성이 결혼 후에도 성을 바꾸지 않았던 것은 여성의 권리로서 존중한 것이 아니고, 그 여성을(또한 남성도, 즉 모든 인간을) 아버지의 소유물로 보았기 때문이다. 물론 우리나라가 16세기 이전에는 우리가 생각하는 것보다는 남녀가 덜 불평등했다는 것은 사실이나 결혼 후 여성이 성을 유지하는 것을 그 예시로 들면 곤란하다.

출산 직전까지 아버지는 존재하지 않는다. 오직 어머니만 존재할 뿐이다. 물론 정자라는 결정적인 작은 나사 하나를 제공한 것으로 아이에 대한 지분을 과도하게 요구하는 일종의 알박기를 행사하는 남성들은 결코 동의하지 않을 것이다. 인류 역사에서 기술의 진보가 인간의 의식과 상상력을 획기적으로 바꿔버리는 예는 무수히 많다. 모든 예술적 상상력은 그 상상력이 구현될 수 있도록 보장해주는 기술의 진보를 전제로 한다. 나는 가끔 상상한다. 언젠가는 인간 복제가 가능해지고 실제로 행해질 것이라고. 그때가 되면 여성은 남성의 도움 없이 임신이 될 것이다. 그때가 되면 여성의 세계관은 지금과는 비교가 안 되게 주체적이고 자립적으로 형성될 것이다. 세상이 인간 복제를 그토록 막는 이유는 생명윤리 때문이 아니라 그 기술이 가지고 올 파괴력, 모든 세상의 종교와 국가가 공유하는 단 하나의 신념인 '여성에 대한 남성 지배'[4]를 허물어뜨리는 마지막 지푸

---

4 The single belief that all world religions and nation-states share, …, is male domination. – 마릴린 프렌치, 『여성 화장실(Women's room)』

라기가 될지도 모른다는 본능적인 두려움 때문이다.[5] 만약 기술이 더 진보하여 인공수정 후 인공 인큐베이터에서 아홉 달 동안 수정란이 자라는 시절이 온다면 나는 비로소 인간이 양성생식을 한다는 설명에 동의할 것이다.

그러면 도대체 아버지는 어떤 존재일까? 아니 언제 만들어지는 것일까? 당연히 출산 이후에 비로소 가능해진다. 즉, 육아과정에 참여함으로써 남성은 비로소 아이에 대한 지분을 갖게 된다. 영화 〈러브, 로지〉에서 자신이 아이의 아빠라고 말하는 남성에게 싱글맘 주인공(릴리 콜린스)이 다음과 같이 말한다.

"네가 뭘 했다고 아빠야? 애가 아파서 잠 못 잘 때 넌 어디 있었는데?
첫니 났을 땐? 걸음마 처음 뗐을 땐?"

내 큰아이에게는 미안하지만 난 첫 아이가 태어났을 때 드라마에서 보듯이 엄청 감동하는 남편 또는 아빠는 되지 못했다. 분만 전에는 100% 아내 걱정만 되었고, 분만 후에는 '뱃속에 있던 아이가 드디어 밖으로 나왔구나'라는 지극히 몰감성적인 태도가 대부분이었다.

그러나 이런 태도는 사실 정상의 범주에 속한다. 즉, 인간이 신생아에게 사랑을 느끼는 것은 유아사망률이 획기적으로 줄어든 최근 1~2백 년 전부터 나타난 문화적 현상일 뿐이다. 즉, 옛날에는 유아사망률이 매우

---

5 여성이 자신의 체세포를 복제해 아이를 낳으면 세상은 여성만으로 이루어질 터이니.

높았기 때문에 태어난 지 얼마 안 되는 신생아에게 어른들은 일부러 사랑을 주지 않으려 노력했다. 만 1년이 되기 전에는 이름도 붙이지 않는 경우도 세계적으로 흔히 볼 수 있는 현상이었다. 그러다가 유아사망률이 줄어들면서 신생아에게 맘 편히 애정을 줄 수 있는 토대가 만들어지자 아이는 태어난 직후부터 부모를 포함한 가족들의 큰 기쁨이 되었다. 내 아내도 첫 애가 태어난 지 얼마 안 된 시점에 내게 아이보다 여전히 내가 더 좋다는 말을 한 적이 있다. 첫 애를 낳을 때 워낙 고생했기 때문이기도 하고 그만큼 육아가 힘들다는 방증이었다. 혹시 아이가 태어난 순간 그다지 큰 기쁨을 못 느끼는 자신의 몰인정함에 대해 실망하는 사람들이 있다면 전혀 그럴 필요 없다는 위안의 말을 해주고 싶다.

그러다가 어느 날 갑자기 그 아이에게 어마어마한 사랑을 느꼈는데, 그때가 내가 처음으로 아이 똥을 치우고 엉덩이를 물로 씻어 주었던 순간이었다. 모든 사람들이 동의하듯이 아이 엉덩이가 얼마나 사랑스러운가? 아이 엉덩이를 씻어 주면서 '하! 조물주가 참 다양한 고민을 했구나. 그 더러운 똥이 나오는 엉덩이를 이렇게 예쁘게 만들다니' 하면서 조물주의 신통방통함에 경의를 표했다. 그렇지만 딱 그 정도까지가 내 한계였던 듯하다. 슬그머니 남녀 성 분업에 편승하면서 가사와 육아에서 손을 떼어버리고 가장이라는 지위에 내 영혼을 내주면서 내가 그토록 혐오하던 권위적인 아버지의 모습으로 급속히 나아갔다. 아홉 달 늦게 출발했으니 더욱 분발하여 되도록 이른 시기에 아이에 대한 지분을 아내와 엇비슷하게라도 맞추려고 노력해야겠지만 그게 어디 쉬운 일인가? 한참의 세월이 흘러도 아이들은 여전히 엄마가 더 좋고 아빠는 그냥 싫다. 구체적이고 기술적인 교육은커녕 양성에 대한 기본적인 철학적 이해도 사회로부터 받지 못한 채 어느 날 갑자기 남편이 되고 아빠가 된 우리 사회 남성들(당연히 나도 포함해서) 입장에서는 억울하기도 하고 슬프기도 하다. 우리 아이들 세대에서는 좀 더 성 평등적인 가정이 형성되도록 제도적 법적 규정을 손보고, 어린 시절부터 그에 합당한 교육을 받아야 한다. 개인이 제도를 뛰어넘는 인간성을 구현하기는 대단히 어렵다. 지금 이 사회에서도 매우 훌륭하게 성 평등적인 가정을 가꾸는 데 성공한 커플들이 있다. 그렇다고 해서 이 사회의 모든 커플이 성 평등 가정을 꾸릴 수 있다고 주장하는 것은 무리다. 버트란트 러셀의 지적대로 평균적인 노력 이상을 기울여야만 성공하고 행복할 수 있는 사회 시스템은 잘못됐다. 당연히 개인적인 노력도 기울여야 하지만 평균적인 노력만으로도 성 평등 가정이 가능한 제도적 지원이 절실하다. 이를테면, 결혼보다는 동거가 성 평등에 더 유리한 제도임이 분명하므로 동거를 과감하게 결혼제도 안으로 편입해야 한다.

이상에서 보듯이 태어난 순간 아이는 사실상 100% 아내의 아이이니 그 아이의 생물학적 아빠가 나든 다른 남자든 무슨 상관이냐는 것이 나의 매우 당혹스러운 주장이다. 그 아내를 내가 사랑한다면 자신이 생물학적 아빠이든 아니든 상관 없지 않을까? 부부와 전혀 상관 없는 아이도 입양하지 않는가? 반대인 경우는 전혀 다르다. 남편이 어느 날 갓난아이를 데리고 온 경우는 사실상 입양이나 다를 바 없는 셈이다. 그 갓난아이에 대한 남편의 지분이 사실상 제로 아닌가! 게다가 틀림없이 육아는 대부분 아내의 몫일 터이므로 앞의 경우와는 전혀 다르다. 자신이 키우지도 않을 거면서 어느 날 덜컥 고아원에서 갓난아이를 데리고 와서는 아내에게 키우라고 떠밀어놓고 아내는 개고생 시키고 자신은 무슨 성인군자인 척하는 남자를 곱게 볼 수는 없는 노릇이다. 어쨌든 내 정자로 태어난 아이이니 나 몰라라 할 수는 없다는 양심은 훌륭하지만 키우는 몫도 자신의 것으로 삼아야 하지 않을까?

그리고 모든 걸 떠나 남녀 사이에 벌어지는 사태에 대해 남녀에 대해 같은 기준을 적용하면 곤란하다고 본다. 기본적으로 남성은 이 사회의 기득권자이고 지배적 지위를 점하고 있고, 반대로 여성은 약자의 위치에 있으니 당연히 남성에게는 좀 더 가혹한 기준을 적용하고 여성에게는 관용을 베푸는 것이 옳다고 본다. 아내가 혼외 정사를 통해 아이를 낳았어도 결국 내가 적극적으로 육아 과정에 참여한다면 그리 오래 가지 않아 아이의 생물학적 아빠의 흔적은 사라진다고 본다. 나중에 생물학적 아빠가 나타나 아이에 대해 친권을 주장하는 경우 우리의 민법이 어떤 입장을 취하는지 궁금하다. 만에 하나 이런 경우 아이의 생물학적 아비에게, 성교에서 임신 출산 및 육아에 이르는 전 과정에서 무시할 수 있을 정도로 작은 부분만을 담당했던 남자에게 아이의 지분을 인정한다면 이는 남근주의일 뿐이다. 인간은 출산까지는 여성만의 단성생식으로 이해하고 출산 이후 양성양육이 시작하는 것으로 보아야 한다.

인간 기원에 대한 남근주의 관점은 정액만을 생명의 기원으로 볼 수밖에 없었던 과거의 인식의 한계에 근거를 두고 있지만 기계적 인과론에 의해 더욱 확대 강화된 측면이 있다. 여기서 나는 기계적 인과론을 세상을 기계 장치로 바라보는 관점을 부르기 위해 사용했다. 기계적 인과론은 단선적인 사유 형태를 띠게 마련이다. 기계의 경우는 각 부분들 사이의 의존성이 일방적인 경우가 많다. 연료통에서 엔진 안으로 연료가 들어가고 연소가 이루어지고 축을 통해 에너지가 전달되면서 바퀴가 회전하는 등등의 일련의 작동 과정에서 앞부분이 뒷부분에게 전적으로 영향을 주지 바퀴에 펑크가 났다고 해서 점화플러그가 잘 작동하지 않게 되었다는 식으로 뒷부분이 앞부분에 영향을 주는 경우는 생각하기 힘들다. 그렇지만 인간 신체의 경우 심장이 다리에 영향을 주지만 다리도 심장에 영향을 준다. 개인의 삶과 사회적 실천은 별개일 수 없으며, 궁극적 목적에 도달하기 위한 두 개의 수레바퀴이고, 이어야만 한다. 개인적 삶의 영역과 공적 삶의 영역이 별개로 존재하는 것으로 착각했던 나의 멍청함의 결과는 참혹하기만 했다. 개인적 삶의 영역에서 행복을 등한시하면서 나는 괴물이 되어 가고 있었고, 더불어 공적인 삶의 영역에서도 전혀 성취를 이루지 못했다. 이른바 수신과 제가와 치국은 시간적 선후가 있는 단선적인 흐름이 될 수 없고, 동일한 실체의 서로 다른 측면이며 서로가 서로에게 영향을 주고 받는다.

수신제가치국평천하라는 문구는 수신과 제가로써 치국이라는 공적 업무 수행 능력을 평가하는 수단으로 전락해 버렸는데, 자상한 아버지라는 사실은 국정을 제대로 수행하리라는 기대에 아무런 보증도 해주지 못한다. 전두환도 자상한 아버지였을지 모르나 공적 영역에서는 죄 없는 시민들을 살육한 학살자에 불과하다. 어렸을 적 내 아버지는 마르고 닳도록 효도의 중요성을 강조하셨다. 조금도 과장 없이 효는 인생의 유일무이한 목표로 강조되었다. 시장이나 도지사 같은 고위 공직자를 칭찬하면서 그 이유가 그 사람이 지극한 효심의 소유자란 거였다. 그 말씀을 들을 때마다 내 머릿속에는 독립운동 하다 죽어간 사람들이 떠올랐다. 과연 그 분들의 부모님들은 다들 안중근 의사의 어머님처럼 자식의 죽음 앞에 의연하셨을까? 최한기처럼 자식이 세상의 진실을 깨우치고 그로 인해 죄를 지었다는 것을 영광으로 생각했을까? 이런 거창한 의문 이전에 아버지께서 말씀하시는 효도라고 간주되는 행위가 제대로 작동하기 위해서는 어머니의 일방적 희생이 요구되었다는 사실 때문에 나는 자꾸 삐딱선을 탔다.

수신의 영역은 다른 사람의 권리를 침해하지 않는 한 전면적인 자유가 허용되어야 하며, 도덕이란 외피를 두른 인습으로 개인의 삶을 난도질해서는 안 된다. 아무런 폭력이 개입하지 않는 개인의 사생활을 단지 사회 주류의 모습과 다르다고 해서 배척하고 찍어내는 수단으로 악용되어서는 안 된다. 혼외자가 있다는 것, 외도를 한다는 것, 동성애자라는 것, 그룹 섹스를 즐긴다는 사실 자체가 개인의 인격이나 공적 업무 수행 능력에 관한 어떤 지표도 되지 않는다고 생각한다. 다른 사람의 자유를 폭력으로 침해했거나 자신의 지위를 악용해 개인적 이득을 취한 경우와는 결코 다르다. 이 대목에서 숨이 콱 막힌다. 어디 우리 사회가 이런 철 지난 도덕기준조차라도 제대로 작동하는 사회인가? 도덕률은 오직 민주/진보 진영만을 향할 뿐 극우 수구세력들에게는 솜털 하나 건드리지 못한다.

1987년 이후 갑자기 등장한 진보/보수 프레임은 전혀 진보적이지 않은 집단에게 진보라는 영광을 선사하고, 종량제 봉투에 담겨 매립장으로 가야 했던 집단에게 보수라는 타이틀을 선사하였고, 때마침 제기된 새의 두 날개론을 등에 업고 우리 사회의 주된 인식틀이 되어 버렸다. 이를 뒤집기 위해 상식/비상식, 기울어진 운동장 프레임 등이 제기되었지만 진보/보수 프레임만큼 성공하지는 못했다.

또한 기계 장치의 부분 부분은 상호 연관에서 벗어나 있는 경우도 많다. 룸미러가 깨졌다고 해서 브레이크가 파손되는 경우는 발생하지 않는다. 그렇지만 유기체의 경우는 부분 하나 하나가 나머지 전체에 영향을 주거나 반대로 영향을 받는다. 사회를 정치, 기업, 언론, 사법, 교육 등등으로 적당히 쪼개어서 보라. 각 분야는 나머지 모든 분야에 영향을 주고 그들로부터 영향을 받는다. 여기에서 가장 근본적이고 결정적인 원인을 찾겠다는 시도는 성공하기 힘들고, 문제 해결에 도움도 되지 않는다. 우리가 그토록 정치에 집중하는 것은 정치가 모든 것의 출발이고 원인이어서가 아니고, 정치가 현실의 요약본이기 때문이다. 정치란 것은 별도의 영역이 아니고 현실의 모든 문제를 요약해서 모아놓은 공간이다. 도서관에 있는 모든 책에 대한 정보를 담은 책과 같은 것이다. 이렇게 현실을 반영하고 반영해야만 하는 정치를 현실과 유리시키고 현실에 존재하는 많은 분야와 비슷한 또 하나의 별개 공간으로 인식하게 하여 정치가 개판이어도 우리네 삶은 문제없이 돌아갈 수 있을 거라고 착각하게 하는 것이 지배층의 주요 임무가 아닐는지.

인간 생식의 첫 번째 대목인 섹스를 보면 여성의 성기는 별다른 변화를 보이지 않지만 남성의 성기는 축 늘어져 있다가 곧추서고 잠시 후 끈끈한 액체를 여성 몸 안에 뿌리고 나서 처음 모양으로 되돌아간다. 여성은 아이가 만들어지는 데 어떤 원인도 제공하지 않아 보이고 오로지 남성의 성기만이 뭔가 변화를 일으키는 듯하게 보인다. 남성은 행위자이고 여성은 환경인 셈이다. 보통 환경은 인과의 사슬에서 한 발짝 비켜서 있는 요소로 인식된다. 행위자와 환경의 상호작용이라는 뭔가 골치 아픈 해석보다 (모든 형태의 상호작용은 골치 아프다) 행위자가 자신의 의도를 환경 속에 관철시킨다는 관점이 더 깔끔하고 매력적이기는 하다. 밭에 수박씨를 심으면 얼마 후 수박이 탐스럽게 열린다. 이 모습을 우리는 수박씨가 자라 수박이 되었다고 표현한다. 즉, 수박씨가 흙과 주변 환경에서 주어지는 각종 유기물과 무기물을 DNA 안에 보관되어 있는 자신의 목적을 위해 활용하여 결국 수박으로 성장하였다는 관점이다. 그렇지만 인간을 출아생식으로 이해할 수 있듯이 수박씨의 성장도 흙과 주위 환경에 있는 여러 요소들이 수박으로 변하는 것으로 이해할 수도 있다고 본다. 이순신이 또는 이순신만이 거북선을 만든 것이 아니고 많은 목수와 인부들이 만들었고, 63빌딩을 만든 것은 건축가나 건설사가 아니라 수많은 노동자라고 보아야 하는 것 아닐까? 1970년대 눈부신 경제성장은 오로지 지금 70~80대의 희생으로써 가능했다. 자신의 모든 걸 희생해서 자식들을 교육시키고 자신들은 하루 15시간 노동을 마다하지 않는 결과이다. 전적으로! 그 눈부신 성과물을 홀라당 재벌 입에 갖다 바친 사람이 박정희다. 그럼에도 불구하고 그분들은 그 모든 것이 박정희 덕이라고 하니 안타까울 뿐이다. 그분들에게 말하고 싶다. 이렇게 먹고 살게 된 것은 전적으로 당신들 덕이라고. 박정희 덕이 아니라고. 당신들이 할 일은 성조기 들고 박정희 박근혜 외치는 것이 아니라 그들에게 감자를 먹이는 것이라고. 당신들 세대가 부정당하고 있는 것이 아니냐고.

지구상의 얼마나 많은 인간들이 자신들이 만든 피조물 앞에 납작 엎드려서 '신이시여!'를 외치고 있는가? 인간이 어떤 집단에 소속되고 그 집단은 자신보다 강력해 보이는 지배자에 의해 인도되어야 안심이 되는 마조히스트 상태에서 독립되고 주체적인 개인 한 사람 한 사람으로 나아가는 것, 즉 신(新)개인의 출현은 비단 우리만의 과제는 아니다.

결혼의 부담에서 해방되자

제도권 밖의 결혼으로 이해할 수 있는 동거는 성 평등에서 진일보한 형식임에도 불구하고 사회적 합의가 이루어지지 않으면서 그 취지에 공감하는 젊은이들이 선뜻 자신들의 삶의 양식으로 받아들이지 못하는 상황이다. 또는 동거를 남성의 무책임함의 표현으로 보는 시각도 나는 자주 접하였다. 언젠가 회사 동료에게 "우리 아이들에게 결혼하기 전에 동거를 1년 정도 해보라고 권했다"고 말했더니, 곧바로 돌아온 대답은 "자녀분들이 모두 아들인 모양이죠?"였다. 실제 내가 평소에 결혼보다 동거가 좋다는 의견을 제시하면 찬성하는 이는 압도적으로 남성들이다. 동거 방식을 흔쾌히 동의하는 여성은 극히 드물었다. 동거관계에 있는 커플에 대한 법적 제도적 보호가 없다 보니, 좀 더 정확히는 동거관계에 있는 여성에 대한 사회적 보호가 없고 더 나아가 심한 편견으로 바라보다 보니 생기는 현상으로 이해한다. 여성들 입장에서는 남성의 동거 옹호 주장이 결혼과 비교했을 때 별다른 비용이나 사후 책임(동거가 끝난 시점에서의 책임) 없이 손쉽게 여성의 성을 차지할 수 있는 수단으로 여겨질 수 있다는 것도 어렵지 않게 이해할 수 있다. 성의 개방과 같은 서구 여성주의 진영의 주요한 요구 사항에 대해 우리 사회 남녀 두 진영의 반응은 대체로 반대 경향을 띤다. 물론 성개방에 대한 남성 진영의 찬성도 어디까지나 남의 여자[6]에 대한 것일 뿐 결혼 상대로 생각하는 여성이나 현재의 아내, 자신의 딸에 대해서는 철저히 상반된 반응을 보인다. 그럼에도 불구하고 나는 결혼보다 동거가 더 진일보한 형식이라고 생각한다. 그 이유는 결혼은 되돌리기가 여러모로 복잡하지만 동거는 끝내기가 쉽기 때문이다. 결혼과 동거의 본질적 차이는 그 형식 자체에 있다. 끝내기가 쉽다는 것, 언제든지 헤어질 수 있다는 가능성, 그로 인한 두 사람 사이의 긴장감! 이 긴장감은 두 사람 사이의 관계가 성별분업이라는 상투성의 함정으로 빠지지 않도록 하는 데 도움을 준다. 상대방을 잡은 물고기로 생각하는 순간 편안함을 느끼겠지만 나태함도 동시에 깃든다. 반면 파트너가 마음에 드는데 그 파트너와 헤어질 수 있는 가능성이 열려 있다면 자신의 매력을 조금이라도 더 지키고 가꾸려고 노력한다.

20대 중반에 나는 친구와 함께 '연애론'이라는 가상의 책에 대해 이야

---

6 내가 대단히 혐오하는 표현이지만 방편적으로 썼다. 이해해주기 바란다. 세상에 내 여자가 어디 있는가? 왜 남의 아내한테 찝쩍대냐는 표현은 이해가 되지만 왜 남의 여자한테 찝쩍대냐는 표현은 도저히 용서가 안 된다. 물론 남의 남자란 표현도 똑같이 이해할 수 없다.

기하곤 하였다. 그 연애론의 첫번째 테제는 "우리는 이혼이 자유로운 사회를 꿈꾼다"였다. 당시 우리가 보기에 우리와 주변 사람들의 숱한 연애가 두 영혼의 만남이라는 고차원적인 목적과는 전혀 동떨어진 매우 일그러진 모습을 띠고 있었는데, 그 중심에 '인생에 한 번뿐인 결혼'이라는 환상이 있다고 우리는 보았다. 이혼은 실패로 간주되었고 남자는 물론이거니와 여자는 특히나 남자를 잘 만나야 하는 '두레박 신세'로 간주되다 보니 이리저리 재는 것은 당연한 이치다. 교환/환불이 안 되는 가게에서 물건을 덜컥 사면 안 되는 이치와 다를 게 없다. 그렇게 재다 보니 삶의 본질적인 이슈를 향해 나아가기보다는 실패하지 않는 것이 더 중요하게 되었고, 뒤돌아보면 별거 아닌 걸로 그토록 아웅다웅 싸웠던 것 아닌가 하는 생각을 하였다. 만약 결혼이 법적으로 5년만 유효한 제도였다면, 세상의 대부분의 사람들이 일생 동안 대여섯 번씩 결혼과 이혼을 한다면, 그토록 떠들썩한 결혼식도 없을 것이고, 결혼은 두 집안의 결합이라는 무거운 망토가 덧씌워지지도 않았을 텐데. 장미의 아름다움을 만끽하기보다는 장미라는 이름에 헛되이 집착하면서 우리의 연애는 그리고 우리의 삶은 병들어갔다. 쉬운 결혼과 이혼 또는 동거가 본질적인 문제를 해결하지는 못할지도 모른다.

그러나 이혼이라는 것이 야기하는 또는 야기할 것이라고 믿어지는 많은 난관에 대한 공포는 이 땅의 여성들의 발목과 사고를 움켜쥐면서 끝내 그들의 삶을 갉아먹고 있다. 우리 사회는 결혼이라는 억압구조로 여성을 몰아 넣기 위해 결혼 밖에 있는 여성에게 물리적, 정신적, 경제적 폭력을 가함으로써 여성의 선택권은 지옥 같은 결혼생활이냐 더 지옥 같은 독신이냐 밖에 없어 보인다.

나를 포함한 주위의 부부갈등을 보다 보면 이혼강박관념 같은 것을 느낀다. 아주 흔해 빠진 드라마 대사가 "어떻게든 이혼은 막아야지 않겠니"이다. 현실에서도 종종 듣는 말이기도 하다. 그러면서 내가 느끼는 것은 이혼은 막아야 한다는 그 강박관념이 문제 해결을 심각하게 가로막고 있다는 점이다. 진즉 이혼했어야 할 커플이 사회적 시선과 경제적 문제로 인하여 억지로 같이 사는데, 피해는 대부분 여성이 본다. 그 정도까지는 아니더라도 이혼의 가능성을 인정하고, 두 사람의 모든 문제에 대해 진지하고 활발하게 이른바 툭 터놓고 이야기를 해야 될 텐데, 이혼은 안 된다고 이미 결론을 내 놓고 이야기를 한다. 그러니 뭔가 불만이 있어도 어차피 이 사람하고 계속 같이 살 텐데 뭐 이런 문제까지 이야기할 필요가 있을까 싶어 그냥 내가 참고 살지 하면서 넘어 가게 된다. 불만은 최소한으로만 표현하고 속마음은 끊임없이 분식 처리되고 되도록 듣기 좋은 말로 표현된다. 그렇지만 상대는 분식 처리된 그 듣기 좋은 말 속에 담긴 속마음을 이해하지는 못한다.

갈등은 해결되는 것이 아니고 잠시 봉인될 뿐이다. 봉인이 풀리는 데 24시간이면 충분하다. 부부싸움은 일상이 되고 서로에게 지친 두 사람은 소 닭 보듯 체념하면서 지내고, '결혼생활 그까이꺼 뭐 있어?' 하면서 자위하거나, 남들도 다 이렇게 사는 것 같더라 하면서 모나지 않은 삶을 영위하는 자신의 '평균'적인 모습에 안도한다. 어쨌거나 이혼하지 않고 살아낸 자신의 모습에 때론 감동도 한다.

언젠가 내 아버지께서 이혼하지 않고 '견뎌'낸 것에 대해 자부심을 느끼는 듯한 말씀을 하셨다. 그러면서 당신도 딱히 행복하지는 않았다는 것은 인정하셨다. 어린 시절 나는 우리 집안(조부모를 정점으로 하는)에 대한 적개심으로 가득 차 있었고, 당연히 우리 아버지에 대해서도 좋은 감정은 하나도 없었는데, 당시 아버지에 대한 연민의 정을 두 번째로 느꼈다. 첫 번째는 일제 강점기 때 빨치산으로 시작하여 한국전쟁 때 북의 인민군에 들어갔다가 거제 포로수용소에서 풀려난 이야기를 들었을 때이다. 본인도 불행하고 어머니는 더더욱 불행한 결혼생활을 오직 천 년의 인습을 지키기 위해 꾹 참았다니! 두 사람이 더 이상 행복해지기 힘든 상황에서 현명하게 각자 그리고 아이들이 새로운 삶을 살도록 머리를 맞대고 의논하는 것이 아니라 어떻게든 이혼은 하지 말아야 한다는 결론에 당신들의 인생을 억지로 꿰맞췄으니 그 불행의 무게는 짐작하기도 힘들다.

더 기가 막혔던 것은 우리 부모님의 이런 모습이 우리 사회에서 결코 특별한 경우는 아니라는 점이다.

얼마나 많은 예술 작품들이 두 주인공의 결혼으로 결말을 맺는가를 생각해보라. 드라마가 결혼으로 끝난다는 이 간단한 장치는 우리의 의식 속에서 결혼을 과정으로 이해하기보다는 최종적 목적으로 받아들이게끔 한다. 운전할 때 앞차의 앞을 봐야 하듯이 가고자 하는 곳 그 너머를 봐야 한다. 의사가 되겠다는 목표보다 더 중요한 것은 왜 의사가 되고자 하는가가 아닐까?

의사가 되고자 하는 이유가 아픈 사람을 치유하는 것이라면 그 꿈은 꼭 의사가 되지 않아도 이룰 수 있다. 정치가가 되어 의료보험제도[7]를 개선하는 것도 한 방법이며, 엔지니어가 되어 성능 좋은 수술장비를 만드는 것도 괜찮은 방법이고, 문학가가 되어 가슴 저미는 작품을 쓰는 것도 더없이 훌륭한 방법이다. 행복한 삶이 목적이라면 그 목적은 굳이 결혼이라는 통과의례 없이도 얼마든지 성취 가능한 것 아닐까? 결혼이라는 진입장벽 또는 통과의례 자체를 없애면 더할 나위 없이 좋겠지만 그것이 힘들다면 대폭 낮아지도록 법과 제도를 고쳐서 하루속히 동거라는 양식이 결혼의 대안으로 받아들여지기를 바란다. 더 나아가 동성혼인과 3자 이상의 결합도 보호받기를 갈망한다. 제도가 현실의 반영이기도 하지만 역으로 제도가 현실을 견인하기도 하지 않는가?

드라마나 영화는 현실을 모방하고 이들은 다시 현실을 강화한다. 나는 우리나라 형사 영화에서 형사들이 피의자를 취조할 때 지나치게 폭력적인 모습을 보면 몸서리가 쳐진다. 결코 웃어넘길 일이 아니다. 그런 장면을 보면, 경찰서나 검찰에서 형사나 검사한테 몇 대 맞는 것은 으레 있는 일이니 미리 알고 있으라는 지배자들의 협박으로 보인다. 일종의 굴종 선

---

7 직장과 지역으로 이분화된 현 국민건강보험제도는 일원화되어야 한다. 그러기 위해서는 직장 또는 지역에서'만' 걷는 의료보험료 부가체제를 바꿔야 한다. 주민세처럼 소득과 주거지역 두 군데에서 모두 부과해야 한다. 즉, 소득에 따른 의료보험료(이를테면, 소득세할 의료보험료)를 내면서 동시에 주거지에서 주거형태 및 소유자산에 따른 의료보험료를 내야 한다. 그래야 소득과 자산에 따른 형평성 문제가 해결된다.

행학습이라고 할까? 그렇다고 형사가 고분고분하게 취조하면 리얼리티가 엉망이라는 비난을 받을 것임에 틀림없으나, 그럼에도 불구하고 현재 우리 영화에서 폭력은 지나치게 '사실적'이고 지나치게 희화화되어 있다. 문학이나 영화를 통한 간접경험은 우리의 직접경험의 부족한 부분을 채워주는 듯이 보이지만 엄밀히 말해 간접경험은 경험이 아니라 학습이다. 교실에서 교사에게 수업을 받듯이, 세상은 이렇게 돌아간다는 작가의 해석이나 주장을 보고 듣고 하는 것이다. 대부분의 소설이나 영화도 결국은 남성들이 생산해 내고 있고, 그 속에서 철저히 여성을 소비하는 경우가 많다. 비교적 자유로운 성을 구가했던 제인 오스틴이나 버지니아 울프조차도 자신들의 독특한 경험에 근거한 여성상보다는 당시 사회가 요구하는 여성상을 그렸다. 예술 작품에서 남성은 착하게 나오기도 하고 희대의 악한으로 나오기도 하지만 모든 예술 작품에서 일관되게 나타나는 것은 남성지배 구조이다. 우락부락하고 못 생긴 남성 히어로는 있어도 못 생긴 또는 섹시하지 않은 여성 히어로는 없다. 나 역시 여성 히어로를 좋아하지만 어디까지나 보편적인 인간의 존엄성을 대변하는 경우에 한할 뿐 남성화된 여성히어로, 즉, 여성도 남성처럼 살인과 폭력에 능숙할 수 있다고(게다가 욕도 멋들어지게 하는) 말하는 캐릭터는 사절이다.

결혼이란 것이 서로를 어느 정도 알고 해야 리스크를 피할 수 있다. 내 평소 지론은 연애 10년이 동거 한 달보다 못하다는 것이다. 연애는 내가 보여주고 싶은 것만 보여줄 수 있기 때문에 아무리 오랫동안 열정적으로 연애를 한 뒤 결혼한다 해도 이건 마치 베일에 싸인, 그것도 보기 좋게 채

색된 베일에 싸인 사람과 결혼하는 것과 다를 바 없다. 물론 인생 자체가 채색된 베일이기는 하다. 아침 9시에 만나 저녁 11시까지 데이트를 석 달 열흘 해봐야 상대에 대해 알게 되는 것은 별로 없고 비용만 엄청 들 뿐이다. 그러느니 잠깐 만나 괜찮다 싶으면 동거하고 그러다가 괜찮다 싶으면 결혼하는 것이(그리고 아니다 싶으면 이혼하고) 더 합리적이라고 아니 더 자연스럽다고 생각하지 않는가? 경제적 낭비도 막을 수 있고 무엇보다 감정 낭비를 막을 수 있다. 결혼하기 전에 미리 동거를 하자!

무엇인가가 자유롭다는 것은 할 수 있다는 가능성만 가지고는 부족하다. 그것을 행하기 위해 대단히 큰 결심이나 노력이 필요하다면 자유롭다고 볼 수 없다. 20대 때 윗세대로부터 종종 남한은 그래도 데모할 자유라도 있지 않느냐, 북한은 그것마저 없다라는 이야기를 들었다. 총체적인 자유의 양이야 당연히 남쪽이 예나 지금이나 많은 것은 사실이나, 그렇다고 해서 전두환 독재 시절 학생들이 데모를 했던 것은 데모할 자유가 있었기 때문이 아니다. 데모하다 잡히면 영창에 가거나 군대로 강제 징집당하곤 하였다. 그럴 위험을 무릅쓰고 한 것이다. 그걸 두고 데모할 자유가 있었다라고 말하면 곤란하다. 자유롭다는 것은 해당 행위를 해도 별다른 사회적 불이익을 받지 않을 경우를 뜻한다. 따라서 이혼이 자유롭다는 것은 이혼을 해도 사회적 편견이나 생활을 꾸려나가고 아이들을 키우는 데 별다른 불이익이 없어야 한다는 뜻이다. 만약 둘 중 한 사람이 경제적 능력이 약하다면 재산분할이나 이혼 후 생계비 지원에서 두 사람 모두 경제적 능력이 있는 경우와는 달라야 한다. 즉, 재산 형성에 얼마나 기여했느냐의 기준보다는 이혼 후 누가 더 약자인가라는 기준이 더 중요하다고 본다. 전업주부의 경우 경제적 능력이 상실되는 경우가 많기 때문에 이 점이 충분히 고려되어야 한다. 예를 들어, 20년간 전업주부로 산 여성과 꾸준히 직업을 유지했던 남성이 이혼하는 경우와 두 사람 모두 20년간 직업을 유지했던 경우는 재산분할이나 생계비 지원 등이 달라야 한다는 뜻이다. 당연히 전자의 경우 재산분할이나 생계비 지원 비율이 여성에 크게 유리하게 적용되어야 한다. 양육권의 경우도 기본적으로 아이는 '엄마의 아이'이기 때문에 여성이 원하는 바대로 양육권이 주어져야 한다. 만약 여성이 아이들을 맡는 경우 아이들의 성(family name)도 여성의 성을 따라 변경할 수 있어야 한다. 이 모든 것은 파탄의 원인이 누구에게 있었는가 하고는 전혀 별개로 다루어져야 한다. 따라서 설령 여성에게 결혼 파탄의 책임이 있다 할지라도 이혼 시점에서 여성이 경제적 약자라면 재산분할을 여성에게 유리하게 하는 것이 타당하다고 본다.

두 사람이 한때 사랑해서 결혼했지만 시간이 흐르면서 어느 한쪽이 다른 사랑을 만나게 되어(즉, 바람나서) 이혼하는 경우, 결혼이란 계약관계에 충실했던 사람과 그렇지 않았던 사람을 구별하여 재산분할을 한다는 것은 본말이 전도된 것이라고 본다. 두 사람에게서 중요한 것은 같이 살든 따로 살든 각자가 행복하게 남은 생을 살아가는 것이지 결혼이라는 계약 자체가 중요한 것은 아니다. 계약관계에 충실했던 사람에게 상을 주고 그렇지 않은 사람에게 벌을 준다는 식의 유책주의적 접근보다는 결혼이라는 계약관계가 끝나는 시점에서 두 사람이 원만하게 생활을 유지할 수 있도록 제도적으로 어떻게 뒷받침하는 것이 좋은가의 현실적인 접근이 더 중요하지 않을까? 그래야 새로운 열정을 만난 사람들이 별다른 죄의식 없이 행복하게 살아갈 수 있다. 결혼이라는 계약에 충실했던 다른 당사자 입장에서는 억울할 수도 있다. 하지만 더 근본적으로 생각해보면 상대가 더 이상 자신에게 매력을 느끼지 못했던 책임이 본인에게도 있다는 것을 알아야 한다. 결혼했으니 상대는 나를 당연히 사랑해야 한다고 생각하는 것은 인간 감정의 자연스러운 변화를 고려했을 때 타당하지도 않고 조금은 안일한 태도로 보인다. 결혼이라는 제도와 무관하게 우리들 각자는 자신의 성적 매력을 유지해야 할 의무와 권리가 있는 것 아닐까? 상대에게 나를 사랑해 줄 것을 요구하기보다는 상대가 나에게 매력을 느끼도록 삶의 긴장을 유지하는 것이 더 바람직하지 않을까? 우리 민법이 택하고 있는 이른바 유책주의는 인간에게 행복해지기 위해 살기보다는 계약을 유지하기 위해 살 것을 요구하는 것이나 다름없다. 미혼인 A가 미혼인 B를 사랑하는데 B는 A를 사랑하지 않고 C를 사랑한다. 이 경우 사회는 B에게 A에 대해 어떤 의무도 요구하지 않는다. 그런데 결혼관계에 놓인 두 사람에 대해서는 사랑이라는 감정이 반드시 두 사람 서로에게만 향해야 한다고 강요하고 행복하지 않은 결혼을 유지할 것을 종용하는 셈이다. 하루속히 파탄주의가 도입되어야 하며 재산분할과 양육권 같이 이혼에 부수되는 항목들에서 약자우선주의가 적용되기를 바란다.

그런데 이혼이라는 상황에서 남성과 여성의 이익이 갈리는 측면이 있다. 부부라는 계약에서 핵심은 남성의 경제능력과 여성의 육아를 포함한 생활능력의 결합인데,[8] 많은 경우 남성의 생활능력은 꽝이고 경제능력 또한 40대를 정점으로 해서 점점 줄어들기 마련이다. 각종 복지정책과 약자우선 정책이 자리를 잡으면 중년 여성이 아이를 키우면서 홀로 사는 것이 지금보다는 훨씬 수월해지겠지만, 아이를 키우지 않으면서도 중년 남성이 홀로 사는 것은 여전히 힘들다. 당장 성욕 해소만 해도 그렇다. 성이라는 것이 기본적으로 남성이 여성을 설득하는 구조이기 때문에 홀로 사는 여성이 섹스파트너를 구하는 것은 여반장이나 홀로 사는 남성이 성욕을 해소하려면 뛰어난 필살무기가 있지 않은 한 성매매나 묻지마 관광밖에 없다. 이혼이 여성에게 가져다 줄 불이익은 이혼 또는 이혼녀에 얽힌 선입견뿐이라는 생각이 든다. 여성이 실제적으로 받을 불이익은 그다지 많지 않다. 중산층 이상의 경우 충분히 재산분할을 받을 수 있고 양육비 등에서 최소한의 법적 보호를 받을 수 있다. 저소득층의 경우 통계적으로 남성이 가정경제에 기여하는 바가 그다지 크지 않다. 즉, 같이 사나 따로 사나 경제적으로 별반 도움이 되지 않는다는 뜻이다. 결국 이혼하면 여성이 불이익을 받는다라는 선입견은 남성이 여성에게 행하는 블러핑 전략(속임수)이라는 생각을 지울 수가 없다. 실제로 이혼을 통해 여성이 얻게

---

8 비록 남성이 100% 가정경제를 책임지는 비율이 크지는 않지만 여전히 남성의 평균임금이 여성보다 훨씬 높다. 경력단절 등으로 불이익을 받고, 안정적인 좋은 일자리에서 여전히 남성의 비율이 높기 때문이다. 최근 대졸 이상의 경우 취업률에서 남녀 차이가 거의 사라지고 있는 것은 매우 고무적이다. 이런 흐름은 백 마디 구호보다 훨씬 더 강력한 사회 변화의 동력이 될 것으로 믿어 의심치 않는다.

되는 이익이 남성보다 훨씬 크다고 본다. 따라서 혼자 사는 여성, 결혼제 밖에 있는 여성에게 가해지는 무자비한 폭력은 남성 진영이 여성을 결혼 도 안에 묶어두려는 전략으로 보인다. 성폭력에 대한 공포가 여성을 옥죄 고 여성 스스로 남성 지배 밑으로 들어가게 하듯이, 이혼에 대한 공포는 복지의 부족과 까다로운 이혼 과정과 함께 여성으로 하여금 어떻게든 가 정을 유지하려고 하게 만든다. 여성 억압의 발원지인 가정을 지키고, 자 신들에게 별다른 이익을 가져다 주지 않는 결혼생활을 감내한다.

여성주의에 관하여

여성 문제에 관한 접근은 계급이라는 사회 경제적 토대를 중요시하는 시각과 남녀 간의 정치적 관계, 남성성과 여성성의 대립을 중요시하는 흔히 '여성주의'라 불리는 시각이 있다. 거칠게 말해서 노동자의 지위가 향상되면 여성의 지위도 자연스럽게 향상된다거나 노동자의 지위 향상을 전제로 하지 않으면 여성의 지위 향상은 요원하다는 것이 전자의 입장이고, 노동자의 지위 향상을 통한 여성의 지위 향상은 과거보다 현재 여성의 지위가 향상되었다는 것일 뿐 역사적으로 언제나 동시대 여성의 지위는 남성보다 더 열악하며, 이 남녀불평등 구조에서 언제나 남성이 이득을 보고 있다는 것이 후자의 입장이다. 여성의 사회 참여가 저조하고 경제적 지위도 낮은 시기에는 계급적 시각이 주류를 이루다가 여성의 사회적 진출이 활발해지고 사회 경제적 지위도 향상되면 여성주의가 강세를 보인다. 당연한 수순이다. 경제적 지위가 높아지면 그에 상응하는 정치적 지위를 요구하기 마련이니까. 일부 여성주의는 점점 늘어나는 중산층 또는 전문직 여성을 그 사회적 기반으로 삼으면서 계급적 문제로부터 상당한 거리를 두고 있다. 한편으로는 대체로 남성들이 전자의 시각을 강조하는데, 계급적 시각은 노동자 전체의 이익을 옹호하는 듯이 보이고, 여성주의 시각은 계급적 시각을 결여한 듯이 보이기도 하겠지만, 무엇보다 사실 불편하기 때문이다. 때때로 모든 지점에서 남녀의 불평등을 지적하는 열성적인 여성에게는 꼴페미니스트라는 모욕적인 언사를 마다하지 않는다. 반대로 대다수 여성은 후자에 더 관심이 많아 보인다. 대체로 인간은 집단 전체에 가해지는 억압보다 집단 내 상대적 차별에 더 민감하기도 하지만, 양성 간 정치적 불평등이 곧바로 양성 간 경제적 불평등으로 이어지기 때문이다. 육아에 신경 쓰다 보면 경력에 차질이 생기면서 곧바로 경제적 능력 저하로 이어지며, 이는 곧 남성에 대한 여성의 의존도를 높인다. 여성들이 겪는 출산, 육아, 가사노동, 성폭력과 같은 일견 '개인적'으로 보이는 문제가 실은 여성 전체를 억압하는 구체적인 경로이다. 또한 이는 곧바로 노동계급 전체를 억압하는 장치로 작동한다. 개인적인 경험이 사실은 지극히 사회 정치적인 문제이다.

나는 20대에는 비록 여성 문제가 그 독자적 성격이 있다 해도 전체 노동자계급이 처한 모순을 해결하는 것이 더 우선이라고 생각했다. 하지만 40대 이후로 접어들면서 이런 시각이 지나치게 긴 시간의 흐름을 전제로 해서 개인의 삶의 문제를 도외시하고 있다는 생각이 들었다. 여성주의 진영의 접근이야말로 지금 현재를 살아가는 여성들의 문제를 실제적으로 보듬어줄 수 있다는 생각을 하게 되었다. 즉, 계급 문제를 바라보는 시간의 길이와 개인의 삶을 바라보는 시간의 길이가 같을 수가 없다는 것이다. 계급적 관점에서는 분명 100년 전보다 지금이 여성을 포함한 노동자 전체의 지위가 향상된 것은 분명하지만 지금 이 시대를 살아가는 개인들에게 그게 무슨 상관이겠는가? 계급은 몇백 년을 지속하겠지만 개인은 고작 백 년을 살 뿐이다. 그 백 년도 앞뒤 자르면 자신의 의지대로 건강하게 살아가는 기간은 고작 4~50년 밖에 되지 않는다. 그 중에서 20살에서 50살까지의 30년이야말로 개인에게 가장 중요한 시기이다. 거시적으로 보면 여성과 노동자의 지위가 향상되고 있는 것이 분명하지만 미시적으로 그런 지위 향상이 내 인생에서 펼쳐지고 있느냐는 전혀 별개의 문제이다. 30년 전 여성보다 지금 여성이 사회적으로 지위가 높다고 해서 지금 젊은 여성들이 행복해할 것 같지는 않다. 우리나라가 일본의 식민지에서 벗어났다는 것, 또는 과거의 절대 빈곤에서 벗어났다는 사실에서 그 시대를 직접 체험한 사람들은 그 사실 자체만으로 행복하다, 더 이상 바랄 게 없다고 생각할 수도 있겠다. 하지만 직접 체험하지 않는 사람들은 안도감은 느낄지언정 행복하다고 느끼지는 않는다. 따라서 긴 시간 스케일로 봐야 하는 여성의 사회적 지위 향상보다는 결혼, 가사노동, 임신, 출산, 육아로 이어지는 고난의 10년 또는 20년이 더 걱정이며, 이 시기에 집중적으로 주어지는 남녀 사이의 정치적 갈등이 그들의 삶에는 훨씬 더 중요한 의제일 수 있다는 것을 이해해야 한다. 실제로 복지의 수준이 나아진다고는 해도 대부분 향후 세대에 맞춰져 있다. 예를 들어, 앞으로 태어날 아이에 대해서, 앞으로 출산하는 여성에 대해서, 뭐 이런 식이다. 이미 아이가 초등학생이거나 그 이상인 여성의 경우 지금 사회에서 논의되고 있는 수많은 복지 논쟁의 혜택을 볼 여지는 그리 많지 않다. 따라서 계급적 접근이라는 장기적이고 거시적인 관점도 매우 중요하지만 지금 당장의 남녀 정치지형을 개선하려는 노력을 병행하지 않으면 사회는 좋아져도 여성은 행복해지지 않는다.

여성주의의 많은 논쟁은 경제능력과 생활능력이라는 두 가지 분야에서 남녀의 처지가 크게 다르다는 데 기인한다. 대체로 남성이 경제적으로 우위에 있다 보니 경제적인 측면에서 여성이 의존적으로 보이지만 생활능력에서는 여성이 압도적으로 우위에 있고 따라서 남성은 대단히 의존적인 삶을 영위한다. 거칠게 말해 과거에는 경제적인 분야에서의 여성의 의존성과 생활이라는 분야에서의 남성의 의존성이 상호보완적이었지만, 점점 여성의 경제능력이 크게 발전하면서 그 상호보완성에 금이 가고 있다. 여성들의 경제능력의 향상만큼 남성들의 생활능력의 향상이 나타나지 않았다는 것이다. 그렇지만 이것 역시 대단히 남성들에게 유리한 해석으로 보인다.

남성이 쥐고 있는 경제적 우위란 것은 남성 그들의 노력에서 연유하기보다는 대대로 전해져 내려오는 남성 우위 시스템에서 기인한다. 하지만 여성이 쥐고 있는 생활능력의 우위는 그들의 노력에서 기인한다. 거칠게 말해 남성의 경제능력은 유산을 통한 자산 획득, 취업 및 승진에서의 우위, 남녀 소득 차이 등등을 통해 남성에게 별다른 노력 없이 주어지지만,

여성의 생활능력은 어릴 때부터의 적극적인(그렇지만 매우 강제적인) 가사노동 참여를 통해 즉, 그들 스스로의 노력에 의해 획득된 것이다.

내가 내 자신의 삶에서 떠오르는 한 가지 이미지는 기생적이라는 것이다. 대체로 남성의 삶이 그러하다. 밥하고 설거지하고 청소하는 등등의 노동력 재생산을 위한 아주 기본적인 노동을 하지 않는다. 평균적으로 딸이 아들보다 가사노동에 더 많이 그리고 일찍 참여한다. 가끔 요리가 취미라고 자랑하는 남성들도 설거지는 아내가 한다. 요리한답시고 온갖 그릇을 다 꺼내놓고 먹고 나면 끝이다. 요리야 재미있기라도 하지만 설거지는 아니다. 남녀가 같이 사는 경우 짐승의 수컷들도 한다는 청소를 남성이 하는 경우는 드물다. 이런 기생적 삶의 태도는 여성들에게 고통을 전가하는 것일 뿐만 아니라 남성들 본인들에게도 궁극적으로는 해롭다. 나이를 먹으면서 경제적 능력은 점점 쇠퇴하는데 생활능력이 바닥을 긴다면 그 삶이 얼마나 애처로운가? 육아 경험이 남녀 모두에게 반드시 필요한 것처럼 남성이 뒤틀리지 않는 온전한 세계관을 갖기 위해서는 반드시 가사노동에 참여해야 한다. 나중에 1인 가구를 형성해서 어쩔 수 없이 하게 되기 전에 어린 시절부터 참여할 수 있도록 적극적으로 동기부여를 해주어야 한다. 역사에서 남성들이 행한 숱한 성과들은 그들의 삶이 기생적이었다는 즉, 한가했다는 데서 연유한다. 매일매일의 기본노동에서 자유로웠으니 이것저것 창조적인 생각을 하게 된 것 아니겠는가? 뛰어난 경제능력을 획득하는 데 주력한 후 생활능력이 뛰어난 여성을 무임금 가정부로 데리고 사는 전략은 한계에 직면하였다. 인간에게는 빵과 장미가 둘

다 필요하듯이 개별 인간으로 우뚝 서기 위해서는 경제적 능력과 생활능력이 모두 필요하며, 이런 태도는 어릴 때부터 학습되어야 한다. 앞으로 이혼율은 점점 증가할 것이므로 가사노동 능력은 남성의 생존 차원에서도 대단히 중요한 문제가 될 것이다.

나는 요즘의 일인 가구의 급속한 확대는 여성주의에 우호적인 환경을 제시할 거라고 본다. 비록 그 형태가 자발적이라기보다는 강제화된 측면이 강하고 생활의 구체적인 모습 또한 건강한 모습과는 거리가 멀지만 어찌되었든 부모의 품을 벗어나 독립적인 생활을 꾸리는 개인의 증가는 이 책의 논지인 개인의 자주성 확대에 기여할 것이라고 본다. 사실 개인이 20세를 전후해서 부모로부터 독립하는 것은 사회적으로 매우 중요한 과제이며 이를 위한 사회적 지원이 절실하다. 그래야 부모도 행복해지고 나아가 부모 자식의 관계도 더 좋아진다. 같이 살면 싸우기만 할 뿐이다. 또한 일인 가구가 증가하면 결혼보다는 동거를 선호하게 되는 현상이 강해질 것이다. 이미 미혼 남녀들은 동거에 대한 희망이 예전과는 비교하기 힘들 정도로 크다.

다만 그것이 사회적으로 알려지는 것이 두려워 주저할 뿐이다. 제도와 사회적 인식이 동거에 우호적이지 않기 때문인데 동거를 서둘러 제도권 안으로 포섭하여 사회적 인식의 변화를 꾀해야 한다. 시대에 뒤떨어진 제도와 백해무익한 인습이 청춘의 삶을 억누르는 전형적인 모습이다. 결혼을 앞에 둔 당사자들이 결혼보다는 동거를 원한다고 하는데, 이미 결혼을 했고 앞으로 다시 결혼할 것 같지도 않아 보이는 기성세대들이 한사코 반대한다.

일부 여성주의는 여성의 각종 문제를 해결하기 위해서는 남성들의 인식(또는 이른바 사회적 인식)이 바뀌어야 한다는 함정에 종종 빠지곤 하는데, 전혀 동의할 수 없다. 남성들에게 도덕적으로 훈계하면서 변화를 요구하기보다는 여성들이 직접 행할 수 있는 행동지침이 필요하다. 즉, 남성의 인식 또는 태도 변화를 견인해 낼 여성들의 전략과 용기가 필요하다. 언제나 여성의 용기가 세상을 바꾼다. 예를 들어, 여성의 억압과 상품화의 상징인 브래지어를 벗어버리고 싶은데 자꾸 남성들이 쳐다 보니 못한다고 항의만 하지 말고,[9] 그를 위한 전략을 고민해야 한다. 미니스커트는 남성들이 쳐다보지 않았기 때문에 패션으로 자리 잡은 게 아니다. 미니스커트는 아름다움, 당당함, 섹시함 등의 아이콘으로 자리 잡으면서 대세가 되었다. 건강에 나쁘다는 것 뻔히 알면서 하이힐을 신는다. 따라서 노브라가 건강에 이롭다는 접근보다는 브래지어를 하지 않은 상태의 가슴이 더 아름답고 당당하고 섹시하다는 이미지를 구축해야 한다. 이를테면, 무대에서 여성들이 인사할 때 종종 가슴 부위를 손으로 가리는 어색한 모습을 보곤 한다. 내가 남자라서 그렇게 느끼는 것이겠지만 가슴 윗부분 좀 보이면 어떤가 싶은 생각이 들 때가 많다. 내게는 인사하면서 가슴을 손으로 가리는 모습은 영화의 노출 장면에서 성기나 엉덩이를 가리

---

9 사실 여성의 가슴에서 브래지어를 없애는 데 가장 큰 장애는 남성들의 시선이 아니라 출퇴근길 만원 지하철이지 싶다.

는 장면과 겹쳐 보인다. 그것이 없었으면 아름다웠을 장면이 그로 인해 훼손당하는 모습은 안타깝기만 하다. 당당하고 용기 있는 여성보다 아름다운 것은 없다. 예전에 유명 연예인을 직접 본 적이 있는데, 브래지어를 하지 않은 채 타이트한 상의를 입고 있었다. 당연히 유두가 정확히 튀어나왔지만 음란하다는 느낌은 전혀 들지 않았다. 평소 그 여성이 당당함을 자신의 브랜드로 쌓았기 때문이기도 했지만, 유두가 튀어 나오면 민망하다 또는 야하다라는 선입견은 어쩌면 글자 그대로 선입견인지도 모른다.

여성들에게 영향력이 있는 섹시한 여성 연예인 열 명 정도가 노브라를 꾸준히 하고 다니면 여성들의 가슴에서 브래지어를 없애는 데 크게 도움이 될 것이라는 글을 언젠가 본 적이 있다. 크게 공감한다.

반대로 남성이 같은 패션을 하면 나 자신도 조금 민망하게 느껴진다. 그러나 그것은 야하기 때문이 아니라 낯섦에서 연유한다. 상의를 벗은 남자에게서는 민망함을 전혀 느끼지 않는다. 야함, 민망함, 불편함 등등은 거의 대부분 습관일 뿐이다. 대부분의 여성들이 바지만 입는다면 아무리 긴 치마를 입어도 음란하게 느껴질 것이다. 아내의 경우 겨울에는 외출할 때 브래지어를 하지 않지만 여름이면 대부분 한다. 차라리 반대가 되어야 할 텐데 그놈의 시선 때문에…. 그런데 그 '시선'이 얼마나 되는지는 모르겠다. 어쩌면 아내의 머릿속에만 있을지도. 이탈리아 여행 갔을 때 거리의 많은 여성들이 노브라로 돌아다니니 자신도 시원스럽게 '벗고' 다녔다는 경험담을 간접적으로 들은 적이 있다. 아마 많은 여성들도 같은 심정일 것이다. 그러면서 여성들은 '남성들이 쳐다보니 못한다'는 이유를 댄다. 우리가 민주주의를 전두환한테 허락 받고 얻은 것이 아니다. 여성들이 남성들로부터 허락을 받아야만 하는 자유란 없다. 필요한 것은 여성들의 용기이고 그 용기를 끄집어 낼 여성주의 진영의 전략이다. 자꾸 남성들을 탓한다는 선입견이 생기면 젠더 전쟁이라는 진영싸움으로 변할 것이고, 이는 여성에게 결코 유리하지 않다. 어떻게든 내편을 늘리고 반대진영은 고립시키는 것이 싸움의 기본 아닌가? 노브라를 바라보는 성엄숙주의를 공격하고, 브래지어를 하지 않은 상태를 염두에 둔 패션 전략을 짜고, 그리고 이를 실행할 여성의 용기를 독려하는 것이 올바른 접근이다. 일부 남성의 음란한 시선은 가볍게 그러나 당당하게 외면하면 될 터이다.

독박육아를 한탄하는 데 그치지만 말고 독박육아에 고통 받는 여성이 어떻게 하면 불이익을 받지 않고 이혼할 수 있는지를 연구하고 제시하는 쪽이 여성에게 실제적인 이익을 가져다 줄 뿐만 아니라 여성들이 그토록 원하는 남성의 태도 변화를 이끌어 낼 수 있다. 여성주의가 원하는 모범적인 남편은 남성의 인식 변화로 얻어지는 것이 아니라 그들이 모범적인 남편이 될 수밖에 없는 조건 속에서 형성된다. 프랑스 남자들이 본디 심성이 착해서 주말에 아이를 돌보는 것은 아니다. 여성이 독자적인 경제능력을 보유하는 것, 여성들이 될 수 있는 한 결혼제도 속으로 들어가지 않는 것, 결혼제도에 편입된 여성들이 언제라도 이혼할 준비를 하는 것, 그 이혼이 여성친화적일 수 있도록 요구하는 것, 아내와 엄마라는 정체성의 포로가 되지 않는 것, 1부1처라는 미신에 빠지지 않는 것 등등이 그 조건이 될 것이다.

　일견 여성의 적이 남성으로 보이기도 하며, 여성주의에서 제기하는 많은 문제들이 남성들의 '태도'에 기인하는 것도 사실이다. 그러나 그렇다고 전선을 남성과 여성 사이에 그어버리면 곤란하다. 남성들의 태도를 신랄하게 꼬집는 글을 읽으면 통쾌하기는 하겠지만 그것이 과연 여성주의의 실제적 목표 획득에 얼마나 기여할 수 있을지도 같이 고민해야 한다. 여성의 적은 남성 자체가 아니라 가부장제이며, 그 가부장제를 통해서 궁극적인 이득을 보는 집단은 지배계급이라는 것을 선전해야 한다. 여성주의의 요구 사항은 여성에게만 좋은 것이 아니라, 비록 일시적으로 불편해보이거나 손해로 보일 수는 있어도 궁극적으로 남성에게도 유리하다. 내가 이렇게 여성의 문제를 지적하는 것은 여성을 위해서가 아니다. 여성을 억압하는 이 현실이 나 자신 너무나 불편하기 때문이다.

　2005년 국회 법사위에서 호주제 폐지 등을 포함한 민법개정안이 통과되었다는 기사에는 많은 여성의원들과 여성단체회원들이 기뻐하는 모습의 사진이 실려 있었다. 나는 이런 사진이 마음에 들지 않는다. 호주제 폐지가 어디 여성'만'의 문제인가? 나를 포함한 많은 남성들이 호주제 폐지에 적극 찬성하였다. 그런데도 사진에서 여성들과 같이 기뻐하는 남성은 보이지 않는다. 이런 사진은 '사실'을 담았을지는 몰라도 '진실'을 담는 데는 실패했다. 이런 사진은 은연중에 여성 문제가 여성만의 문제라는 인식을 강화한다. 여성 문제를 다루는 뉴스에서는 항상 여성변호사가 나와서 조언을 한다. 여성가족부의 수장은 항상 여성이다. 전쟁은 너무 중요해서

군인들에게만 맡길 수 없듯이 여성 문제는 너무 중요해서 여성들에게만 맡겨서는 안 된다. 페미니즘이 제시하는 대부분의 문제는 여성'만'의 문제가 아니라 우리 모두의 문제이다. 페미니즘이 제시하는 사회는 여성이 남성보다 우위에 있는 사회가 아니라 남녀가 평등한 사회인 것은 물론이거니와 그 평등한 상태는 남성들이 누리는 권리를 여성들에게 '이양'함으로써 얻어지는 것이 아니라 1%의 기득권층이 누리는 독점적 권리를 나머지 99%에게 분배함으로써 얻어진다. 남성들의 권리는 줄어들고 여성들의 권리는 늘어나는 것이 아니고, 남녀 모두의 권리가 증가하는 것이다. 남성 입장에서 보았을 때 하향평준화가 아니라 상향평준화이다. 굳이 양적 비교를 하면 남성보다 여성의 권리가 좀 더 많이 늘어나는 것이지만 그게 그렇게 얼굴 붉히고 싸울 일은 아니지 않은가? 여성 진영이든 남성 진영이든 지금 현재 남성 일반의 모습과 여성 일반의 모습이 어디까지나 역사적이고 사회적인 모습이라는 것을 유념해야 한다. 상대 진영의 태도가 맘에 들지 않는다고 냉소적인 반응을 보이는 것은 1%의 지배계급이 그토록 바라는 바일 뿐이다.

또한, 수천 년 역사 속에서 자신들의 언어를 축적해온 남성 진영과 이제 막 '언어의 본원적 축적 과정'에 있는 여성 진영에 같은 잣대를 적용하는 것은 불가하다. 이른바 '남성혐오'와 '여성혐오'의 경우 전자는 대부분 레토릭에 머물며 조직적이지도 못하지만 후자는 매우 조직적인 언어로 무장되어 있고, 나아가 종종 직접적 행동으로 연결된다는 점에서 같은 '혐오'로 묶어서는 안 된다. 페미니즘 진영에서 또는 주변 여성에게서 간혹 '좀 과하다' 싶은 표현이나 '선동'이 나온다 할지라도 그것은 어디까지나 제발 '달을 봐달라'는 간절함인 경우가 대부분이다. 1980년대, 학생들이 분신을 하면서까지 외치고자 했던 것이 있었다. 분신이라도 하지 않으면 도무지 세상이 귀담아 들어주지 않으니 자신의 소중한 생명을 던지지 않았던가? 마찬가지다. 남성들이 듣기에 과격하다 싶은 표현을 여성들이 동원하는 절박함을 알아야 한다. 영화 〈델마와 루이스〉에서 두 여성에게 우호적인 형사(남성)는 어떻게든 그들을 살려보려고 하였다. 어쩌면 그런 길도 있었을 것이다. 법정에서 자신들의 무죄를 주장할 수도 있었고, 어쩌면 정당방위가 인정받았을지도 모른다. 그러나 우리가 결말을 이해하기 위해서 필요한 것은 법적 투쟁이 성공할 확률이 낮다는 사실이 아니라 그들이 느끼는 여성으로서의 절망감이다. 테러 조직이 습격을 받을 때 남성 조직원들은 탈출할 생각을 하지만, 여성 조직원들은 주저 없이 방아쇠를 당긴다고 한다. 여성들 마음속에서 평생 이글거렸을 분노를 바라보지 못하면 이해하기 힘든 모습이다. 누군가 고통에 겨워 소리를 지를 때, 소리 지르지 말고 차분히 말할 것을 요구하는 것은 한가한 소리다.

80년대 학생운동 내부에는 수많은 노선이 있었고 서로 대립하였지만 그들을 하나로 묶어주는 것은 전두환에 대한 분노와 무덤까지 가지고 갈 광주에 대한 미안함이었듯이, 페미니즘은 하늘에 떠있는 별의 개수만큼 다양하며 종종 그들 내부에서도 이견과 심지어 반목이 있곤 하지만 세상의 모든 페미니스트 나아가 세상의 모든 여성들은 여성으로서의 절망감을 공유한다. 그것이 때로는 남성에 대한 혐오라는 표현양식을 띠곤 하지만 어디까지나 달을 가리키는 손가락일 뿐이다. 폭력이 종식되기 전까지 피해자에 의해서 이루어지는 방어폭력에 대해 우리는 관용을 베풀어야 한다. 하지만 궁극적인 해결책은 두말할 나위 없이 폭력 그 자체의 종식이다. 가부장적 지배체제가 사라지면 남성혐오는 사라진다. 80년대 학생들의 폭력시위를 탓하기 전에 전두환 노태우에 의해 자행된 학살을 탓해야 하며, 학살자일지라도 내 고향사람이면 괜찮다고 주장한 대구/경북의 광기를 지적해야 한다. 수많은 결점에도 불구하고 80년대 변혁운동이 정당했고 시대의 최전선에서 몸부림쳤듯이 지금의 페미니즘도 정당하며, 지금 시대의 최전선에 서 있는 것은 누가 뭐라 해도 페미니즘이라고 나는 믿는다.

여성으로서의 절망감을 페미니즘의 근본 토대로 이해하기에 나는 페미니즘에 우호적인 남성은 가능하다고 보지만 남성 페미니스트의 가능성에 대해서는 매우 회의적이다. 흑인노예해방을 지지하는 백인은 있었어도 흑인들의 절망감까지 공유하지는 못했을 것이다. 흑인으로서 느끼는 절망감과 흑인이 받는 부당한 대우에 대한 분노는 상당 부분 동질적인 요소도 있지만 끝내 일치할 수는 없는 별개의 영역이 있다고 본다. 가장 '평등'한 부부는 아마도 레즈비언 부부일 거라고 생각하곤 한다. 하다 못해 아이를 낳아도 번갈아 가면서 낳을 것이니 이런 저런 구차한 설명이 필요 없을 것 아닌가?

우리 세대는—어쩌면 지금 세대들조차도—페미니스트가 되기에 지나치게 가부장제의 세례를 많이 받았지만 그러기에 더욱더 귀를 기울여야 한다. 여성들의 주장이 곧 페미니즘은 아니지만 여성들이 느끼는 절망감,

공포감, 분노가 페미니즘의 원천이라는 것은 분명한 사실이기에, 언뜻 '불편해' 보이는 언사에 집착하지 않고 그 너머에 있는 여성들의 절망을 느낄 수 있다면 스스로를 페미니스트라 불러도 무방하리라 본다.

누구의 딸도 아닌

성폭력이나 성매매 관련 기사의 댓글에서 흔히 볼 수 있는 '딸 같은 여성'이라는 표현이 나는 매우 거슬린다. 물론 그렇게 말하는 의도가 해당 남성에게 좀 더 큰 도덕적 타격을 주고자 함이지 나이 자체를 문제 삼는 것은 아니겠지만, 그럼에도 불구하고 그들의 의도와 무관하게 그런 표현은 여성을 남성보호자와 관련 지어서 바라보려는 사회적 시선과 맞닿아 있다. 이런 부분에서 많은 남성이 여성주의에 불편함을 느낀다. 남성들은 자신들 언행의 '순수한 선의'를 강조하지만 여성이 느끼는 불편함은 그 '순수한 선의'를 통해 발현되는 불순함이다. 남성이 억울한 경우도 있겠지만 억강부약이라는 원칙에 따라 약자의 해석을 존중할 필요가 있다.

우리를 억누르는 폭력 체계는 쇠파이프와 물대포를 통해서만이 아니라 '일상의 파시즘'이라고 표현되는 아주 사소한 몸짓과 말 한마디를 통해서 관철되고 있다. 심지어 돕고자 하는 손길에서도 상처를 받는다. 그것이 사회적 약자의 아픔이다. 여성은 딸, 아내, 누이, 엄마, 내 여자라는 관계망에 의해서가 아니라 그런 모든 관계망에서 벗어나 사회를 구성하는 독립적인 몸뚱아리로 이해해야 한다. 물론 남성도 그렇다. 평화의 소녀상에서 '소녀'라는 어휘도 나는 조금 불만이다. 그분들이 끌려갈 때 나이 어린 소녀였다는 것은 전혀 문제의 본질이 아니다. 여성이라는 것을 내세우고자 한다면 평화의 여인상이 더 타당할 것이다.[10] 영어 표현에서는 평화상(Statue of Peace)이다.

'딸 같은 여자랑 바람났다'라는 비난은 무슨 말을 하려는지 솔직히 이해가 안 된다. 비난의 초점이 '딸 같은 여자'인지 '바람'인지 모르겠다. 성폭력이나 성매매는 엄연히 도덕의 대상이고 비난의 대상이지만 바람난 것은 비난의 대상이 될 수 없다. 그것은 감정의 영역이거나 설령 감정 없는 섹스였을지라도 성인끼리 합의한 성관계를 나이차가 난다고 비난하는 것은 어불성설이다. '딸 같은 여자'가 비난의 핵심인가? 딸 또래의 여자와 또는 아들 또래의 남자와 연애하면 뭐가 문제인가?

드라마에서 남성 상급자가 나이 어린 남성 하급자에게 지시를 할 때 반말(이거 해!)로 하다가도 나이 어린 여성 하급자에게는 존대는 아니지만 그렇다고 반말도 아닌 화법(이거 해요!)을 구사하는 경우가 있다. 필자가 다니는 회사에서도 간혹 그런 모습을 보곤 한다. 존대로 대하니 기분 좋

---

10 평화의 소녀상이 갖는 인류의 보편적 가치 확대를 위해서 베트남 전쟁에서 우리 군대가 행한 잘못을 사죄하는 베트남 여인상을 베트남에 세울 것을 제안한다.

을지는 몰라도 내가 만약 해당 여성이라면 매우 불쾌할 것이다. 모든 하급자에게도 존대를 하는 경우면 몰라도 남성 하급자에게는 편하게 말을 놓으면서 여성 하급자에게는 약간이라도 격식을 차리는 것은 해당 여성을 비즈니스의 파트너로 인정 안하겠다는 심리이지 않은가? 그 남성 상급자는 진심으로 그리고 선의로 여성에 대한 예우를 갖추기 위한 것이었을 수도 있기 때문에 이런 비판이 억울할 수도 있다. 그렇지만 업무 지시하는데 왜 여성'만'을 예우해야 하는지 나는 잘 모르겠다.

결혼식에서 신부가 아버지 손을 잡고 입장하는 장면은 어떤가? 오래전 드라마에서 중년의 남성이 아버지가 신부 손을 잡고 입장하는 것은 새로운 길을 떠나는 자식을 생각하는 부모의 심정을 표현하는 거라면서 젊은이들 사이에서 유행하는 신랑 신부 동시 입장을 나무라는 장면을 보았다. 그 말 자체의 타당성은 인정한다 치더라도 당연히 떠오르는 질문에 우리는 답해야 한다. 새로운 길을 떠나는 자식을 생각하는 부모의 심정이 왜 아들에게는 표현되지 않는가? 늦은 밤 여성을 집에 데려다 주는 행위는 궁극적으로 여성에 대한 남성 지배에 기여하게 된다는 주장에 대해 그 행위는 이별을 아쉬워하는 행위일 뿐 젠더 전쟁과는 무관하다고 반론을 제시한다면, 마찬가지로 그 반론 자체의 타당성은 인정하겠지만 그 이별의 아쉬움이 왜 여성이 남성을 바래다주는 형태로는 발현되지 않는가에 대해서 적당한 해명을 해야 한다.

남성들 문화에 친구 부인을 '제수' 씨라고 부르는 황당한 관습이 있다. 여성들에게서는 본 적이 없다. 아주 가까웠던 친구 하나가 왜 여성들이 남성들의 위계에 종속되어야 하는지, 왜 그 반대는 나타나지 않느냐면서 분개했던 적이 있다.

　남녀 비대칭성에 대한 이런 지적은 하늘에 떠있는 별의 개수만큼 있어 왔고, 때로는 역으로 여성을 공격하는 수단으로도 쓰인다. 예전에 내게 어떤 남성이 "남자 화장실을 여자가 청소하니 여자 화장실은 남자가 청소해야 되는 거 아닐까?"라는 대단히 '창의적인' 농담(?)을 한 적이 있다. 그런데 나보다 나이가 지긋해 그냥 웃고 넘어갔지만 덕분에 하나 깨달은 사실이 있어 반면교사의 의미로 그 남성에게 속으로 고마워했다. 여자 화장실을 여자가 청소하니 남자 화장실은 남자가 청소하는 것이 맞다! 짐승의 수컷들도 자기 뒤처리는 하지 않는가? 그런데 남자 여자를 떠나 청소원이 청소하는 동안은 화장실 사용을 금해야 한다. 일 보는데 설령 남자가 청소한다 할지라도 불편할 것은 뻔하다.

　남녀 비대칭성을 공격하는 남성들의 논리는 대부분 빈약하기 그지 없는데, 전가의 보도는 역시 군복무다. 그들의 주장을 듣다 보면 군복무가 없었으면 남자들 어쩔 뻔했나 싶을 정도이다. 그 군복무의 내용이 그다지 자랑스럽지도 않은데 말이다. 만약 오히려 여성들이 군복무를 요구해버리면 남성들은 완전히 궁지에 몰리지 않을까? 여성들의 출산에 대해 남성 진영이 해줄 마땅한 대가가 없지 않은가? 분명한 것은 지금의 사회 작동 방식은 남성에게 무조건 유리하기 때문에 만약 아이 낳는 것만 빼고(이건 어쩔 수 없으니) 남성과 여성이 모든 것을 정확히 반반 나눠서 하면 남성 진영이 손해 막심일 거라는 거다.

요즘 논의되는 여성 군입대의 맥락이 무엇인지는 모르겠으나 분명한 것은 남자와 똑같아지는 것 또는 남자가 하는 모든 것을 여성도 하는 것이 성 평등은 아니라는 것이다. 여성 불평등의 외형적 형태가 아니라 그 원인을 제거해야 한다. 나는 여성 군입대를 반대하는 것은 아니지만 여성 군입대가 성 평등에 기여하리라고는 전혀 기대하지 않는다. 설명 여성 군입대가 이루어지더라도 전투병과에는 매우 제한적으로 허용될 터이니, 여성들이 군대를 안 간다고 아우성치는 지금의 찌질이 남성들은 "전투병과도 아니면서 무슨 군대냐?"고 헐뜯을 것이다. 이런 소모적인 논쟁 대신, 지금의 군복무 제도를 좀 더 합리적인 방식으로 바꾸기 위한 논의가 절실하다. 큰 틀에서 나는 직업군인제가 훨씬 더 적합하다고 믿으며, 의무 복무는 3개월에서 6개월 정도의 집중 훈련을 거친 후 동원체제에 편입하는 것으로 충분하다고 생각한다. 양심적 병역거부의 경우도 대부분 집총을 거절하는 것이므로 그에 맞는 병과를 할당하면 해결 가능할 것이다.

결혼은 인생의 무덤

나는 결혼 당시 유럽의 동거 문화에 대해서 알고 있지 않았다. 알았다고 해서 별다른 선택이 가능했을 것 같지도 않지만. 결혼이라는 것이 본질적으로 여성 억압적이라는 생각을 하지도 않았다. 억압적인 결혼이 있을 뿐이라고 생각했다. 말 그대로 '남편 하기 나름 아닐까?' 정도의 초보적인 인식. 우리나라의 여성들이 매우 불행한 결혼생활을 한다는 것은 잘 알고 있었다. 당장 내 어머니가 내 눈에는 전혀 행복해 보이지 않았다. 여성학 관련 서적의 단골 메뉴인 매맞는 여성이었고, 시집살이의 전 과정은 어린 나의 눈에도 너무나 불합리하였다. 할아버지는 틈만 나면 내게 어머니에 대한 불평을 늘어놓았고, 작은아버지들과 고모들은 틈만 나면 내 아버지가 얼마나 효자이고 내 어머니는 불효 막심한 며느리인지 설교를 해댔지만, 그들이 이야기하는 효도라는 것이 제대로 작동하기 위해서는 내 어머니의 무임금 노동이 반드시 필요했다. 좀 심하게 말하면 우리 아버지는 말로 때우는데 어머니는 몸으로 때웠다.

다섯 살 정도이던 해 작은아버지 한 분이 내게 와서 어떤 동작을 가르쳐주면서(이른바 감자를 먹는 동작) 그걸 내 어머니에게 하고 오라고 시켰다. 그 어린 나이에 그 동작이 뭔지를 알 리는 없었지만 그걸 시키는 작은아버지의 그 비열한 미소와 주위 친척들이 웃으면서 물개 박수치는 모습은 지금도 눈에 선하다. 본능적으로 저건 나쁜 것이구나 하는 생각이 들어 어색하게 서 있다가 슬그머니 꽁무니를 뺐다. 부부싸움을 하면 종종 어머니가 친정으로 가곤 했는데, 어느 날인가는 할아버지께서 딸이 부부싸움하고 나서 집에 오면 나 같으면 다리 몽둥이를 부러뜨리겠다고 말씀하신 기억이 생생하다. 하지만 한참 세월이 흘러 결혼한 고모가 부부싸움 후 친정으로 오곤 했지만, 그 고모 두 다리는 여태껏 멀쩡하다. 학교에서 어느 날 눈탱이가 밤탱이가 되어 출근하신 여자 선생님을 보면 본능적으로 부부싸움의 결과라는 것을 쉽게 짐작할 수 있었다. 드라마는 또 그 얼마나 훌륭한 반면교사였던가? 내가 삼십 대 중반 무렵 어머니께서 이혼하겠다고 하셨을 때 나는 전적으로 지지했다. 사회적 시선과 경제적 능력의 부재로 인해 끝내 좌절하셨지만.

나는 이 모든 것이 '못난 남성'들 때문에 발생하는 것일 뿐이라고 생각했다. 그들로부터 살짝 비켜서 있다고 자부한 나에게는 그런 일이 일어나지 않을 것이라고 명확하게 의식하지는 않지만 무의식의 저 깊은 곳에서 생각했음에 분명하다.

그러나 결혼은 내가 생각했던 것보다 훨씬 다양한 어려움을 준비하고 있었다. 결혼은 본질적으로 여성 억압적이며 무조건 여성이 손해 보는 장사이다. 고부갈등이 결혼의 핵심 문제도 아니었고, 부부간의 사랑만으로는 넘기 힘든 다양한 함정이 도사리고 있었다. 결혼과 그에 따른 가사와 육아는 여성의 정체성을 위협하는 고난의 나날이다. 이에 대해 격렬하게 저항하지 않는 한 여성의 인생은 얼마 가지 않아 끝나 버린다. 사회적 여건 상 남성은 이런 위협들로부터 한 발자국 비켜서 있다. 축복이 아닐 수 없다. 인터넷에서 쉽게 볼 수 있는 여성혐오성 댓글은 이 땅에 남성으로 태어난 원망과 무임승차하는 여성에 대한 증오로 가득 차 있다. 그러나 나는 확신한다. 그들에게 다시 태어날 기회를 주었을 때 여성으로 태어나겠다고 하는 이는 단 한 명도 없을 것이라고. 도대체 어느 남성이 매달 생리하는 것을 원할까?[11] 도대체 어느 남성이 강간당할지도 모른다는 공포감 속에서 매일 밤길을 걷고 싶을까? 가끔 젠더 전쟁이라는 표현을 보는데, 나는 별로 좋아하지 않는다. 전쟁이라는 단어는 마치 남녀 간의 마찰이나 다툼이 나름 공평한 토대 위에서 펼쳐진다는 인상을 준다. 마치 새뮤얼 헌팅턴의 『문명의 충돌』에서 '충돌(clash)'이라는 표현이 기독교권(정확히는 미국)이 일방적으로 이슬람권을 두들겨패는 것이 아니라 이슬람권과 기독교권이 대등한 위치에서 서로 부딪히는 듯한 인상을 주는 것과 비

---

11 여성과 여행을 하는 경우, 그들의 첫 번째 고민은 생리를 언제 하는가라는 것을 쉽게 알 수 있다. 그 원초적 상태가 그들의 행동과 심리를 제약하고 억압한다. 그 한 가지 사실만으로도 나는 내가 여성으로 태어나지 않아서 다행이라는 생각을 하였다.

숫하다. 20세기 전반기 극동아시아에서 조선과 일본이 충돌하였다 또는 갈등관계에 있었다고 말한다면 역사적 진실을 담아낼 수 있을까? 흔히들 지역감정이라고 하는데, 본질은 대구/경북의 일방적 패권주의와 호남에 대한 무조건적 왕따, 즉 지역차별 아닌가? 1980년대, 김대중에 대한 호남의 전폭적 지지 및 김영삼에 대한 부산/경남의 전폭적 지지를 학살자 전두환 노태우에 대한 대구/경북의 광기 어린 지지와 은근슬쩍 같은 레벨에 놓고 지역감정이라고 부르면 안 된다.

젠더 전쟁이라는 표현도 그 원래적 의도와는 달리 마치 여성과 남성이 대등한 위치에서 공정한 룰로 경쟁하는 듯한 인상을 주면서 현실을 심히 왜곡하고 있다. 실제는 심각하게 기울어진 운동장에서 아니 거의 절벽에 가까운 지형에서 고지 위에 있는 남성이 절벽 아래에서 힘겹게 기어오르는 여성을 향해 마구 조준사격하고 있지 않은가? 기본적으로 남성들은 남성으로 태어난 것에 대해 미안해해야 한다. 남성으로 태어난 것이 우리들 잘못은 아니지만 미안함은 잘잘못과는 별개의 문제이다. 부잣집 자식으로 태어난 것이 잘못은 아니지만 그래도 이렇게 불평등이 심한 사회에서 부잣집에서 태어난 것에 대해 감사함 대신 미안함을 느껴야 하는 것이 맞지 않을까?

결혼은 연애의 무덤이 아니라 인생의 무덤이다. 적어도 여성에겐 그렇다. 지금 우리 사회 여성들이 해대는 결혼 및 출산 파업은 본질적으로 피지배자의 본능적인 생존투쟁이다. 결혼과 함께 부과되는 삶의 모습들 즉, 배우자 집안 사람과의 관계, 가사노동, 육아, 경력단절, 유부남/유부녀라는 규정성, 생활공간의 변화, 인간관계의 변화 등등 대부분의 영역에서 남성은 상대적으로 피해를 덜 보거나 오히려 이득을 보는 반면 여성들은 대부분의 영역에서 피해를 본다. 안전한 가정 안에서 여성은 침몰하고 죽어간다. 여성 노동이 노예 노동을 대체하였다는 마릴린 프렌치의 주장은 결코 과장이 아니다.

결혼은 두 집안의 결합이다?

'두 집안의 결합'이라는 문제는 자유로운 두 개인의 행복한 삶의 한 과정으로 이해되어야 할 결혼이 마주치게 되는 첫 번째 난관이다. 그 결혼을 위해 양쪽 집안에서 상당한 정도의 재산을 공동투자했다는 점에서 동업관계라고 주장한다면 일리는 있다. 인터넷 사이트에 올라오는 여성들의 하소연을 보면 결혼 자금을 지렛대로 자식과 그 배우자에 대한 영향력을 행사하려는 사람들이 꽤 있다는 것을 알게 된다. 사실 경제적인 문제는 대단히 중요하다. 아이를 낳고 키우고 교육시키고 병원 가고 노후 생존 등등의 문제를 국가와 사회가 나 몰라라 하면서 전적으로 개별 가정에 그 책임을 묻고 있는 우리 사회에서는 특히나 그렇다. 경제적 독립과 인격적 독립이 어찌 별개 문제이겠는가? 여기에 시댁 중심의 명절, 역시 시댁 중심의 제사 등등을 보노라면 남편과 결혼한 것인지 시댁에 며느리로 무임금 취직한 것인지 구별하기 힘들다. 그리고 며느리의 노동을 무임금으로 착취하는 것을 '며느리도 가족이다'라는 말로 교묘히 은폐한다. 며느리나 사위는 가족 아니다! 제아무리 시부모가 편하고 잘해줘도 시부모 앞에서 다리 쭉 펴고 드러누울 수 있는 며느리는 없다. 사위도 마찬가지고. 결혼 초기에 여성주의 진영에서 설과 추석을 남성쪽과 여성쪽 번갈아 쇠자는 주장을 듣고 괜찮은 생각이어서 따른 적이 있다. 금년 설을 시댁에서 지냈으면 추석은 친정에서 지내고 다음해 설은 친정에서 그리고 추석은 시댁에서 지내는 방식이다. '쇠다'는 기준은 아마도 명절 당일 아침을 어디에서 맞는가 또는 명절 전날 어디에서 자는가로 이해했다. 추석에 처가에서 차례를 지내는데, 내 존재가 그렇게 우스꽝스러울 수가 없었다. 그런데 나야 그 차례상을 차리는데 별다른 일을 한 것도 없고 그냥 멀뚱멀뚱 있다가 인사만 몇 번 하면 그만이었으니 억울할 것도 없다. 그러나 시댁에서 명절을 보내는 여성들은 내가 느꼈던 자신의 존재에 대한 우스꽝스러움뿐만 아니라 온갖 가사노동을 무임금으로 해야 하니 이게 며느리라는 이름으로 행해지는 노예 노동이 아니고 무엇이겠는가? 당시만 해도 나는 결혼을 통한 가족 관계의 확장, 즉 남성과 처가 또는 여성과 시댁의 관계도 의미 있다고 보았지만 지금은 다르다. 명절은 각자 집에서 보내는 것이 답이라고 생각한다. 남자든 여자든 본인 부모와 지내는 것이 답이다. 아이는 남편과 아내가 설/추석을 번갈아 맡거나 둘 이상인 경우는 한두 명씩 나눠서 맡거나.

요즘 주례 없는 결혼식을 종종 보곤 한다. 나름 반가운 변화다. 주례의 제1 임무가 결혼의 증인인데, 이미 수백 명의 증인이 있는데 굳이 한 사람을 추가할 이유가 없다. 게다가 그들이 해대는 행복한 결혼에 전혀 도움

안 되는 소리를 듣지 않게 되니 무엇보다 즐겁다. 내가 들은 주례사에 거의 공통으로 들어가는 이야기는 어른들에게 잘해라는 소리다. 그들의 헛소리를 들으면서, 그럴 리야 전혀 없지만, 만약 내가 주례를 선다면 아니 정확히는 주례사를 해야 한다면 어떤 이야기를 할까 하는 상상을 가끔 하곤 했다. 어차피 아무도 듣지 않는 주례사이니 아무렇게나 해도 상관 없겠지만, 결혼을 앞둔 두 사람에게만 해주는 것이 아니고 양쪽 집안 사람들 다수가 있다는 상황을 고려해서 딱 한마디를 하고 싶었다. 결혼 후 양가 부모를 포함 어떤 사람도 두 사람 사는 데 들여다보지 말고 궁금해하지도 마시라! 두 사람이 사는 집도 찾아가지 말고 어디 사는지도 알려 하지 마라. 보고 싶으면 적당한 곳으로 불러내서 밥을 먹든 차를 마시든 하고 헤어져라. 그들이 정 필요하면 도움을 요청할 것이니 그때 조언을 해주든 누구를 소개해주든 경제적 지원을 해주든 하시라. 당신들 도움은 오늘 여기까지다. 그냥 두면 알아서 행복하게 잘 살 것이니 당신들은 당신들 행복하게 사는 데 집중하시라.

만약 어떤 커플이 결혼을 앞두고 조언을 구한다면 무슨 이야기를 해줄까? 만약 내 딸이나 아들이 결혼하겠다고 하면서 파트너를 데리고 온다면 무슨 말을 해줄까? 우선은 물을 것이다. 왜 결혼을 하고자 하는지를. 결혼을 하고 싶은 것인지 결혼식을 하고 싶은 것인지? 둘이 살고 싶은 것인지 결혼이라는 제도 속으로 들어가고 싶은 것인지 등등. 마르잔 사트라피라는 이란 사람이 쓴 『페르세폴리스』라는 책에 보면 결혼을 앞둔 딸과 장래 사위에게 아버지가 세 가지를 당부하는 장면이 나온다.

- 첫째, 내 딸은 이혼의 권리를 가져야 한다.[12]

- 둘째, 가능한 서둘러서 이란을 떠나라.

- 셋째, 둘이 행복하다고 느끼는 순간까지만 같이 살아라. 너희 둘은
  서로를 위해 태어난 존재가 아니다.

지금 이 순간 내 앞에 결혼을 앞둔 한 쌍의 커플이 앉아 있다 해도 내가 해줄 말은 크게 다르지 않다. 첫 번째 항목만 "결혼 후에도 여성은 자신의 몸에 대한 완전한 처분권을 갖는다"로 바뀌고, 두 번째 항목이 "모든 능력을 동원해 가능한 서둘러 이 땅을 떠나라"로 바뀔 뿐이다.

결혼과 함께 상대방의 친척들과 다양한 관계가 맺어지는데, 이 부분역시 남성보다는 여성 쪽에서 더 촘촘히 맺어지게 마련이다. 즉, 남성이 여성의 친척들과 맺는 관계보다는 여성이 남성의 친척들과 맺는 관계가 양적으로나 질적으로 강하기 마련이다. 이렇게 여성이 시댁 쪽과 맺는 관계는 여성이 그 관계를 기반으로 하여 자신의 자아를 실현하는 쪽으로 작동하기보다는 그 반대로 작동하여 왔다. 지금 세대에서 이 부분의 부정적 영향력은 우리 세대보다는 줄어들었을 것으로 짐작하지만 온라인 사이트에 올라오는 여성들의 하소연을 읽다 보면 여전히 그 영향력이 지대하다는 것을 느낀다.

---

12 이란에서는 결혼 당시 남편이 아내의 이혼 권리를 인정하지 않으면 여성에게 이혼의 권리가 없다.

가사와 육아

영화 〈런던 프라이드〉에 한 주부 여성과 두 명의 게이가 대화하는 장면
이 나온다.

여성 아… 그러니까 남자 두 명이 같이 산다는 말이죠?

게이 예, 그럼요.

여성 아… 그러면… 누가…?

게이 하하, 뭘 궁금해하시는지 잘 압니다.

여성 집안일을 하죠?

게이 … 아… 그건 예상하지 못했던 질문이군요.

남성의 가사 참여가 조금씩 늘어나는 추세이지만 여전히 소수 문화일
뿐이며 대부분의 경우 여성 중심으로 가사가 이루어지고, 특히나 아이
를 낳고 나서 여성이 직업을 포기하게 되면 자연스럽게 성별 분업의 흐
름이 생기게 마련이다. 엄밀히 말해 분업 자체를 나쁘다고 말할 수는 없
다. 둘 중에서 강점이 있는 사람이 그 분야의 일을 하는 것이 가정 단위에
서 보았을 때 이득일 터이다. 모든 일을 50 : 50으로 싹둑 잘라서 각자 반
반씩 한다는 것이 딱히 인간적으로 보이지도 않는다. 문제는 행동이 사고
를 지배하기 마련이라는 점이다. 여성이 아이를 낳고 집에 들어앉고 그러
면서 자연히 가사를 전담 또는 중점적으로 처리하는 현실은 여성은 가사

를 하고 남성은 밖에 나가 일을 한다는 우리의 잘못된 통념[13]과 공진하면서 두 사람의 의식 속에 성별 분업이라는 거대한 이데올로기가 자라게 한다. 즉, 처음에는 기능적이고 일시적이었던 분업이 시간이 지나면서 성별 분업으로, 즉 남자니까 이러이러한 일을 하고 여자니까 이러이러한 일을 하는 것이 좋다라는 사고로 고착화된다는 뜻이다. 내 주위에서 여성이 전업주부가 되는 사례를 보면, 워낙 직장 일이 힘들고 가사 분담도 제대로 되지 않다 보니 너무 힘들어서 직장을 포기하는 경우도 있고, 유산을 겪고 나서 다시 임신이 되자 바로 그만두는 경우도 있고, 남편의 성화 때문에 그만두는 경우도 있고, 남편의 수입으로 대충 먹고 살만 하니 별 생각 또는 불만 없이 결혼과 동시에 전업주부로 살아가게 되는 경우도 보았다. 아이가 둘인 경우에는 거의 대부분 전업주부가 된다. 아이 하나와 일은 어떻게든 양립이 되지만 둘은 차원이 다르다. 아이가 둘인 경우 여성이 일을 포기하지 않는다는 것은 혁명적 투쟁에 가깝다. 우리 사회가 경험한 혁명적 국면들, 4월 혁명, 5월 광주, 6월 항쟁, 촛불혁명 등을 떠올려 보라. 지나고 보면 뿌듯하지만 당시 그 현장에 있었던 이들은 얼마나 힘들었겠는가? 그렇지만 그런 항쟁들도 한두 달 집중적으로 이루어지고

---

13 1980년대 행해진 조사에서도 가계수입을 전적으로 남성이 책임지는 비율은 20%가 되지 않았다. 교과서 삽화에 나오곤 하는 여성은 가사를 맡고 남성은 밖에서 돈을 번다는 인식은 사실은 대단히 과장된 허구이다. 심지어 여성이 대부분의 가계수입을 책임지는 비율도 매우 높게 나온다. 특히 저소득층에서는 그렇다. 세계적으로 여성은 노동시간의 66%를 책임지지만 소득은 10%밖에 얻지 못하고 있다. 소유하고 있는 자산은 1%밖에 되지 않는다.

시위 자체도 몇 시간이면 끝나기 마련이다. 그런데 두 명의 어린아이를 둔 워킹맘들은 그런 항쟁을 일년 내내, 온종일 하는 셈이니 그 피로도로 말하면 비교 불가이다. 내가 앞에 열거한 우리 사회의 정치적 혁명의 성과를 결코 과소평가하지는 않지만, 그러나 때로는 과연 그런 역사적 사건들이 '혁명'이라는 어휘에 걸맞은 결과물을 우리 사회에 선사했던가 하는 의문을 떨쳐버릴 수가 없다. 그 사건을 전후로 이땅의 사람들의 실제 사는 모습에 어떤 변화가 있었던가? 과거보다 현재 여성들이 가사에 쏟는 시간이 줄어들었지만 이는 대부분 세탁기 같은 가전제품들이 이루어 낸 성과물이다. 6월 항쟁 후 여성의 사회 진출이 폭발하였는가? 촛불혁명 후 남성의 가사 참여가 폭발하였는가? 아니면 성이 폭발적으로 개방되었는가?

육아 초기에 여성이 전업주부가 되어 육아에 전념하는 경우 정작 당사자 본인은 그 위험을 모르는 경우가 많다. 일을 그만두고 나서 잠시 찾아오는 업무 스트레스로부터의 해방이 달콤해서일 수도 있지만 아마도 아이가 주는 비교할 수 없는 행복감 때문이리라 본다.

나의 육아 참여는 한국 남성의 평균 한참 아래일 것으로 생각하지만 잠깐의 경험만 회상해보아도 블랙홀 같은 아이의 흡인력은 어렵지 않게 이해가 간다. 나는 30대가 어떻게 지나갔는지 모를 정도로 아이들의 마력에 빠져 지냈다. 오히려 20대의 기억이 더 또렷할 정도이다. 아이는 온종일 힘들게 하다가도 한 순간 방긋 웃어주는 걸로 그전까지의 고생을 만회하곤 한다. 세상에 이렇게 이쁜 새끼한테 내가 화를 냈다니…하는 자책감이 마구 밀려온다. 남자인 내가 그 정도이면 직접 몸으로 낳아 젖으로 키운 여성들은 얼마나 강한 유대감을 느끼겠는가? 몸은 힘들고 정신은 우울해져도 다른 대안이 없으니 내가 '좀' 고생해서 아이를 잘 키우고 싶고, 자신의 고생은 아이가 잘 자라는 것으로 보답 받거나 또는 자신의 세대에서 끝나기를 갈망한다. 그 갈망이 사실은 한 세대 전 자신의 어머니의 갈망이었다는 것을 진지하게 고민하기에는 하루하루가 너무 고달프다.

이렇게 본질적이고 비교 불가할 정도로 귀중한 가사와 육아 노동이 문제가 되는 것은 이 노동이 무임금 노동이라는 점이다. 노동에는 두 가지 형태가 있다. 생산노동과 재생산노동이다. 재생산노동은 노동의 개체 자체를 만들어 내는 출산과 매일매일의 노동력을 재생산하는 육아 및 가사 노동(이른바 돌봄노동)으로 이루어진다. 모든 생산노동은 교환가치가 매겨지고 그에 해당하는 재화를 대가로 받는다. 그러나 주로(육아 및 가사) 또는 전적(출산)으로 여성이 담당하는 재생산노동은 대부분의 사회에서 무임금노동으로 이루어지며, 생산노동에서 대가를 받는 남성 진영은 재생산노동에는 무관심하거나 그런 무임금 재생산노동에서 면제된 자신의 출신성분을 다행으로 여긴다.

사람이 뭔가를 할 때는 돈을 받고 하거나 기부이거나 유희이거나 할 수 없이 하는 경우가 대부분이다. 가사노동과 육아가 유희라는 데 동의할 여성은 단 한 명도 없을 것이다. 유희의 측면이 있을 수는 있다. 회사 일도 온전히 월급 때문에 하는 것은 아니다. 일 그 자체의 보람도 있고 재미가 있기 마련이다. 그렇지만 재미로 회사 다니는 사람은 없다. 내가 차린 밥상을 가족이 맛있게 먹는 모습에서 행복을 느낀다? 가끔은 그럴 수 있다.

기본적으로 인간은 돈을 받든 안받든, 자발적이었든 떠밀려 한 것이든 자신이 한 노동의 결과물이 유용하게 쓰이기를 바라기 때문이다. 여성들이 시간이 남아돌아 가사와 육아에 재능기부를 하는 것도 아니다. 언뜻 남아도는 것으로 보이는 그 시간은 사실은 자신의 경력과 맞바꾼 값비싼 것이다. 가사노동은 할 수 없이 하는 그 무엇이다. 이런 의무 노동의 경우, 이를테면, 국방의 의무를 다한 남성들은 어떻게든 그 의무 노동에 대한 대가를 사회나 국가로부터 받고자 노력한다. 지금은 없어졌지만 군가산제의 경우가 대표적인 예이다. 공무원의 경우 군복무 기간이 100% 임금에 반영된다.[14] 납세의 의무도 그 반대급부로 복지를 요구하고 세금을 제대로 쓰는지에 대한 감시 권리를 요구하며 이런 요구는 매우 정당하게 받아들여지고 있다. 그런데 의무 노동의 범주에 속하는 가사와 육아노동을 행한 여성에게는 어떤 반대급부 또는 권리가 주어지는지?

가사노동이 무임금 노동이라는 것은 가사노동이 무가치하다는 것을 내포하고 있다. 재능기부나 유희가 아닌 경우 사람들은 자신의 노동에 대해 정당한 대우를 받으려고 한다. 자신의 노동의 결과물에 대해 또는 자신의 노동력 자체에 대해 값어치를 매기고 구매 상대방과 협상을 하게 마련이다. 다른 모든 조건이 똑같다면 자신의 1년 노동력을 4천만 원에 사겠다는 회사보다 5천만 원에 사겠다는 회사를 선택한다. 또한 암암리에

---

14 출산을 국민연금 가입 기간으로 보상해주는 출산크레딧처럼 군복무 역시 군복무크레딧과 같은 방식이 합리적이다. 군복무 기간은 100% 인정해줘야 한다.

사람들은 고액 연봉의 노동이 저액 연봉의 노동보다 더 가치 있다고 생각하기 마련이다. 물론 '가치'라는 표현이 워낙 광범위한 영역을 포함하고 있기는 하지만 어쨌든 고액 연봉에 대응하는 노동은 상대적으로 대체하기가 어렵고 저액 연봉에 해당하는 노동은 상대적으로 대체하기가 쉽다. 어느 회사도 단순 업무 종사자에게 임금을 많이 주려고 하지 않는다. 그 임금에 해당 업무를 하겠다는 산업예비군들이 회사 밖에 널려 있을 때는 더욱 그렇다. 그런데 전업주부의 경우는 가정 밖에 이런 예비군들도 없다. 전업주부의 가사 및 육아노동을 가정부 및 보모의 노동으로 대체하고자 하는 경우 그 비용을 생각해보라. 실제 워킹맘들은 어떤 형태로든 가사 및 육아노동을 외주화하고 있으며, 그에 대한 비용을 지불하고 있다. 유일한 예외가 전업주부 또는 일하는 여성의 셀프가사노동이다. 아주 극단적인 상상을 해보자. 만약 자신의 가정에서 가사노동이 금지되어 있다고 가정해보자. 이를테면, 전업주부가 다른 집에서 가사노동을 제공하고 그 대가를 해당 집에서 받는 경우, 시장 원리에 의해 가사노동을 잘하는 여성은 그렇지 못한 여성보다 고액 연봉을 받을 것이다. 소문이 나면 다른 집에서(다른 남성이) 더 많은 임금을 제시하면서 스카우트도 할 것이다. 물론 현실에서는 불가능한 일이다. 부부관계를 개념적으로는 계약관계라 볼 수 있지만 어디까지나 애정을 기반으로 한 것이고, 더구나 육아는 가사와는 본질적인 차이점도 있다. 내가 이런 황당한 예를 드는 것은 가사 및 육아노동도 어떤 식으로든 계량화가 가능하다는 것을 말하고자 함이다.

무임금 노동은 무가치한 노동을 의미하고, 더 나아가 해당 노동을 하는 사람이 무가치하다는 전제가 깔려 있다. 물론 세상은 가족을 위한 여성의 헌신적인 희생을 끊임없이 미화하며 찬양한다. 그렇지만 그 세상이란 것이 기실 남성이 지배하는 세상이기에 그 미화와 찬양은 시쳇말로 립서비스에 지나지 않는다. 여성의 가사 및 육아노동에 대해 사회가 대가를 지불하는 경우는 여성들이 자신들의 권리를 적극 요구하여 관철하였거나 해당 노동을 거부함으로써 사회가 절체절명의 위기에 처했을 때뿐이다. 그 위기의 단적인 사례가 출산율 저하이다. 역시 노동자의 단결이 세상을 바꾼다. 많은 나라가 육아 수당의 형태로 육아노동에 대해 그 대가를 지불하게 된 가장 큰 계기는 출산율 저하이다. 가사 및 육아노동에 정당한 사회적 가치를 부여하는 작업이 이루어지지 않고서는 지금의 출산율 저하라는 위기를 벗어나기는 불가능하다. 계량화가 가능한 경우는 그에 대한 대가를 국가가 지불하면 된다. 계량화가 힘든 경우는 보편복지의 틀로써 해당 노동을 포섭해야 한다. 이를테면, 임신에서 출산까지의 과정에서 행해지는 여성의 노동을 어떻게 계량화하겠는가? 이런 경우는 그 전 과정에 소요되는 비용을 국가와 사회가 책임지면 될 일이다. 출산장려금도 좋지만 출산과 국민연금을 연계하는 출산크레딧 제도가 더 바람직하다. 지금은 둘째부터 인정하는데 당연히 첫째부터 인정을 해줘야 하고, 인정해주는 기간 역시 아이 한 명당 5년 이상은 적용하여 아이 셋을 낳아 기르면 최소 20년 이상의 기간을 인정받을 수 있도록 설계해야 한다. 비용의 경우 현재는 국가가 겨우 30%만 부담하는데, 출산율 저하를 고민하면서도 국가와 자본은 여전히 비용을 부담할 생각이 없고, 어떻게든 비용을 개별 가정으로 좀 더 정확히는 여성에게 전가하려는 모습이다.[15] 게다가 부모 중 어느 하나를 선택해서 출산크레딧을 몰아줄 수 있어서 현재 대부분 남성(남편)이 혜택을 받는 방식은 어이가 없다. 아이는 아내가 낳고 크레딧은 남편이 받는다? 여전히 아내는 남편의 소유물이라는 사고를 벗어나지 못하고 있다. 그 정도까지는 아니더라도 부부라는 게 언제 헤어질지도 모르는데, 이혼 과정에서의 혼선을 피하기 위해서라도 당연히 크레딧은 여성에게 가야 한다. 이름 자체가 출산크레딧 아닌가?

출산율 저하에 대한 수많은 논의가 이루어지고 있지만 이들 논의에서 나는 매우 중대한 허점을 발견한다. 즉, 지금 이루어지고 있는 출산율 확대에 대한 논의의 중심에는 여성이 아니라 아이가 있다. 좀 심하게 말하면 우리 사회가 지속가능하기 위해서는 일정수의 아이가 태어나야 하는데, 여자들이 안 낳고 있으니 좀 달래서 낳게 하자는 식이다. 사실상 출산을 여성의 의무로 바라본다. 그 정도까지는 아닐지라도 여성은 아이를 낳고 싶은데, 여건이 뒷받침되지 않아서 못 낳는다는 식이다. 이런 류의 시각은 마치 지난날 파시즘처럼 여성을 아이 낳는 도구로 본다는 혐의에서 자유롭지 않다. 출산(그리고 양육 또한)은 여성의 권리이지 의무가 아니다.

---

15 반면 군복무크레딧은 100% 국가가 부담하고 있다. 남성지배사회의 단면이다. 또한 시민에게 부가된 여러 의무 중에서 군복무 의무를 으뜸으로 치는 이런 모습은 여성에 대한 남성 지배의 기원은 폭력이며, 특히 집단 간 갈등의 폭력적 해결이었다는 것을 상징적으로 보여준다. 국력이 약하면, 또는 국방력이 약하면 위안부와 같은 비극이 일어나니 군대가 하는 일에 이러쿵저러쿵 간섭하지 말라는 이데올로기에 혹시라도 평화의 소녀상이 악용되어서는 안 된다.

나아가 아이를 낳지 않을 권리 역시 여성들의 고유한 권리이다. 내가 느끼기에 출산율 저하의 핵심 원인은 여성으로서 이 땅에서 살아간다는 것에 대한 근본적인 회의감 때문이다. 물론 육아비용에 대한 국가적 지원도 대단히 중요하지만 무엇보다 중요한 것은 여성으로서의 존엄성을 지켜주는 것이다. 그토록 자기가 고생해서 낳은 아이에게 자신의 성도 물려주지 못하는데 출산축하금 몇 푼 준다는 것이 무슨 소용인가? 숱한 남성들이 모성애가 어떻고 모성본능이 어떻고 떠들어대면서 모성의 위대함을 칭송하지만, 그런 시선에서 여성은 여성 자신이 아니라 아이를 키워주는 무임금보모, 무임금파출부 그리고 무료섹스파트너일 뿐이다. 여성을 평생 노예로 부려먹겠다는 그런 개수작에 속아넘어가는 안 된다. 모성이 그렇게 위대하다고 생각한다면 왜 아이에게 엄마의 성을 물려주지 않는가? 힘들어서 안 낳는 것이 아니라 인간으로서 존중 받고 있지 않기 때문에 안 낳는 것이다.

출산율 증대에 성공한 선진국의 사례를 참고하는 것은 당연히 필요한 일이다. 그러나 모든 사례는 반드시 그 맥락과 같이 바라보아야 한다. 서구의 경우는 19세기 이후 자유주의의 흐름 속에서 여성의 존엄성에 대한 다양한 투쟁이 있어왔다. 우리에게 여성투표권은 1948년 갑자기 하늘에서 뚝 떨어진 것이지만 서구의 경우는 그렇지 않았다. 사실 투표권 자체가 그러했다. 투표란 무엇인가? 누가 투표권을 가져야 하는가에 대한 치열한 논의는 생략되었다. 박정희나 박근혜를 바라보는 일부 사람들의 시선은 군주를 바라보는 시선과 전혀 다르지 않다. 프랑스가 이러이러한 정책을 펴서 출산율 확보에 성공했으니 우리도 그렇게 하자? 어느 정도 효과는 있을 것이다. 그러나 그보다 더 중요한 점은 그 사회가 여성을 그리고 인간을 얼마나 존엄하게 대했는가를 이해하는 것이다. 오래 전 회식자리에서 한 여성이 남성들이 자신의 아내를 다른 사람에게 거론할 때 '마누라'란 어휘를 쓰는 것을 못마땅해하자 다른 여성도 동조하는 것을 본 적이 있다. 남성들이 듣기에 뭐 그리 '사소'한 것까지 불만이냐고 하겠지만 낙타의 등을 부러뜨리는 지푸라기를 생각해봐야 한다. 여성들이 겪는 고초 하나 하나는 많은 경우 '사소'하다고 치부할 수도 있는 것이지만 그런 '사소'한 것들이 수없이 그리고 끊임없이 그들을 괴롭히면 이야기는 전혀 달라진다. 당시 두 여성의 대화에서 내가 느꼈던 것은 이 땅의 여성들이 인간으로서의 존엄성에 목말라하고 있다는 점이었다. 육아에 대한 국가적 지원이라는 구체성과 함께 여성의 존엄성이라는 추상성이 동시에 확보되어야 한다. 인간에게는 빵과 장미가 모두 필요하다.

육아노동과는 달리 가사노동의 경우는 사회적으로 그 가치를 측정하기가 쉽지 않아서 국가나 사회의 직접적인 지원이 쉽지 않다. 남성의 가사노동 참여를 유도할 수 있는 제도적 장치가 필요한 이유이다. 동거를 제도적으로 결혼과 등가로 받아들여야 하며, 이혼을 여성에게 유리하게 제도화해야 한다. 단순한 예를 들어, 여성이 전업주부인 경우, 재산분할, 양육권 결정, 양육비 및 생활비 지원 등에서 여성에게 크게 유리하도록 기준을 설정해야 한다. 약자 보호라는 측면과 함께 전업주부로 지내는 동안 잃어버린 경제적 능력과 경력 축적에 대한 보상의 측면 즉, 가사노동의 사회적 인정이란 측면도 있다. 이렇게 되면 남성의 경우 '이혼당하지 않도록' 평소 적극적으로 노력하든가, 어떻게든 여성이 결혼 및 출산 후에도 전업주부로 눌러앉지 않고 계속 일을 할 수 있도록 사회적으로 요구하는 노력에 적극 동참하게 될 것이다. 남성이 결혼을 꺼리게 된다면? 나쁠 것 없다. 동거를 제도화하면 되고, 여성과 아이로 구성된 가족이 살아가는 데 불편함이 없도록 국가와 사회가 지원해주면 된다. 여성 입장에서 그럭저럭 괜찮다 싶은 남성이 있으면 동거를 하든 결혼을 하든 같이 살면서 아이를 낳고 기르다가 남자가 영 아니다 싶으면 헤어지면 될 일이다. 이 과정에서 잃어버린 경제적 능력과 경력은 재산분할 및 생활비 지원 등을 통해 보상받으면 되고, 아이를 키우고 싶으면 양육권을 가져가고 꼴도 보기 싫어 키우기 싫으면 남자보고 키우라고 하면 되고, 출산에 따른 사회적 기여는 국민연금 등을 통해 보상받으면 될 일이다. 이게 무슨 일방적인 여성에 대한 퍼주기냐며 발끈하는 남성들이 있겠지만 우리 사회의 남녀 운동장이 그만큼 심하게 여성에게 불리하게 기울어져 있다는 것을 염두에 둬야 한다. 여성의 사회 참여에 별다른 장애물이 없어지고 남녀 간 임금격차가 대부분 해소되는 시점에서 다시 양성'평등'적으로 수정하면 될 일 아닌가? 그때까지는 여성에게 일방적으로 유리하게 퍼주는 것이 사회정의 차원뿐만 아니라 남성 일반에게도 도움이 된다는 점을 알아야 한다.

여성의 권익 확대가 남성에게 불리하게 작용하는 경우는 없다. 일부 남성에게 불리하게 작용하는 경우는 있을 수 있지만 그 경우조차도 전체 남성에게는 유리하게 작용하기 마련이다.

전업주부에 관하여

10여 년 전부터 미혼의 젊은 여성을 만나면 곧잘 하는 이야기가 있다.

· 자신의 모든 역량을 모아 어떻게든 이 땅을 떠나라.
· 어쩔 수 없이 이 땅에 살게 된다면 절대로 결혼은 하지 마라.
· 결혼과 무관하게 늦지 않은 나이에 육아 경험을 하라.
· 어쩔 수 없이 결혼을 하게 된다면 절대로 직업을 놓지 마라. 일을 놓는
  순간 너는 죽는다.

대체로 세 가지에 대해서는 수긍하지만 보통 세 번째에서 기겁한다. 사실 우리 사회 현실에서 아직 동거조차도 제도권으로 흡수가 안 되어 있는데, 미혼(또는 비혼)인 상태에서 아이를 기르라는 조언이 어디 가당키나 한 소리겠는가? 그러나 사회적 시선이나 체면 등을 고민하기에 우리 인생은 생각보다 빨리 지나가고 시간에 따라 우리 몸의 상태도 달라진다. 아무리 의학의 도움을 받는다 해도 나이가 들수록 임신과 출산은 어렵기 마련이고, 게다가 어느 정도 육아를 마치고 다시 사회에 복귀하고자 한다면 너무 늦지 않은 시점에서 출산 및 육아를 하는 것이 더 유리하기 때문이다. 출산 및 육아로 인한 여성의 경력 단절의 위험이 예전보다 작아진 것은 사실이지만 대부분의 분야에서 워킹맘의 현실은 고달프기만 하다. 그 고달픔과 현실의 숱한 어려움에 격렬하게 맞서 싸우는 여성도 많지만

일을 그만두는 경우도 여전히 많다. 즉, 세 번째 조언은 혹시라도 육아로 인하여 일을 그만두게 되는 경우를 가정한 일종의 플랜 비이다. 아이를 두 명 낳고 초등학교 입학 전후까지 육아에 전념한다고 가정해보면, 대략 10년 정도의 경력 단절이 생긴다. 따라서 20대 중반에 첫아이를 출산한 다면 대략 30대 중반에 사회에 복귀하게 되며, 30대 초반에 시작하면 40대 초반에 복귀하게 된다. 이 두 가지를 비교해보면 후자의 경우가 신체적으로도 더 힘들고 사회복귀도 더 힘들다. 강력한 자격증을 가지고 있다면 젊지 않은 나이가 크게 문제가 되지 않을 수도 있지만, 그럼에도 불구하고 사회활동은 인간관계의 축적 속에서 풀리기 마련이기 때문에 늦은 나이에 사회에 복귀하면 착근하기가 그만큼 더 어려워진다. 앞에서 말했 듯이 육아와 무관하게 일을 계속하려는 사람, 즉 전쟁 같은 육아를 마다 하지 않겠다는 여성에게는 상관없는 사항이다. 물론 지금처럼 남녀를 막 론하고 결혼 나이가 늦어지는 것은 그들의 선택이 아니라 사회 현실에 의 해 어쩔 수 없이 내몰린 것이라는 걸 모르지는 않는다. 그러나 누차 말했 듯이 사회의 변화를 마냥 기다리고 있을 수만은 없다는 것이 우리 인생 의 문제이다. 사회 변화를 위한 몸부림은 몸부림대로 행하면서 자신이 처 한 사회적 현실 속에서 자신의 인생을 꾸려나가는 것 또한 각자의 책무이 다. 극우 정당을 지지하면서 워킹맘으로서의 자신의 처지를 한탄하는 것 도 우습지만, 민주/진보 진영을 지지하면서 사회의 진보 또는 사회 인식 의 변화를 마냥 기다리고만 있을 수는 없는 것 아닌가? 결혼의 무게를 덜 어내는 것, 여성친화적인 이혼, 결혼보다는 동거 등등의 사회적 진보를 위한 노력은 그대로 수행하면서 결혼과 무관하게 너무 늦지 않은 나이에 출산과 육아를 마치는 것이 40대 이후의 삶을 꾸려나가는 데 훨씬 유리하다는 것이 나의 생각이다. 그리고 이런 류의 문제를 지적하는 수많은 기사에서 지적하는 이른바 '사회 인식의 변화', 정확히는 '남성 진영의 인식 변화'는 결코 해법이 될 수 없다. 그 사회 인식의 변화는 도대체 어떻게 가능하단 말인가? 사회 인식이 변해야 어떤 문제 해결이 가능하다면 그 문제는 절대로 해결되지 않는다. 오히려 해법은 정반대이다. 상황을 바꿔야 인식이 바뀐다. 동시에 그 인식에 도전하는 우리들 각자의 도전과 용기가 필요하다. 결혼과 무관하게 너무 늦지 않은 나이에 아이를 낳고 기르자는 주장을 할 때면 내 아내가 떠오른다. 내가 27살이던 해 어느 날 아내에게 좋아한다는 고백을 하고 그날 키스를 하였는데, 다음날 아내가 내게 한 말이 지금 생각해도 충격적이다. "내 나이가 있으니(당시 아내는 29살이었다) 어서 애를 낳자"는 것이 아내의 첫마디였다. 끝내 여자 말을 안 듣고 질질 끌다가 결국 3년 후에야 첫아이를 낳았다. 인생 항로가 어디 한두 가지 요소로 인하여 결정되는 일이겠는가마는 아내 말대로 출산을 서둘렀다면 어쩌면 그녀의 삶이 전업주부로서의 지금의 모습과는 많이 달랐을 수도 있었을 것이라는 아쉬움을 느낀다.

연애 시절 내 머릿속에 각인되어 있는 아내에 대한 또 다른 강렬한 기억이 있다. 나 자신 아내와 연애하기 전에 성 경험은 26살 되던 해 딱 한 번이었다. 그래서 사실 어떻게 성교, 즉 성기가 결합하는지를 잘 몰랐다. 그런데 아내는 내가 엄청 성 경험이 많다고 오해를 했다. 연애 돌입 후 섹스를 하려는데 역시나 성교가 잘 안 되었다. 나의 경험 부족과 아내의 긴장이 원인이었다. 그런데 아내는 그것을 성경험이 전혀 없는 자신 탓으로 생각했다. 그래서 어느 날 산부인과를 찾아가서 의사에게 남자친구와 섹스를 하려는데 성교가 잘 안 된다면서 혹시 자신한테 어떤 문제가 있는지를 물었다고 한다. 그 일을 내게 말하면서 아내는 "내가 그렇게 묻기까지 얼마나 용기가 필요했는지 알아?" 하고 내게 물었는데, 내 어찌 모르겠는가? 지옥의 문인들 당시 아내가 밀고 들어갔던 그 산부인과 병원의 문보다 더 무거웠을까? 그때 아내의 모습이 그렇게 아름다울 수가 없었다. 세상에서 용기 있는 여성의 모습보다 더 아름다운 것은 없다.

육아는 20대에 획득한 세계관을 점검할 수 있는 중요한 계기가 된다. 결혼해 애 낳아 길러보면 부모 심정 알 것이라는 말은 젊을 때 누구나 어른들로부터 듣는 소리이다. 부모 속 많이 썩인 사람일수록 자주 듣게 마련이다. 나 역시 아이가 아내 몸 속에서 자라 태어나는 것을 지켜보고, 아주 약간의 육아 참여와 아이의 성장을 지켜보면서 많은 것을 깨달았다. 일부는 생각이 바뀐 것도 있고, 일부는 기존의 생각이 더 강화되기도 했다.

첫아이가 태어나고 나서 내가 20대를 통해 획득한 좌파적 세계관이 큰 틀에서 얼마나 올바른 것이었는지를 깨닫기까지는 그리 오래 걸리지 않았다. 이 아이가 자본이 득세하는 사회에서 노예처럼 살아갈지도 모른다는 공포는 책과 뉴스 등을 통해 그때까지 '알고' 있었던 현실 개혁의 막연한 필요성과는 질적으로 달랐다. 다른 모든 것을 떠나서 이 아이는 최루탄을 마시지 않기를 바랐고, 정부를 비판했다고 해서 감옥에 가는 일이 없기를 바랐고, 소수 견해를 가지고 있다 해서 외면당하지 않기를 바랐고, 장미의 아름다움을 온몸으로 만끽하며 살기를 바랐다. 평균적 노력만으로도 자유롭게 살아갈 수 있기를 바랐고, 그럴 수 있는 사회를 간절히 바라게 되었다. 민주주의는 정의라는 추상적 영역에서 내 아이의 삶을 규정하는 실제적 영역으로 곧장 넘어왔다. 비로소 진리가 피안에서 차안으로 넘어왔다. 그 느낌은 아이가 커가는 것을 지켜보면서 계속 강화되었다. 솔직히 아이를 키우면서도 극우세력에 표를 주는 사람들은 지금도 이해 불가다. 섹스와 그로 인한 임신 및 출산 그리고 육아라는 과정에 인간에 관한 모든 진리가 녹아 들어 있다는 생각마저 들었다. 아이가 주는 기쁨은 이루 말로 표현하기 힘들었다. 아내의 고생은 보는 척 마는 척 지나가는 잘못을 저질렀지만 그저 아이들이 이쁘고 행복했다. 아이가 태어나서 대략 3년 정도 되면 평생 해야 할 '효도'를 다했다는 생각이 들었다. 그 이상 원하는 것은 욕심일 뿐이었다. 왜 내가 받은 교육은 이것을 말하지 않았을까 싶었다. 내가 받은 효 교육은 부모는 자식을 키우기 위해 모든 희생을 마다하지 않으니 감사해야 하고, 보답해야 한다는 부채의식과 거의 등가였다.

우리들 모두가 아주 어릴 적에 자신들의 부모에게 얼마나 많은 기쁨과 행복을 주었는지에 대한 이야기는 들어보지 못했다. 그때는 그랬을까? 60년대는 너무 가난해서 아이가 주는 기쁨은 거의 없었고 대부분 고통과 괴로움뿐이었을까? 낳아주고 키워준 은혜가 있으니 보답해야 한다고 말하기보다는 너희들이 얼마나 부모에게 소중한 존재인지, 너희들의 존재 자체가 부모에게 무한한 행복의 샘이라고 말해주는 것이 더 좋지 않을까?

너희들이 해야 할 효도는 이미 생후 3년 만에 다했으니 이제 너희들은 스스로 행복하도록 노력하기만 하면 된다고 말해주는 것이 더 좋지 않을까? 낳아주고 키워준 은혜에 대한 보답은 행복하게 사는 모습 아닐까? 그것이 꼭 학교 성적으로 나타나야 하고, 좋은 대학 입학으로 표현되어야 하는 걸까? 나이 든 부모의 노후는 누가 책임지냐고? 당연히 그들이 살아가는 동안 가장 시간을 많이 보냈고, 그 발전과 유지를 위해 수많은 노력을 함으로써 그들로부터 혜택을 가장 많이 받은 사회가 책임져야 하는 것 아닐까?

결혼보다는 동거가 훨씬 더 합리적이고 효율적이라는 이야기는 충분히 하였다. 그럼에도 불구하고 나 혼자 사는 것이 아니고 부모님도 있고, 또 사회적 시선을 감당하기에 아직 벅찬 것도 현실이다. 게다가 법과 제도가 온통 결혼한 커플에게만 유리하게 되어 있으니, 내가 무슨 테러리스트나 혁명가도 아니니 결혼이라는 제도를 수용할 수도 있다고 본다.

다만 이때도 스스로에게 질문을 꼭 하기 바란다. 결혼을 하고 싶은 것인지 행복하게 살고 싶은 것인지. 그래서 꼭 결혼을 하기로 결심하였다면 절대로 직업을 놓지 말아야 한다. 사정이 여의치 않아 잠시 일을 그만두는 경우에도 최대한 서둘러 사회로 복귀하여야 한다. 아이가 아주 어려 온종일 육아에 전념해야 하는 시기에도 반드시 하루에 얼마 간의 시간은 아이로부터 해방되어야 한다. 비행기 사고 시 행동수칙을 보면 산소마스크를 아이보다 어른이 먼저 쓸 것을 요구한다. 그래야 제정신을 유지한 채 아이들을 돌볼 것 아니겠는가? 아이를 지키기 위해서는 내가 먼저 생존에 성공해야 한다는 절박함으로 자신만의 시공간을 확보해야 한다. 극단적으로 말해서 아이보다 내가 더 중요하다는 태도를 견지해야 한다. 나는 그런 태도가 아이들에게도 더 좋다고 생각한다. 육아에 모든 걸 쏟아부어선 안 된다. 자신을 위해 일부는 남겨 두어야 한다. 인생은 어떻게 될지 모른다.

아이를 가진 여성이 사회로 나아가려는 발목을 잡는 모성애 관련 신화는 수없이 많다. 대부분은 남성들이 만들어 내지만 간혹 여성 스스로가 만들어 내기도 한다. 예를 들면, 모유 수유의 신화다. 태어난 직후의 이른바 '초유'를 제외하면 굳이 모유를 먹일 필요가 없음에도 분유를 먹이는 부모를 향한 시선은 그다지 따뜻하지 않다. 생각보다 많은 여성들이 젖이 나오지 않는다. 그런 경우 과거에는 빵에 물을 적셔 아이에게 먹여서 유아가 사망하는 경우가 생기곤 하였다. 분유의 발명은 유아사망률을 떨어트린 데 커다란 기여를 하였다. 분유 먹이는 것에 대해 죄의식을 갖지 말길 바란다.

한 조사에 의하면 100% 모유 수유를 하기 위해서는 모유 수유에만 주 35시간이 필요하다고 한다. 아이 젖먹이는 것만으로도 사실상 풀 타임 잡이다. 어마어마하게 힘든 일이다. 모유를 먹일 때 옥시토신이 나온다고 하는데, 물론 나온다. 그러나 그것은 모유 때문이 아니고 포옹 때문이다. 즉, 껴안고 분유 먹여도 마찬가지로 옥시토신이 나온다. 그런데 다들 껴안고 분유 먹이지 않는가? 그럼 된 거다. 분유 먹이면 좋은 점 또 있다. 남자도 할 수 있다. 그 시간에 여성은 잠깐이나마 쉴 수가 있다. 모유 먹이지 말라는 말이 아니라 모유 대신 분유 먹이는 것에 대해 죄의식을 느낄 필요가 전혀 없다는 말이다. 나도 모유의 장점에 대해서는 충분히 알고 있다. 일단 그릇이 비교할 수 없을 정도로 아름답다. 그렇지만 분유의 장점도 그 이상으로 많다. 분유는 결코 어쩔 수 없이 택하는 플랜 비가 아니며, 모유가 제공하는 모든 것을 제공하는 인류의 훌륭한 발명품이다.

우리 부부는 아이들이 신생아 때, 즉 아직 밤에도 일어나 배고프다고 사력을 다해 우는 기간[16]에는 하루씩 번갈아 가면서 아이와 자곤 하였다. 아이들에게는 미안한 말이지만 자다가 일어나 분유 먹일 때는 참 애증이 겹치곤 하였다. 피곤해서 짜증이 나다가도 분유를 다 먹고서 나 몰라라 잠들어버리는 아이 얼굴을 보면 절로 미소가 떠오르곤 하였다. 분유가 없었다면 어찌했겠는가? 그 모든 날들을 아내 혼자서 수유를 해야 했을 것이니 생각만 해도 끔찍한 일이다. 세 살까지는 엄마가 키워야 한다는 3세 신화, 여성은 약하지만 어머니는 강하다는 헛소리[17]에 여성 스스로가 동화하면서 남성들이 만들어놓은 남성지배체제로 제 발로 걸어서 들어간다. 모성애 자체는 사실이지만 그것이 얼마나 현실에서 악랄하게 여성을 옥죄는 수단으로 사용하는지를 깨달아야 한다.

1980년대 전두환 파시즘에 온몸으로 저항하던 학생들에게 수구 세력들이 들이대던 전가의 보도는 '목적이 수단을 정당화하지 못한다'라는 논리였다. 민주주의를 논하면서 왜 폭력 시위를 하느냐는 것이었다. 미국 학생들은 수업도 착실하게 들으면서 남는 시간에 평화롭게 시위한다면서

---

16 배고플 때 아이는 온몸에서 땀을 흘리며 정말 사력을 다해 운다. 그럴 때면 아이에게 어른들은 "밥 벌어 먹기 참 힘들지~" 하곤 하신다.
17 어머니가 강하다는 말이 헛소리가 아니라 여성이 약하다는 말이 헛소리라는 뜻이다.

학생들의 수업 거부를 점잖게 타이르는 교수들의 모습을 보면서 미국 유학까지 가서 획득한 인식 수준이 겨우 저 정도인가 싶어 실망했던 기억이 난다. 그들의 말 자체는 옳다. 문제는 그 '옳은' 말들이 현실의 맥락에서도 역시 옳은가의 문제이다. '옳은 것이 항상 옳은가?'라는 역설적인 질문을 던져야 한다. '목적이 수단을 정당화하지 못한다'라는 지극히 당연한 정언명제가 당시에는 전두환 파시즘을 옹호하는 논리로 전락하였다. '살인은 나쁜 것이다'라는 주장이 당연하다고 해서 안중근을 살인자로 부르고 윤봉길을 테러분자로 규정할 것인가? 사회는 당신의 모성을 정당하게 대우하지 않을 뿐만 아니라 그것을 빌미로 당신을 평생 노예로 삼고, 게다가 당신의 희생에 전혀 고마워하지도 않는다. 당신에게 돌아오는 것은 '위대한 모성'이라는 립서비스뿐이다. 남성들은 정자 한 개 준 것 가지고 아이에게 뻔뻔하게 자신의 성씨를 부여하는데, 그럴 거면 너네들이 키우라고 요구하라. 김 씨를 김 씨가 키워야지 왜 최 씨가 키우는가?

육아를 마치고 서둘러 사회에 복귀해야 하는 이유는 전업주부가 맺는 인간관계의 한계 때문이다. 일단 전업주부가 맺는 인간관계는 사회활동을 하는 경우에 비해 양적으로 크게 위축된다. 얼핏 많은 사람들과 알고 지내는 경우도 있는 것처럼 보이지만 그마저도 관계의 소스가 매우 제한적인 경우가 많다. 즉, 아이 친구들의 엄마 같은 식이다. 2학년 때 같은 반 아이 엄마들 모임, 3학년 때 모임, 등등이다. 질적으로도 차이가 난다. 사회활동에서 맺는 인간관계는 기본적으로 '이윤추구관계'이다. 즉, 목구멍이 포도청이어서 싫지만 할 수 없이 '친한 척'이라도 해야 하는 경우가 많다. 그러나 전업주부가 맺는 관계는 대부분 친하고 좋아서 알고 지내는 '친분관계'이다. 싫으면 만나지 않으면 된다. 즉, 관계가 주는 긴장감이 훨씬 약하다. 따라서 편하고 좋은 측면도 있지만 이런 관계, 즉 약한 긴장감만 주는 관계로만 둘러싸인다면 결국에는 본인의 삶에 주어지는 긴장감이 그만큼 약해지기 마련이다. 건강한 삶을 위해서는 적절한 긴장감이 반드시 필요한 법이다.

또한 친분관계는 별다른 변화가 없기 때문에 성취감 측면에서도 이윤추구관계보다 많이 불리하다. 사회에서 맺는 관계는 이윤을 놓고 끊임없이 밀당을 한다. 같은 조직에 속한 사람과도 이른바 사내 정치라는 것이 펼쳐진다. 이런 관계는 대부분 같은 사안에 대해 서로 다른 목표를 갖는 둘 이상의 사람이 관여하게 마련이고, 이것이 이들 관계가 주는 긴장감의 핵심이다. 이런 관계를 통해 자신이 원하는 바 목표를 달성했을 때의 성취감을 생각해보라. 과연 이런 성취감이 친분관계에서 주어질 수 있을까? 사회에서는 대리 달고 몇 년 고생하면 과장되고 하지만(물론 과장 진급을 위해 음으로 양으로 엄청 스트레스 받는다), 전업주부의 경우 말로는 주부 5년차 10년차 등의 표현을 우스개로는 쓰겠지만 공식적인 호칭이 되지는 않는다. 설령 5년차 주부에서 10년차 주부가 되었다고 해서 임금이 많아지거나 주부수당이라는 것이 있어서 매년 인상되는 것도 아니니 아무런 의미가 없다. 회사에서는 대리와 과장이 협력해서 공동의 과업을 수행하지만 주부 10년차가 주부 5년차와 협력해서 같이 할 일이 육아나 학원 관련 정보 교류와 수다 떠는 것 말고는 별로 없다. 이런 관계에서 어떤 성취감을 맛볼 수 있을까? 전업주부들이 주로 맺는 인간관계가 대부분 다른 전업주부라는 것은 일종의 동종교배의 상황을 떠올리게 한다. 자신과 처지가 매우 유사한 사람들과의 교류에서 주어지는 자극과 긴장감이 과연 어느 정도일까? 그 속에서 다루어지는 대화 소재는 어느 정도일까? 그 대화에 등장하는 어휘와 논리는 어느 정도일까? 그 한계를 과연 독서가 어느 정도 보완해줄까? 사회생활에서는 수많은 완곡어법을 익히게 된다. 특별한 경우가 아니라면 '노!'라고 딱 잘라 거절하지 않는다. 가장 대표적인 거절법은 생각해보겠다는 것이다. 상대방 기분을 상하게 하고 싶지 않다는 배려도 있지만 세상 일이 어떻게 변할지 모르기 때문이기도 하다. 내가 경험한 전업주부들의 화법에는 이런 모습이 조금 부족하다.

경제활동 여부는 다양한 인간관계와 삶의 다양한 측면을 제공해주고, 경제적 자립 능력은 개인의 자신감을 키워준다. 따라서 여성이 경제적 자립 능력을 유지하면 대인관계에서 기대하는 바가 높아지면서 만족스럽지 못한 결혼 관계를 청산할 가능성이 더 높아진다. 반드시 만족스럽지 않아서가 아니어도 직업이 있는 여성들은 자신들의 인생 계획에서 이혼을 충분히 고려할 수 있는 요소로 받아들이는 성향이 강하다. 그리고 결혼의 무게가 약해지면 이는 오히려 결혼생활을 더 풍부하고 알차게 해준다. 반복하는 이야기지만 너 아니면 죽고 못산다보다 헤어질 수 있다는 가능성이 오히려 관계를 더 강화한다. 부부는 서로를 위해 태어난 존재가 아니라는 사실을 기억하자. 결혼 후에도 여성이 경제적 능력을 유지해야 하며 남성도 가사노동으로 대변되는 생활능력을 유지해야 하는 이유이다. 성

분업은 남녀 모두에게 불행할 뿐이다.

아이가 학교를 다니는 전업주부의 경우 아이들의 학교 일정은 물론이고 학원 일정까지 대부분 꿰고 있다. 나 스스로 그렇게 생각하지 말아야지 하면서도 아내에게서 그런 모습을 볼 때면 안쓰럽기만 하다. 부모가 할 일은 아이가 필요한 사교육에 대한 비용을 대는 것 이상이어서는 안 된다. 아이가 수학이 부족하다고 느껴서 학원을 다니고자 할 때 부모가 할 일은 자신들의 경제능력 범위에서 허용 가능한 비용을 파악하여 아이에게 알려주는 것뿐이다. 그 범위 안에서 학원이나 선생을 선택하는 것은 아이의 몫이어야 한다. 어느 학원 어느 선생이 좋다는 엄마에게서 전해 들은 정보는 아이에게 전혀 도움이 되지 않는다. 방학 때마다 학교에서 나눠주는 이른바 추천도서목록이 학생들의 독서력 개발에 전혀 도움이 되지 않는 것과 같은 이치다. 학생들이 그 나이에 개발해야 하는 것은 도대체 어떤 책을 읽을 것인지, 책의 어느 부분을 보면 그 책이 좋은 책인지를 알 수 있는지를 파악하는 능력, 즉 어떤 책이 좋은 책인지를 알아보는 심미안이다. 추천도서목록은 이 심미안을 기를 수 있는 기회를 아예 박탈한다. 어떤 중고생이 수학 학원을 다닌다고 했을 때 가장 중요한 대목은 어떤 학원 어떤 선생에게 들을 것인지를 그 학생 스스로 판단하는 것이다. 이 지점에서 부모가 개입하면 안 된다. 친구들에게 묻든, 유명세를 따르든, 몰래든 허락을 받아서든 한 번 수업을 들어 보든지 해서 본인 스스로 결정하게 해야 한다. 시행착오가 두렵기도 하겠지만 이런 두려움 없이 아이는 성장하지 않는다.

영화 〈황산벌〉을 보면 의자왕이 계백에게 "내가 군사를 줄 것이니 네가 거시기 해버려라"라고 말하는 대목이 나온다. 코믹한 설정이지만 사실 병법의 핵심을 짚고 있다. 손자병법에 장수가 유능하고 군주가 간섭하지 않으면 승리한다라는 대목이 나온다. '장수가 유능하다'라는 전제가 있긴 하지만 어느 경우에도 군주의 간섭이 개별 전투의 승리에 도움이 되지 않는다. 아이들에게 필요한 것은 좋은 책과 좋은 선생을 알아보는 심미안이다. 이 권리를 빼앗아서는 안 된다. 본인의 아이들에게 그런 능력이 없다면 생길 때까지 시행착오를 하면서 견뎌야지 내가 학원과 일정을 다 짜놓고 아이들은 그 일정을 채워내기만 한다면 곤란하다. 이 부분에서 전업주부와 워킹맘의 태도에 차이가 많이 난다.

워킹맘은 물리적으로 훨씬 바쁘고(전업주부가 한가하다는 뜻은 아니다) 신경 쓸 게 많다. 아이가 학원 보내달라고 하면 수강료가 얼마인지 확인하고 그 비용을 대는 것으로 본인의 임무는 다했다고 생각하는 '쿨한' 모습을 보인다. 상대적으로 전업주부는 학원 선택이나 일정 등에 훨씬 깊이 개입한다. 수업 끝나는 시점에 학원 앞에 줄 서 있는 차량들을 보면 안쓰럽기만 하다. 단언컨대, 아이들이 독립적인 개별 시민으로 성장하는 데 전혀 도움이 되지 않는다. 당장의 입시는 도움이 될지 모르나 그러고 나면 어떻게 할 건가? 아이들은 아이들대로 제대로 된 성장의 기회를 갖지 못하고, 본인은 본인대로 자신의 삶을 제대로 펴보지 못한 채 50대로 진입할 것인데, 그때의 삶의 공허함을 어떻게 감당할 것인가? 나는 어릴 때 악기를 배웠다. 초등학교 저학년 때는 몰라도 5학년부터는 학원도 혼자 다녔고 내가 무슨 요일에 가는지조차 어머니는 모르셨다. 이런 거리두기가 아이들과 부모의 관계에 더 도움이 되지는 않을까? 물론 또 이걸 달리 해석하면 '그럼 부모는 자식에게 돈만 대면 다냐?'라고 물을 수도 있겠다. 타당한 지적이다. 그런데 이른바 '성공한' 사람들의 어릴 때 모습을 보면, 어떤 이는 부모의 지대한 관심을 받았고 어떤 이는 무척 '쿨한' 부모를 둔 경우도 있다. 어찌 보면 서로 상반된 두 길이 자식들의 '성공'에 반반의 가능성을 가지고 있는 듯하다. 그렇다면 자식에게 희생하는 길보다는 어쨌든 자신의 행복과 자신의 욕망을 간직하고 사는 것이 훨씬 더 합리적인 선택이지 않을까? 워킹맘의 어쩔 수 없는 '쿨함'을 전업주부들이 참고할 필요가 있다. 초등학교를 진학한 시점부터 서서히 심리적 탯줄을 끊어야 한다. 아이들 때문에 자신의 욕망을 버리고, 아이들 때문에 이혼을 주저하고, 아이들 때문에 삶의 행복을 유보한다고 해서 그 아이들이 과연 행복할지는 미지수이다. 평생을 자식을 위해 희생한 부모, 그 부모에게서 부채의식을 넘겨받은 자식, 이들이 이루는 가족이 과연 행복할까?

전업주부가 타인으로부터 본인의 이름을 듣는 횟수가 하루에 몇 번이나 될까? 택배기사 말고는 없을 듯싶다. 실행 가능한 액션플랜 하나를 제안하고 싶다. 명함을 만들어라. 사람을 만나거든 명함을 건네고 누구 엄마가 아니라 본인의 이름을 말하시라. 누구 엄마로 불리는 현실에 격렬하게 저항하시라. 이웃이든 학교 선생님에게든 인사를 할 때 '누구 엄마'라는 소개와 함께 이름을 말하시라. 친한 이웃들끼리 서로 이름을 부르시라. 상대방에게 당신은 누구 엄마이기 이전에 개별적 인간이라는 것을,

자식을 키우는 사명감 이전에 본인의 욕망으로 들끓는 인간이라는 사실을 상기시키시라. 도대체 언제까지 '약한 여성, 강인한 어머니'라는 헛소리를 떠받들고 살 것인가? 전화 받을 때 '여보세요' 대신에 '아무개입니다'라고 하시라. 이렇게 이름을 불러야 아이가 없는 여성도 위화감(?)이 들지 않을 것 아닌가? 같은 여성으로서 이 정도 연대는 할 수 있는 것 아닌가? 비슷한 맥락에서 자신의 배우자를 남에게 지칭할 때도 '애아빠' 또는 '애엄마' 대신 남편 또는 아내 등등의 호칭이 더 타당하다고 본다.

남편과 자식들에게 지나치게 기울어져 있는 삶의 무게를 자기 자신 및 주변의 인간관계로 분산해야 한다. 카카오톡 같은 관계망에 올라오는 사진들을 보면 전업주부들은 아이들 사진들로 채워지는 경우가 대부분이다. 요즘은 디카시대라서 사진을 앨범으로 보관하는 경우는 없지만 어쨌든 앨범이든 컴퓨터 폴더 속에서든 자신이 근래 10년 동안 찍은 또는 찍힌 사진들에서 자신의 가족과 무관한 사진은 몇 %나 될까 생각해 보시라. 직장 다니는 사람들이 가끔 출장을 가듯이 전업주부들도 며칠씩 출장(?)이든 휴가든 가정을 떠나 시간을 보낼 필요가 있다. 회사를 떠나 1주일 정도 출장을 가면 이런저런 생각들이 마구 떠오른다. 물론 대부분의 것은 스쳐 지나가는 아이디어에 머무르지만 그런 경험들은 회사와 업무를 새로운 관점에서 바라보게 하고, 무엇보다 회사 생활에 활력이 되는 것만은 분명한 사실이다. 이런 기회를 전업주부들도 가져야 한다. 하다못해 친구가 상을 당하면 그 핑계로라도 멀리 지방까지 가서 간단히 조문하고 하룻밤 자고 돌아와야 한다. 남자들은 다 그렇게 하고 있다. 출장도 혼자 떠나야 효과가 훨씬 크듯이[18] 맘에 맞는 친구들하고 같이 며칠씩 떠날 수도 있지만 되도록 혼자 떠나기를 권한다. 비록 월급은 안 나오지만 마치 직장 다니듯이 휴가도 가고 가끔씩 쟁의도 하고 말이다.

주변의 많은 사람들이 공감하는 바가 있다. 직업이 있는 여성에게는 전업주부에게서는 느끼기 힘든 삶의 긴장감이 느껴진다는 사실이다. 이윤 관계는 필연적으로 갑을관계를 맺기 마련인데, 대부분의 사람은 한편에선 '갑'으로 참여하지만 다른 쪽에서는 '을'로 참여하게 된다. 사람에게 긴장감을 갖게 하고 총체적으로 그 사람의 삶의 완성도에 기여하는 것은 '을'로서 참여하는 관계이다. 물론 을로 지낸다는 것은 대단히 힘든 일이다. 하지만 그 을의 지위를 견뎌내고 생존에 성공한 사람은 그만의 매력을 어떤 식으로든 드러내게 마련이다. 또한 어떤 식으로든 이윤추구라는 경제활동을 하는 사람들은 그렇지 않은 사람들보다 사회모순을 훨씬 더 구체적으로 느낀다. 신문기사나 책을 통해 얻는 시각은 어찌 보면 어차피 남의 시선을 내 것으로 삼는 셈이어서 2차적인 성격을 갖는다. 하지만 경제활동에서 얻어지는 인식은 비록 체계적으로 표현은 못할지라도 본인의 몸으로 부딪히면서 얻은 직접적인 1차적 성과물이다. 사람은 이전에 획득한 삶의 에너지를 기반으로 해서 지금을 살아가고, 지금 살아가는 동안

---

18 여럿이서 가는 여행은 분위기에 휩쓸리게 마련이다. 심심해도 좋으니 완전히 고립된 혼자만의 시간! 주위에 나를 아는 사람이 단 한 명도 없다는 그 완전한 익명성! 그것이 얼마나 아름다운지 모른다.

다시 삶의 에너지를 얻고 미래를 향해 나아가게 마련이다. 여기서 일종의 에너지 대차(貸借)가 성립하는데, 어떤 이는 소비되는 에너지 이상을 획득하지만 어떤 이는 소비되는 양이 더 크다. 처음에는 이 효과가 잘 드러나지 않지만 시간이 흘러 40대, 50대가 되면 그 영향이 확연히 드러나게 마련이다. 전업주부는 이런 에너지 신진대사에서 매우 불리한 상황에 놓여있다. 소비되는 에너지에 비해 새로이 획득하는 에너지는 양적으로 턱없이 부족하고 질적으로도 지나치게 단순하다. 삶의 에너지는 급속히 소진된다. 처음 10년간은 눈코 뜰새 없이 바쁘게 지나가고, 아이들이 커가는 모습을 보면서 오히려 삶의 에너지가 충만해짐을 느끼기도 한다. 그러나 그렇게 20년을 지나보라. 아이들은 이제 서서히 떠날 준비를 한다. 그 공허함을 어떻게 견딜 수 있을까? 더도 말고 초등학교 입학 때까지만 나의 전적인 책임이라고 생각하고 그 이후에는 뒤도 돌아보지 말고 사회로 복귀해야 한다. '안전'한 가정을 버리고 파도가 치는 위험한 '갑판'으로 뛰쳐나가야 한다. 내가 행복해야 당신의 딸도 행복해진다. 당신이 희생하는 삶을 영위하면 당신의 딸도 그 길을 따라간다. 어떤 경우에도 자식의 성공이 내 삶의 목표나 행복의 원천이 될 수는 없다. 자식의 성공과 나의 희생을 맞바꾸려 해서는 안 된다. 그건 자식들에게도 크나큰 부담이다. 자식과 무관한 자신만의 욕망을 꿈꿔야 한다. 그래야 아이들도 자신만의 욕망을 꿈꾼다. 나는 욕망한다, 고로 존재한다!

얼마 전 성북동에 있는 수연산방에 간 적이 있다. 옆 테이블에 중년 여성 네 명이 앉아 있었는데, 한 시간 넘게 줄곧 하는 이야기가 아이들 학교

생활이었다. 아이들 학교생활이 얼마나 중요한 주제인지는 나도 잘 아는 바이지만, 동네 카페에서 만난 것도 아니고 멀리(이들이 성북동에 사는 사람이 아니라는 증거는 없었지만) 여기까지 와서 꽤나 비싼 차를 마시면서 줄곧 아이들 이야기만 하는 모습이 조금은 안타까웠다. 평일 점심시간이었으니 전업주부일 가능성이 높은데, 만약 그들이 다들 직업이 있는 여성들이었다면 어떠했을까? 간혹 아이들 이야기도 하겠지만, 상당히 많은 시간을 자신의 직업이나 그와 관련한 사회 현상에 대해 이야기를 하게 마련이다. 각자가 처한 사회 분업 속에서 느끼는 불만과 걱정거리, 그를 해결해주지 못하는 정치 현실, 제도적 문제점 등등을 말이다. 이는 카페에 앉아 옆 테이블 사람들이 이야기하는 것을 몰래 엿듣다 보면 쉽게 알 수 있다.

워킹맘 두엇이 앉으면 간혹 아이들 이야기도 나오지만 그리 지속적이지 못하고 주로 일 이야기를 한다. 당연하다. 워킹맘이 아이들을 내놓고 키우는 것은 아닐지라도 온종일 아이들만 쳐다보는 것이 아니고 직장에서 치열한 생존 경쟁을 치러야 하기 때문에 최대 관심사가 아이들이 아니라고 말할 수는 없어도 다가 아닌 것만은 확실하다. 그리고 사람들은 자신의 관심사를 이야기하기 마련이다. 그리고 워킹맘들은 각종 보육제도나 교육정책과 같은 사회적 접근을 하는 경향이 있다. 상대적으로 전업주부들은 현재의 교육체제 안에서 자신들의 아이들이 어떻게 생존에 성공할 것인지를 이야기한다. 앞서 말한 수연산방의 여성들도 아이들의 학교생활과 관련한 숱한 이야기를 하면서도 그를 사회적 시각에서 바라보지는 못했다. 그만큼 전업주부의 시각이 좁기 마련이다. 해결책은 딱 한 가지다. 전업주부로 살아가서는 안 된다. 수단과 방법을 가리지 말고 사회로 나아가야 한다. 아침 8시 전에 무조건 집을 나갔다가 아이들이 학교에서 돌아오는 시각이 아니라 해가 지고 나서 들어가야 한다.

전업주부로 살다가 사회로 복귀한 여성들을 간혹 보곤 한다.[19] 몇 가지 공통점이 있는데, 20대 중후반에 결혼해서 10년 남짓의 기간 동안 출산 및 육아를 하고 30대 중반에 어떤 계기를 통해 직업을 갖게 된다. 전업엄마를 원하는 아이들의 요구에는 단호히 맞선다. 지난 일이니 웃으면서 회고하지만 그들이 얼마나 칼끝에서 살았을지는 남자인 나로서는 이해 불가능이다. 그들이 하는 이야기를 듣다 보면 어떤 폭풍우가 몰아치는 느낌이 들 때가 많다. 주변의 모든 것을 삼켜버리는 거대한 소용돌이. 오직 여성만이 만들어 낼 수 있는 격정의 드라마. 남자들은 이런 소용돌이를 만들어 내기 힘들다. 나는 남성들이 일궈낸 또는 일궈냈다고 말하는 사회적 성공사례에서 감동을 느끼는 경우는 거의 없다. 남자로 태어난 자체가 특권이고 갑인 이 사회에서 그들이 만들어 낸 성공이라고 해봐야 뭐 그리 대단한 것이겠는가? 가난한 집에 태어난 이가 사회적으로 인정받을 정도의 성취를 해내든, 또는 이재용 같은 이가 삼성을 지금보다 열 배 크게 키운다고 해서 그게 뭐 그리 감동적인 일로 느껴질까 싶다. 그러나 여성의 경우는 태어

---

19 서구의 경우 이 과정에서 대학의 도움을 받는 장면이 종종 나온다. 이른바 평생직장 개념이 사라진 지금, 사회와 대학을 들락날락해야 할 필요성이 더욱 커졌고, 그만큼 고등교육을 기본적인 시민권으로서 국가가 제공해야 할 필요성이 더욱 커졌다.

나는 순간부터 을의 위치에서 출발했고, 13살 무렵부터 매달 생리를 해나가면서, 어딘가에 있는 성폭행범의 공포를 견디면서 밤길을 걷고, 현모양처라는 이데올로기의 폭격에 시달리고, 자신의 몸속에 자신의 것이 아닌 그 무엇인가가 꿈틀대며 자라나는 이질감, 식욕이라는 직접적 욕구를 가로막는 거부 반응, 기형아 출산에 대한 공포, 상상 불가능한 출산의 고통을 이겨내고 마침내 생명을 세상에 내놓고, 육아에 대한 사회적 책무를 나몰라라 하는 국가의 방관 속에 모든 고생과 책임을 전적을 떠안고서도 개인으로서의 정체성을 간직하는 데 성공했다면 이를 기적이라 부르는 데 인색해서는 안 된다. 이들이 만들어 낸 삶의 스토리는 끝없는 호기심을 유발하는데, 플로베르가 묘사한 한 구절[20]이 그걸 잘 나타내고 있다. 남자인 나는 앞에서 열거한 여성들이 겪는 사례들 중 단 하나도 견뎌 낼 자신이 없다.

20대에는 상대를 정말로 사랑하는지 섹스하고 싶어하는 열망을 사랑으로 포장하는지 구분하기 힘들 정도로 성욕이 차지하는 비중이 매우 컸다. 지금도 상대의 육체를 갈망하는 기본적인 욕구도 있지만 점점 더 그들이 만들어 내는 드라마가 궁금해진다. 당연히 물리적인 성욕의 감퇴와 관련 있을 것이다. 그런데 20대 여성에게서 이 드라마의 재미를 기대하기는 힘들다. 역시나 가장 재미있는 스토리는 일과 가정을 함께 하는 30대 이상의

---

20 "…모두 알고 싶었다. 심지어는 그녀의 육체를 소유하고 싶은 욕망마저 끝을 모르는 고통스러운 호기심이 유발하는 더 깊은 욕망 아래 사라져갔다."(『멈추지 말고 진보하라』 스테판 에셀, 목수정 역, 문학동네)

여성에게서 나오며, 중년 이후 불륜이 가미되면 금상첨화다. 남성들의 스토리는 별로 재미없다. 자신들은 뭐 대단한 일이라고 떠들어대지만 들으면서 나는 모 개그맨의 유행어를 속으로 떠올린다. '아이 낳아 봤어?'

　내가 전업주부가 해내는 가사노동이 가치 없다거나 가치가 작다고 주장하는 것이 아니다. 마릴린 프렌치가 지적하듯이 가사노동은 세상을 존재하게 하는 노동이며 그것 없이 인간은 살아갈 수가 없다. 작가들은 (여성의 사회적 성공보다는) 여성이 해내는 가사 노동의 가치 그 자체를 작품에 담아야 한다는 그녀의 주장에도 전적으로 동의한다. 어찌 보면 전업주부로 살아가기보다는 사회로 진출하라는 내 주장은 앞뒤가 뒤바뀐 주장이기도 하다. 즉, 가사노동의 사회적 가치를 인정받는 것이 더 중요하지 사회활동을 통해 성취감과 정체성을 획득하는 것은 차선책이거나 모든 여성이 직업을 얻을 수 없는 현실을 고려하면 올바른 해법이 아닐 수도 있다. 그렇다고 가사노동의 사회적 가치 인정이라는 약간은 요원해 보이는 목표가 실현되기를 마냥 기다릴 수만은 없지 않은가? 그런 목표가 실현된 사회를 만들려는 노력은 노력대로 진행하면서 동시에 현실에 대한 개인적 돌파를 통한 해법도 게을리해서는 안 된다는 뜻이다. 사회적 책무와 개인적 욕망 추구는 별개의 사안이 아니다. 개인이 처한 모순은 거의 언제나 사회적 모순의 개인적 반영이다. 최종적으로는 사회적 모순이 해결되어야 온전하게 해결된다. 그렇다고 그 사회적 모순이 해결되기만을 기다리기에는 우리 인생이 너무 짧다. 실제로 성 평등이라는 과제를 모범적으로 성취해 낸 유럽의 많은 사회도 가사노동의 사회적 인정이라는 계량하기 힘든 방법보다 여성 개개인의 사회 진출이라는 방식을 택하였다. 이 전략은 남성 진영 전체로부터도 호응을 이끌어 내면서 크게 성공하였다. 내가 젠더 전쟁이라는 표현을 좋아하지 않는 이유도 마치 여성해방이나 여성권익신장이 남성의 권익이나 자유를 침해하는 듯한 느낌을 주기 때문이다. 여성해방은 '일부 남성'의 권익 또는 남성의 '일부 권익'을 침해할 수는 있으나, '전체 남성'의 이익 또는 남성의 '전체 이익'에 부합한다는 것은 분명하다.

　모든 지배 체제는 중간 관리체제를 필요로 한다. 결코 1%가 나머지 99%를 직접 지배할 수는 없다. 1%는 4%를 지배하고, 4%는 15%를 지배하고, 15%는 30%를 지배하는 식의 사다리구조가 없이는 어떤 지배체제 및 착취제도도 유지될 수 없다. 이런 지배사다리 구조하에서 개인은 그 사다리의 상부로 가고자 하는 욕구와 그 사다리 구조 자체를 개선해야 한다는 사회적 책무 두 가지를 동시에 갖는다. 언뜻 이율배반처럼 보이지만 아주 당연한 모습이다. 나아가 나는 이 두 가지 욕구 중 어느 하나만 추구하는 사람보다 두 가지 다 소중하게 껴안고 가는 사람들에게서 훨씬 더 큰 매력을 느끼고 실제 그런 사람들이 사회에 더 크게 기여를 하였다.

　나는 20대 초반에 내게 주어진 여러 기득권들이 싫었다. 당시 사회분위기가 그러했다. 요즘도 특권 내려놓기라는 표현이 유행하는데, 엄밀히 말해 특권이 문제가 되는 것은 그 특권이 또 다른 특권을 낳는 경우이다. 부잣집에서 태어난 특권을 어떻게 내려놓는다는 말인가? 부모로부터 똑똑한 지능을 물려받은 특권, 명문대학 입학한 특권, 대기업 다니는 특권, 판검사로서의 특권 등등을 어떻게 내려 놓는다는 말인가? 그런 위치는 내가 아니어도 사회구성원 누군가가 차지하게 되어 있는 자리일 뿐이다. 문제는 그런 위치에서 가지고 있는 권력으로 다른 분야에서 손쉽게 이득을 보거나 또는 시민으로서의 사회적 책무를 소홀히 하는 경우이다. 어렵지 않게 사는 집에서 태어나 운 좋게 좋은 대학에 합격한 나는 나와 무관한 또는 내 노력에 비해 과도하게 주어진 것으로 보이는 여러 기득권과 삶의 여유가 싫었다. 그렇다고 그런 기득권과 여유를 거부하려는 실제적인 노력을 기울이지도 않으면서 이유 없는 반항 수준의 자학으로 일관하였다. 반면 사회 문제 해결이라는 고민과 지금보다 더 나은 상태로 가고자 하는 열망 둘 다를 껴안고 갔던 친구들은 지금 각자의 분야에서 사회에 훨씬 더 많은 기여를 하고 있다. 당시 내가 알고 지내던 한 여성은 사회적 빈부에 따른 사람들의 삶의 모습의 차이에 안타까움을 느끼면서도 자신에게 주어진 삶의 작은 여유를 거부하지 않고 자신의 미래를 위한 자양분으로 삼았다. 내가 내게 주어진 삶을 내동댕이칠 때 그녀는 자신의 삶을 혼신의 힘을 다해 껴안고 뒹굴었다. 30년의 세월이 흐른 지금 그녀는 삶의 모든 영역에서 믿기지 않을 정도로 충만한 모습을 펼쳐내고 있다. 자신의 현재 한계에서 딱 반 발자국 앞에 목표를 세울 뿐이지만 그렇게 30년을 지낸 사람의 삶이 뿜어내는 향기는 형언하기 힘들다.

전업주부로 살면서 인간적 매력(성적 매력을 포함하여)을 유지하기는 워킹맘으로 살아가는 것보다 훨씬 더 힘들다. 워킹맘은 극복해야 하는 모순들이 눈에 보이지만 전업주부는 보이지 않는 적과 싸워야 하거나 심지어는 가장 소중한 존재인 자식들과 싸워야 하기 때문이다. 게다가 현모양처로 평생을 산 여성에게 주어지는 거라고는 남성지배체제로부터 받는 립 서비스가 유일하지 않은가? 가사노동의 사회적 인정은 요원하고, 자신의 희생을 통해 남편과 아이들은 무섭게 성장했는데, 정작 본인은 그들이 올라가기 위해 내려가야 하는 두레박의 반대편에 불과했다니! 매정하게 들리겠지만 뗏목[21]이 되어서는 안 된다.

지금의 사회 문제를 논하는 데 자꾸 박정희를 들먹이는 사람들 보면 마치 초등학교 때 매번 전체 1등 하던 자식이 서른이 넘어서도 백수로 빈둥대는 것을 지적하는 사람에게 "우리 자식 초등학교 때 전체 1등이었어!"라고 대꾸하는 사람을 보는 듯하다. 그래서 어쨌다는 건가? 초등학교 때 1등 했다는 것이 지금 백수로 빈둥대는 것의 변명이 될 수 있는가? 누가 70년대의 고도성장을 부인하는가? 다만 그 방식으로 지금의 난국을 헤쳐 나갈 수 없다는 것 아닌가? 버려지는 것은 70년대의 방식, 뗏목이라는 낡은 관행이지 그 시대를 온몸으로 뚫고 나온 사람, 뗏목을 타고 강을 건너온 사람은 아니다. 목욕물을 버리자는 것이지 목욕한 사람을 버리자는 것이 아니다. 뗏목을 해체해서 수레를 만들면 모를까 뗏목 자체를 이고 갈 수는 없다. 다만 본인들이 끝까지 70년대의 방식을 껴안고 있다면 안타깝지만 뗏목이 되고 만다. 본인들은 토사구팽 당했다고 서러워하겠지만 그렇다고

---

21 나그네가 길을 가다가 강을 만났다. 나무를 베고 뗏목을 만들어 강을 건너는 데 성공했다. 건너고 나니 뗏목이 여간 고마운 게 아니다. 그래서 나머지 길을 뗏목을 이고 갔다는 이야기다. 토사구팽의 불교 버전으로 이해하면 된다. 토사구팽이 쓸모 없는 것을 버리는 비정함을 이야기하는 데 반해 뗏목은 그 불가피성 또는 버리지 못하는 어리석음을 지적한다.

지금 세대에게 뗏목을 이고 가라고 요구할 수는 없는 노릇 아닌가?

이는 모든 조직과 인간관계에 적용되는 이야기다. 어떤 이가 헌신적으로 일해서 회사가 크게 성장하는 데 기여했다고 하자. 그런데 회사가 성장하고 질적으로 발전하는 동안 정작 본인은 발전하지 못하고 예전 모습 그대로라고 가정해보자. 과거 회사는 그 사람이 간절히 필요했지만 지금의 회사는 그 사람이 그다지 필요하지 않게 되었다. 어떻게 해야 하나? 회사를 이렇게 성장시키는 데 1등 공신이니 계속 껴안고 가야 하는가? 그러면 그 사람이 그토록 소중하게 여겼던 회사의 발전을 가로막는 결과를 야기할 수도 있다. 결국 본인이 새롭게 변한 회사에 맞는 사람이 되거나 현재의 자신이 제 역할을 할 수 있는 다른 조직으로 옮겨야 한다. 인간관계도 마찬가지이다. 별 볼 일 없는 남편을 때 빼고 광 내놓았더니 나중에 바람 피우고 조강지처를 버렸다는 이야기가 회자되곤 한다. 안타깝지만 남편이 성장할 때 자신은 제자리걸음을 한 결과이다. 남편이 성장할 때 본인도 반드시 성장해야 한다. 그렇지 않으면 뗏목이 되고 만다. 사회적 성취는 개인에게 자신감과 자긍심 그리고 매력을 선사한다.[22] 내가 너를 이렇게 멋지게 만들어놓았으니 남은 평생 나만 사랑하고 내게 감사해하고 보답하면서 살아라? 어느 정도 기간은 그게 가능하다. 그 남편을 변호할 생각은 전혀 없지만 그러나 감정의 영역을 의무로 강제할 수는 없는 노릇

---

22 젊은 비서가 나이 든 사장과 사랑에 빠지는 진부한 광경은 도덕적 판단과 무관하게 인간 감정의 대단히 자연스러운 흐름이다. 누가 평범하고 따분한 사람을 좋아하겠는가?

이다. 부부간의 경우에만 해당되는 것이 아니다. 아이들이 성장할 때 부모도 성장해야 한다. 아내로서, 엄마로서, 여성으로서, 인간으로서의 매력을 유지해야 한다. 간단히 말해 자식들에게 20년간 매번 똑 같은 소리만 되풀이할 수는 없는 것 아닌가? 같은 주제일지라도 세월이 흐르면서 자신의 다양한 삶의 경험과 사고의 발전이 녹아 들어 있는 이야기를 해야 아이들도 흥미를 느낄 것 아닌가? 작년 설날에 했던 이야기를 금년에 되풀이하면 재미없지 않겠는가? 그러기 위해서는 본인의 삶 자체가 가정에만 머물러 있으면 힘들다. 격랑치는 세상으로 지금 뛰쳐나가야 하는 이유이다. 역설적이지만 그래야 가정을 지킬 수 있다. 사회적 자아를 가져야 가족 내에서 자신의 위치가 건강해진다.

영화 〈런던 프라이드〉에서 광부들의 투쟁에 참여했던 '션'이란 인물이 투쟁이 끝나고 "이젠 무엇을 할 거냐?"라는 질문에 "나는 아이의 엄마고 남자의 아내이다. 예전으로 돌아가겠다"고 답하자, "그러지 말고 대학에 진학하라"는 조언을 듣는다. 션은 그 조언을 받아들여 대학에 진학하고 이후 정치인으로 성장한다. 영화에서는 션의 정치 또는 사회활동이 그녀의 가족(남편과 두 아이)들에게 어떤 영향을 끼쳤는지는 전혀 언급되지 않았지만, 결코 나쁜 영향은 없었을 것이고, 더 나아가 그로 인해 오히려 그들 가족은 더 행복해졌을 거라고 생각한다. 같은 동네에 사는 남자 아이 둘 있는 한 여성이 아내에게 말하길, 아이들이 어렸을 때는 엄마 편(?)을 들더니 나이가 들면서 아빠 편을 들더라는 것이다. 그 집안에서 오고 간 대화 내용을 내가 세세히 알 수는 없으나 그 말을 전해 들은 순간 내 머릿속에 떠오른 생각은, 오랫동안 사회생활을 유지하면서 갑으로서 또는 을로서 여러 논리를 획득한 남성과 전업주부로 20년을 지낸 여성이 이러저러한 이슈로 말다툼을 할 때 그것을 지켜보는 아이들에게 어떻게 보였을까 하는 것이었다. 아이들이 어렸을 때는 심정적으로 엄마 편을 들 가능성이 높겠지만 커가면서 소위 머리가 커지고 자기 나름대로 논리란 것이 생기면서 이제는 서서히 아빠가 하는 말이 더 타당하다는 생각을 하게 되지 않았을까?

아이들을 '위해서'도 전업주부보다는 일하는 여성이 더 좋다고 본다. 자주적으로 자신의 삶을 헤쳐나가는 어머니를 보면서 자라는 것이 자신들을 위해 희생하는 어머니를 보면서 자라는 것보다 훨씬 교육적이지 않을까? 몸소 보여주는 것보다 더 교육적인 것이 어디 있겠는가? 나는 희생하며 살았지만 너는 나처럼 살지 말아라? 그게 말처럼 쉽다면 인류는 진즉 성 평등을 이뤄냈을 것이다. 어디까지나 평균적으로 보았을 때 일하는 여성의 아이들이 전업주부의 아이들보다 가사노동에 조금 더 참여할 것이고, 학교 준비물도 스스로 준비하는 비율이 클 것으로 짐작한다. 인간의 자주적 삶의 태도는 그렇게 사소한 영역에서 오랜 시간 동안 아주 서서히 만들어진다. 극단적으로 말해 전업주부는 혹시 내가 아이들의 자주적인 삶의 태도가 수립되는 것을 방해하고 있는 것은 아닌지 고민해야 한다. 어떤 경우에도 자식을 위해 '희생'해서는 안 된다. '아이는 엄마가 키워야 한다'는 말은 반드시 '여성은 평생 노예로 살아야 한다'는 말로 해석해서 그에 상응하는 반응을 보여야 한다.

가족주의

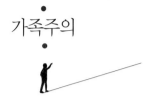

　가족이라는 이데올로기는 복지사회로 가는 우리 사회의 여정에 크나큰 걸림돌로 작용한다. 예산이 부족하네, 포퓰리즘이네, 근로의식을 좀 먹네, 하는 것은 다 변명에 불과하다. "사회란 것은 없다. 남자, 여자 그리고 가족이 있을 뿐이다"란 대처의 말에서 드러나듯이 마땅히 국가와 사회가 짊어져야 할 의무를 가족에게 은근슬쩍 때로는 노골적으로 떠넘기는 것은 신자유주의의 탄생 이전에 이미 자본주의가 그리고 모든 지배 체제가 채택한 지배 전략이다. 일제강점기 때나 전두환 파시즘 때나 사회 문제에 항의하는 사람들을 옭아매는 첫 번째 시도는 가족이었다. 연좌제까지는 아니더라도 가족구성원을 최대한 괴롭힘으로써 시대의 고민을 자신의 삶의 영역으로 받아들인 사람들에게 인간적 갈등을 유발하는 것은 지금도 변함없다. 파업에 참가하는 노동자들을 회유하기 위해 그들의 가족을 동원하고 있지 않는가? 복지사회로 가기 위해서는 가족의 무게를 덜

어내고 사회와 개인의 직접 소통을 확대해야 한다. 적어도 우리 사회는 가족에 덧씌워진 지나친 숭고함과 절대적 선이라는 이미지를 훌훌 털어낼 필요가 있다. 가족의 신성함이 줄어들수록 가족은 오히려 더 화목해질 거라고 본다. 가족의 구성이 절대적이고 불변이라는 인식이 있는 상태에서 가족구성원 각자가 서로에게 예의를 차리겠는가? 한 번 가족은 영원한 가족이라고 생각하기 때문에 오히려 서로에게 함부로 대하는 것 아닐까? 동거에서 주어지는 긴장감이 성 평등에 기여할 것이며, 이혼이 자유롭다면 그렇지 않은 경우보다 결혼관계에 놓인 당사자들이 지금보다 더 행복할 것이라는 나의 주장은 그대로 가족에도 적용이 가능하다. 자식의 생존과 교육의 책임이 전적으로 부모에게 있는 것보다 사회 전체가 함께 부담하는 것이 가족구성원 전체의 행복에 훨씬 더 유리하다고 본다. 권력은 그 안에서 형성되는 권력의 크기가 서로 간에 비슷해야 그 관계로 묶인 쌍방이 서로에게 예의를 차리게 된다.

회사를 생각해보면 이해하기 쉽다. 불법체류자들을 고용하고 있는 회사의 대표가 그들을 인간적으로 대하지 않는 이유는 간단하다. 자기 회사에서 잘리면 오갈 데가 없고 하소연할 곳도 없는 사람에게 정상적인 임금을 주면서 보통의 사람처럼 대하기는 오히려 어려울 것이다. 불법체류자까지는 아니더라도 사회적으로 문제가 되는 이른바 '열정페이'의 문제도 본질은 마찬가지이다. 본국에서 같이 살 때는 틈만 나면 부모와 갈등을 겪었는데, 한국에 들어와 살면서 부모와 아주 사이가 좋아졌다는 이야기를 한국에 거주하는 외국인들에게서 종종 듣는다. 당연하다. 멀리 떨어져 있는데 싸울 일이 뭐 있겠는가? 가끔 연락이 되면 서로 안부 묻기 바쁠 것이고, 서로 염려해주기 바쁠 터이다. 혈연관계 운운하면서 부모자식이라는 관계를 절대화하고 신성화하는 것이 실제 가족들의 평화에 어떤 도움도 되지 않는다. 능력이 부족한 부모는 자식들에게 미안함을 느낄 것이고, 부모의 가없는 희생으로 자란 아이들은 부채의식을 가질 것이다. 이런 미안함과 부채의식이 어느 정도는 관계에 도움이 되는 것도 사실이지만 지금 우리 사회는 그 정도가 너무 지나치다.

너를 키우려고 내가 얼마나 힘들게 고생한 줄 아느냐고 하소연하는 모습보다는 부모 스스로가 행복하게 사는 모습을 보여주는 것이 자식에게 더 좋지 않을까?

혈연가족이라는 용어 자체도 그다지 맘에 들지 않는다. 어머니와 아이들이 혈연관계라는 것에는 동의하지만 아버지와 아이들은? 글쎄올시다. 앞에서도 말했듯이 아버지는 생물학적 존재라기보다는 사회문화적 존재에 더 가깝다. 게다가 가족 형성에 가장 중요한 관계인 부부는 전혀 혈연관계가 아니지 않은가?

1970년대 기적 같은 경제 성장의 가장 큰 비결을 들라 하면 여성들의 희생이라고 말하고 싶다. 여공이 된 누나가 저임금을 최대한 절약해서 그 돈으로 남동생을 교육시키지 않았던가? 스웨덴 같은 복지는 나라가 부자가 된 다음에나 가능하다고 거짓말하면서[23] 육아, 교육, 의료, 주거, 노

---

23 복지국가 노선을 취했던 1930년대 스웨덴은 유럽에서 가장 가난한 나라였다.

후생활 등등의 영역에서 국가는 손을 떼고 이 모든 문제는 개별 가정으로 떠넘겨지고, 그 대부분은 다시 여성에게 전가되었다. 여성은 무임금 노예 노동을 하면서도 이 모든 것은 다 내 가족을 위한 것이라는 생각에 잠자는 시간 빼곤 모든 노동력을 동원하여 가족구성원을 위해 희생하였다. 하지만 그들이 받은 보답은 어머니는 위대하다는 껍데기뿐인 찬사였다. 어쩌다 이혼이라도 할라치면 남성들이 만든 법률 체계 속에서 제대로 된 보상을 받기는 하늘의 별따기였고, 나아가 이혼 자체도 쉬운 것은 아니었다. 미디어에서 언제나 이혼은 실패로 묘사되었다. 이혼한 여성 연예인이 나와 자신의 이혼 경험을 결혼 실패로 규정하는 모습은 슬프기까지 하다. 결혼 이데올로기가 여성에 대한 남성 지배에 복무하는 이유로 남성이 이혼을 결혼 실패로 규정하는 것은 자신들의 계급이익에 부합하니 이해라도 해주지만, 그 이데올로기의 직접적인 피해자인 여성 자신들이 스스로의 입으로 그 이데올로기를 전파하는 모습에 때론 분노마저 인다. 2015년 영화 〈그녀, 잉그리드 버그만〉이 개봉되었을 때, 잉그리드 버그만에 관한 기사에서 "성공적인 배우 경력과는 달리 개인생활에서는 결혼을 세 번 하는 등 순탄치만은 않았다"는 식의 표현을 보았다. 그냥 결혼을 세 번 하였다고 말하면 될 것을 굳이 순탄치 않았다는 가치 판단이 포함된 표현을 쓸 필요가 있을까 싶다. 실제 속내를 들여다보면, 첫 번째 결혼은 13년, 두 번째는 7년, 세 번째는 17년 지속되었고, 첫 번째 결혼에서 낳은 아이와 두 번째 결혼에서 낳은 아이들이 꽤나 사이가 좋았으며, 어머니를 그리워하기는 했어도 어머니의 삶을 충분히 이해했다고 한다. 오히려 이 정도 개인사면 충분히 훌륭한 것 아닌가? 배우로서의 열정을 유감없이 발휘하고, 여성으로서 자신에게 다가온 사랑을 외면하지 않고, 어머니로서 자신의 몸으로 낳은 아이들에게 아낌없이 사랑을 주면서 틈만 나면 같이 하는 시간을 가지려고 하였는데, 왜 이런 삶이 '순탄치 않은' 삶으로 묘사되어야 하는가? 솔직히 말해 우리들은 우리의 자녀들에게 존경을 받는가? 사랑을 받는가? 우리의 삶을 그들이 이해하는가? 물론 '순탄치 않다'라는 표현이 반드시 부정적이라고는 할 수 없어도 긍정적인 이미지는 아닌 듯하다. 이렇게 알게 모르게 이혼은 부정적인 이미지와 결부되어 있다. 이혼을 이토록 부정적으로 묘사하는 이유가 뭐겠는가? 여성들로 하여금 무임금 노예 노동을 견디는 것 외에는 다른 선택지가 없도록 하고자 함이 아니겠는가? 또한 결혼이라는 제도 속으로 들어가지 않는 여성들에게는 여러 장치를 통해 끊임없이 남성이 지배하는 왕국 안으로 웃으면서 마냥 행복한 표정을 지으면서 제발로 들어가도록 강요하고 있지 않는가?

70~80년대 고도성장을 가능하게 했던 것은 이 땅의 노동자들이 오직 자식과 가족을 위해서 저임금 장시간 노동을 참고 견디었기 때문이다. 70년대 한국의 경제성장모델이 다른 저개발 국가에서 재현되기 힘든 이유이다. 이 모델이 성공하기 위해서는 여러 환경적인 요인도 필요하지만 무엇보다 자식세대를 위해 한 달 내내 단 하루도 쉬지 않고 잠자는 시간 빼곤 온종일 일하면서 자신들을 위해서는 한 푼도 쓰지 않겠다는 집념을 가진 세대가 필요하다. 도처에 박정희는 많지만 이런 세대는 흔하지 않다. 아마 역사적으로 1970년대 한국이 마지막일 거라고 생각한다. 그들에게 무

한한 경의를 표한다.

국가와 사회가 응당 짊어져야 할 부담을 일방적으로 가정으로 떠넘기는 것은 지금이라고 별반 다르지는 않다. 복지, 즉 개인이 온전한 시민으로 성장하고 살아가는 데 필요한 각종 서비스를 가정이 아닌 국가와 사회로부터 공급받는다는 의미에서의 복지의 수준이 조금씩 나아지고 있다고는 하나, 여전히 갈 길이 멀다. 무엇보다 별 것 아닌 것 하나하나에 가족주의 이데올로기가 작동하여 방해를 한다. 몇 년 전 무상급식의 그 시끌벅적한 소동을 생각해보라. 여기에는 이른바 재정건전성에 대한 오해, 직접세의 소득재분배 기능과 공공요금의 간접세 속성에 대한 이해 부족 등등이 작용하였지만 근본적으로 아주 가난한 집 말고는 아이들 밥은 개별 가족이 책임져야 한다는 가족책임주의가 깔려 있었다고 본다. 정 힘들면 국가가 조금 도와줘야 하지만 기본적으로 아이를 낳고, 기르고, 교육시키고, 아프면 병원 가고, 돈 모아서 집 마련하고, 노후생활 대비까지 모든 게 궁극적으로는 개별 가족의 책임이라는 인식이 강하다. 결국 집 떠나면 고생이듯 가족의 울타리를 벗어난 개인은 피곤한 인생일 수밖에 없다. 그렇다고 그 울타리 안에 있는 개인들이 그다지 행복해 보이지도 않는다.

복지사회는 사회의 구성 원소를 개별 시민으로 보는 철학에 기반한다. 가족주의는 그 사이에 개입하여 개별 시민을 가족 단위로 묶고 사회 구성 단위를 가족으로 바꿔놓는다. 따라서 개별 시민의 사회적 성취는 그가 어떤 가족에 속해 있는가에 따라 크게 영향을 받는다. 이른바 금수저/흙수저 논란이다. 인간사에서 우연의 영향을 전혀 없앨 수는 없지만 지금처럼 한 개인이 우연히 어떤 가족에 포함되었는가에 따라 인생이 결정적으로 영향을 받아서는 곤란하다. 한 인간이 어떤 가족에서 태어났든 육아, 교육, 의료, 주택 장만, 노후 대책이라는 삶의 기본틀은 크게 다르지 않아야 할 것 아닌가? 그래야 맘 놓고 아이를 낳을 것 아니겠는가? 복지의 부족이 가족주의를 강화하기도 하지만 역으로 가족주의가 복지 강화를 가로막기도 한다. 반대로 복지가 강화되면 가족주의는 약해지고 약해진 가족주의는 더 보편적인 복지의 실현을 요구하게 된다. 부모의 절대적 보호가 필요한 아주 어린 나이를 제외하면 인간은 사회의 구성원으로서 자기 자신을 규정할 수 있어야 한다. 가족의 구성원으로서 사회에 참여하는 것이 아니라 즉각적으로 사회에 속해 있는 자신의 모습을 깨우치고, 부모 덕에 살아가는 것이 아니라 사회 덕에 살아간다고 느끼도록 삶의 모든 영역에서 복지의 실현이 필요한 이유이다.

입시에서 좋은 성적을 낸 학생의 부모 인터뷰에 종종 나오는 말이 남들처럼 뒷바라지를 못해줘서 미안하다이다. 가족책임주의의 전형적인 사고다. 내 자식이 소질이 뛰어난데 사회가 뒷바라지를 못해줘서 소질이 묻힐까 봐 안타깝다는 말은 나오지 않는다. 국가가 교육에서 최소한만 보장하고 나머지는 모두 개별 가족에게 책임지도록 전가했기 때문에 생겨난 사고다. 만약 대부분의 교육을 국가가 세금으로 책임진다면 고등교육을 받은 사람들을 바라보는 시민들의 시선이 지금과는 사뭇 다를 듯싶다. 자식교육에 막대한 비용을 투자한 부모는 자식의 성취는 자신들의 결과물이라고 생각할 것이며 그에 따른 반대급부를 원하기 마련이다. 시민들이 낸 세금으로 고등교육을 받은 사람은 시민들의 성과물이 되고 따라서 시민들은 그에 대한 반대급부, 즉 사회를 위해 일하라고 요구할 권리를 느끼지 않을까? 고등교육을 받은 사람은 개별 가족의 성과물이나 자산이 아니라 사회 전체의 성과물이며 자산이 되어야 한다. 그래야 그들에게 높은 도덕성을 당당하게 요구할 수 있을 것 아닌가?

가족의 앞날을 가족이 책임지는 방식은 두말할 나위 없이 부자들에게 유리하다. 재원이 100% 세금으로 충당되는 복지는 부자들에게 불리하다. 여기서 바로 무상급식과 관련한 '이건희 손자' 논쟁이 등장한다. 가뜩이나 복지 재원이 부족한데 왜 이건희 손자까지 세금으로 점심을 줘야 하느냐 하는 주장은 얼핏 그럴싸해 보인다. 부자들이 기꺼이 또는 별다른 반대 없이 세금을 내는 경우는 자신들이 자체적으로 해결하기 힘든 사회적 공공 서비스에 세금이 쓰일 때뿐이다. 이를테면, 치안이나 화재 진압, 국방, 각종 사회간접자본 건설 같은 경우는 빈부를 떠나 모든 시민들이 일상의 삶을 영위하기 위해서는 꼭 필요한 노동인데, 제 아무리 부자라 해도 이런 노동을 자신의 비용으로 개인적으로 해결하기는 힘들다. 즉, 어느 정도는 자기 비용으로 소방서도 유지하고 사설경찰을 고용해 자신의 집과 가족들의 신변을 보호할 수는 있지만 한계가 분명하다. 삼성이 자체적으로 소방서를 조직해서 몇몇 공장은 보호할 수 있다 해도 전국에 있는 모든 삼성대리점에서 일어날 수 있는 화재에 대비해서 소방서를 유지한다는 것은 터무니 없는 소리이다. 이런 경우 삼성은 또는 이건희는 소방이라는 노동을 사회적인 공공서비스를 통해 공급받고 그 관리를 국가가 하며, 그 비용을 세금이라는 방식으로 분담하는 것에 흔쾌히 동의한다. 그렇지만 공공으로 주어지는 소방서비스로는 100% 만족하기 힘들기 때문에 스프링클러 같은 각종 소방시설들을 자체적으로 설치, 유지한다. 치안도 마찬가지이다. 자신과 가족들을 노리는 범죄가 언제 어디서 일어날지 모르기 때문에 온전히 자신의 비용으로만 해결하기에는 너무나 벅차다. 따라서 사회 보편적으로 치안이 유지될 필요가 있으며 이를 위해 기꺼이 세금을 지불한다. 그리고 사회적으로 또는 공적으로 공급되는 치안서비스에서 부족하다고 느끼는 부분에 대해 사설경호원 등을 고용하여 개별적으로 보완한다. 여기서 알 수 있듯이 공적인 해결이 우선이고, 사적이고 개별적인 보완은 그 다음이다. 만약 어떤 특정 서비스를 부자들이 사적인 지출로 만족스럽게 해결이 된다면 해당 서비스를 공공화하는 것에 찬성할 이유가 없다. 공공화한다는 것은 세금으로 해당 서비스를 공급한다는 것이고, 대개 세금은 부자들이 더 많이 내기 마련이기 때문이다. 장기요양보험을 이건희 일가가 찬성할 이유가 조금이라도 있겠는가? 이미 자신들은 노후의 모든 문제를 해결하기에 충분한 재산을 가지고 있는 상황에서 굳이 그런 서비스를 세금의 형태로 공적으로 받을 이유가 없다. 그렇지만 드러내놓고 노골적으로 반대를 하면 대중의 돌팔매를 맞을 것이기에 짐짓 찬성하는 척하면서 자신들이 영향력을 행사할 수 있는 다양한 루트를 통해 복지가 강화되면 근로 의욕이 줄어들고 복지병이 생긴다는 터무니없는 주장을 퍼트리는 것이다.

국방이나 치안과 같은 서비스는 공적으로 공급되어야 하는 것이 너무나 명확하기 때문에 아무런 논란이 없지만, 어떤 서비스의 경우에는 공공화해야 하느냐 사적으로 해결해야 하느냐의 논란이 벌어진다. 그런데 이는 어디까지를 사회적 정의로 보아야 하느냐의 관점과 관련되어 있다. 따라서 철학적이고 인문학적인 주제이다. 법은 오로지 법률적 정의만을 이야기할 뿐이고 사회적 정의는 전혀 다른 층위에 속하는 문제이다. 법의 실현, 즉 준법으로 정의를 대체하려 해서는 안 되는 이유이다. 물론 우리 사회는 이미 확보된 정의인 법마저도 가진 자들의 탐욕 앞에 무참히 무너지기 일쑤라서 제발 법만이라도 제대로 지켜졌으면 하는 간절함이 들곤 한다. 그러나 법적 정의 너머에 있는 사회적 정의는 어떻게 해야 할까? 법이 사회적 정의에 눈 감는 순간 법은 기득권층을 위한 지배도구로 전락하게 마련이다. 바로 우리 사회의 현실이다.

시민권의 개념적 확대화 함께 어떤 서비스가 공공으로 공급되어야 하느냐의 논쟁이 불가피하게 벌어지는데, 그 대표적인 예가 바로 무상급식이었다. 이미 많은 곳을 통해 충분히 설명이 되었지만, 왜 무상급식, 달리 말하면 왜 급식이 세금을 통해서 공공으로 공급되는 것이 사회정의에 더 충실한 것인지, 또는 급식을 세금으로 해결하는 것이 왜 대다수 사람들에게 더 유리하고 부자들에게 불리한 것인지에 대해 간단히 설명해 보자. 전국의 학생들이 5백만 명이고 점심값이 5천 원이라고 하자. 그러면 한 끼 점심을 위해 250억 원이 필요하고, 이 돈은 각 가정에서 개별적으로 지출되어야 한다. 무상급식 이전에는 일부 예외를 제외하고 모든 가정이 일률적으로 5천 원씩 내놓았다. 나도 5천 원, 이건희도 5천 원. 그런데 곰곰이 생각해보니 평범한 회사원하고 의사하고 이건희가 모두 5천 원씩 내는 것이 과연 '정의'로운가, 하는 의문이 든다. 친구들하고 같이 술을 먹고 술값을 1/n로 하기도 하지만 어떤 때는 돈 잘 버는 친구가 더 많이 내거나 때로는 혼자 독박쓰기도 하지 않는가? 우리는 전자보다 후자가 좀 더 친구 사이에 있을 법한 일이고, 좀 더 타당한 모습이라고 받아들인다. 그래서 규칙을 바꿔서 가난한 사람은 0원, 돈을 조금 버는 사람은 천 원, 적당히 버는 사람은 5천 원, 많이 버는 사람은 만 원, 꽤 많이 버는 사람은 10만 원, 이건희 같은 이는 백만 원, 뭐 이런 식으로 금액에 차등을 두도록 한다. 어쨌든 총 250억 원이 걷히면 된다. 그리고 걷는 돈의 명칭을 급식비에서 급식세금으로 바꾸거나 또는 국가 예산에 급식비 명목으로 반영하게 한다. 대개는 후자의 방식을 취한다. 우리는 세금을 치안세, 소방세, 국방세, 사회간접자본세 등등의 항목으로 내지 않는다. 포괄적으로 소득세를 내고 국가에서 이를 개별 항목으로 분배한다. 그렇지만 개념적으로는 분명 우리가 내는 소득세에는 앞에 든 예와 같은 세부적인 명칭이 붙어 있다. 매년 세금 정산을 할 때 최종적인 보고서가 각자에게 제출된다. 관심은 물론 얼마를 더 내야 하는가 또는 얼마를 돌려받는가에 있을 뿐이지만 그걸 받을 때마다 나는 생각한다. 내가 낸 세금이 총 얼마이고 얼마가 어디에 쓰였는가를 친절히 알려줄 수는 없을까 하고 말이다. 물론 내가 낸 세금 총액을 알기는 어렵다. 부가세의 형태로 간접세가 있기 때문이다. 또한 매년 국가 예산이 발표되니 부지런한 사람은 여러 분야에 대해 예산 비율을 알 수 있고 그 비율을 자신의 직접세 총액에 적용하면 자신이 낸 세금 중에서 얼마가 어디에 쓰였는지를 계산할 수는 있지만 그보다는 국가에서 시민들에게 친절하게 알려주는 것이 더 좋지 않을까? 간접세까지 포함은 못하더라도 내가 낸 소득세가 어떤 분야에 얼마가 쓰였는지를 아는 것은 시민적 권리에 부합하지 않을까? 그 권리를 챙겨줄 의무가 국가에게는 있는 것 아닐까? 어쨌든 이렇게 국가가 비용을 부담하는 항목이 늘어나면 당연히 세금을 더 걷어야 하고 세금은 '대체로'[24] 고소득자에게 불리하고 저소득층에게 유리하다. 따라서 당연히 이건희 같은 이는 여러 매체를 통해 새로 편입된 항목을 세금으로 부담하는 것이 얼마나 잘못된 것인지를 설파하게 된다. 이건희 손자마저 세금으로 밥을 먹인다는 것은 낭비 아닌가라는 논리는 이렇게 만들어졌다. 당시 나는 스스로를 합리적으로 규정하는 젊은 사람들이 이 논리를 자기확신에 차서 펼치는 것을 종종 보았다. 차분히 반박하기 힘든 경우가 대부분이어서 대개 가볍게 대응하곤 하였다. 그러면 "이건희 손자만 빼고 다 무상급식 합시다"라고 말이다. 농담 삼아 한 말이지만 나름 진지한 고민이 뒷받침 된 것이다. 이른바 보편복지와 선별복지에서, 선별복지의 방식이 포지티브 형식을 띤다. 즉, '나에게 해당 복지서비스를 제공해 주세요'라고 관청에 신고를 하는 식이다. 당연히 이 과정에서 차별과 낙인효과가 생긴다. 한 교실에서 공부하는데 어떤 학생은 가난해서 급식비를 국가에서 지원해준다는 사실이 알려지면 좋을 리가 없다. 그런데 선별의 방식을 네거티브로

---

24 간접세는 상대적으로 이런 기능이 떨어진다. 간접세를 줄이고 직접세를 늘려야 하는 이유다.

바꾸면 어떨까? 즉, '나는 매우 부자이므로 해당 복지서비스를 내게 제공하지 말아 주세요'라고 관청에 신고하는 식이다. 무상급식의 경우 이건희는 관청에 가서 나는 우리나라 최고의 부자이므로 내 손자의 급식비는 내가 부담할 터이니 세금으로 지원하지 말라고 신고하면 된다. 물론 급식비에 쓰게 될 세금은 온전히 내고 말이다. 그러면 혹여 같은 반에서 모든 학생들은 세금으로 급식을 공급받는데 유독 한 학생은 자비로 급식비를 낸다는 것이 밝혀진다 해도 그것은 그 학생 집이 매우 부자라는 것을 뜻하므로 낙인효과는 없을 듯싶다. 물론 세금은 세금대로 다 내고서 그 세금이 쓰이는 해당 복지서비스를 거부할 사람은 없겠지만 말이다.

무상급식 논쟁은 참으로 많은 것을 우리 사회에 선사하였다. 첫째, 그전까지는 개별 가족 단위로 지출되는 것이 합당하다고 생각하였던 항목들이 실제로는 공적인 영역으로 포섭되어서 공공서비스의 형태로 공급되는 것이 더 합리적이고 더 나은 방식이고 더 정의로울 수 있다는 인식의 충격, 즉 복지가 시혜가 아니라 시민적 권리라는 사실을 우리에게 일깨워 주었다. 둘째, 복지의 재원인 세금의 본질에 대해 매우 구체적인 인식이 이루어지게 되었다. 증세를 통한 복지사회 구현, 더 나아가 증세가 정의다라는 인식이 뿌리내리기 시작했다고 본다. 본격적으로 직접세와 간접세에 대한 논의가 이루어지지 않고 있는 것은 조금 아쉽다. 더 나아가 이른바 공공요금이라는 것이 사실상 간접세나 다름 없다는 쪽으로 사고의 폭이 넓어져야 한다. 몇 년 전 무상버스 공약이 나왔다가 혼이 난 경우에서 보듯 아직은 걸음마 단계이다. 앞에서 펼친 무상급식 논리는 대부분의 공공서비스에 적용이 가능하다. 한 지자체에서 실시한 무상교복도 정확히 같은 논리로 그 타당성을 설명할 수 있다. 시민들이 응당 지출하게 마련인 항목을 복지의 영역으로 끌어오고 이를 세금으로 충당하는 구조에서는 국가와 사회 전체에서 보면 사실상 제로섬에 해당한다. 지금까지는 시민 개개인이 각자의 주머니에서 지출했던 것을 소득과 재산의 정도에 따라 세금으로 걷어 그 총액을 국가가 지불하는 것이다. 즉, 교통비가 되었든 전기세가 되었든 일반 생필품이 되었든 어차피 사회의 시민들이 지불하게 되어 있는 총 비용을 시민들 각자의 능력에 따라 차등으로 걷어서 총액을 맞추는 것이지 없던 비용이 추가로 생기는 것은 아니라는 것이다. 물론 자기 주머니에서 나가지 않으므로 씀씀이가 헤플 수 있다는 주장이 전혀 일리가 없는 것은 아니다. 이른바 의료쇼핑과 같은 도덕적 해이가 생길 수 있다는 것인데, 특정 항목의 개별적 성격에 따라 해결책은 조금씩 다르겠으나 기본적인 방향은 보편복지로 정하는 것이 타당하다는 것은 의심의 여지가 없다. 예를 들어, 대중교통비가 지금의 1/10로 줄어들고 그 차액을 세금으로 보전한다고 해서 일부러 돌아다닐 사람들이 얼마나 되겠는가? 물론 버스회사에서 아르바이트생을 고용해서 일부러 돌아다니도록 하는 술수가 있을 수는 있겠으나 내부 고발자에 대한 사회적 보상과 해당 행위에 대한 처벌을 대폭 강화하면 얼마든지 막을 수 있다고 본다. 고작 점심 한끼 가지고 생색내려는 어른들에게 학생들이 격렬하게 요구해야 한다. 점심뿐만 아니라 교통비도 세금으로 해결해달라고, 매달 일정액만큼 도서구입비를 지원해달라고, 모든 박물관, 미술관 등의 입장을 무료로 해달라고, 매달 용돈도 지원해달라고 말이다. 교육을 포함한 삶의 핵심적인 항목들이 가정 단위로 해결되는 것이 아니고 사회적으로 해결되어야 한다.

얼마 전 문제가 된 생리대 구입 문제 역시 조금도 다르지 않다. 이는 의료와 보건의 문제이므로 개별 가정 단위로 해결되어서는 안 되고 역시 공공서비스로 해결하는 것이 답이다. 생리를 하는 나이를 통계적으로 파악하여 해당 나이에 있는 모든 여성에게 생리대 구입 명목으로 평균적인 비용을 국가에서 지급해 주거나 생리대 구입 비용을 의료보험에서 보장해 주어야 한다. 보장비율은 사회적으로 인정되는 품질 기준과 그에 대한 비용을 감안하여 정하면 된다. 출산이나 양육이야 최소한의 본인 의사가 반영되었다지만, 세상에 하고 싶어 생리하는 여성이 단 한 명도 없는데 왜 이다지도 국가와 사회는 무관심한 것일까? 이 세상이 철저히 남성의 관점에서 조직되었기 때문이라는 여성주의 진영의 주장에 단 한치의 어긋남이 없지 않은가?[25]

자꾸 이렇게 시민권을 확장하다 보면 국가재정이 흔들린다고 걱정을 하는데 세금을 더 걷으면 되는 것 아닌가? 가난한 사람도 조금 더 내고 부자는 더 많이 내고…. 모든 사회 모순은 부의 편중에서 발생한다. 그것이

---

25 이를테면, 수영장 회원권 비용이 남성이나 여성이 같다. 대부분의 여성은 한 달에 며칠은 수영장을 이용할 수 없다는 걸 감안하면 같은 나이의 여성이 남성에 비해 최소 10%는 싸야 하지 않을까?

지나치면 왕조가 바뀌고 새로이 들어선 왕조는 토지를 균등 배분함으로써 사회적 갈등을 해결하였다. 물론 시간이 지나면 다시 부가 편중되기 시작하고 과도하게 진행된 시점에서 다시 왕조가 바뀌었다. 2천 년 동아시아 역사의 모습이다. 유토피아는 없다라는 말은 부가 편중되지 않는 사회는 없다라고 이해하면 된다. 그러나 자연스럽게 진행되는 부의 편중 현상에 맞서 그것을 거꾸로 재분배하려는 노력조차 폐기할 필요는 없다. 그 가장 확실하고 합리적인 방식이 세금, 직접세이다. 그러니 혹시나 선거할 때 누구를 찍어야 할지 잘 모르겠거든 직접세 올리자고 주장하는 사람, 의료보험료와 국민연금보험료 올리자고 주장하는 사람을 찍으면 된다.

이렇게 할 때는 가족 단위로 해결하는 것이 당연시 되었던 항목도 점점 시민적 기본권으로 재해석되면서 세금을 기반으로 하는 공공서비스로 공급되도록 하여야 우리 사회에 만연한 불평등을 해소하는 데 크게 도움이 된다는 것은 너무나 분명하다. 이 과정에서 지배계급으로부터 주어지는 주요한 반대 논리는, 하나는 '국가재정이 취약해진다'이고, 또 하나는 '그런 문제들은 가족 단위로 해결되어야 한다'이다. 국가재정이 취약해진다는 반대 주장은 증세를 통한 복지(보편복지가 되었든 선별복지가 되었든)의 확대가 현재 우리 사회의 모순을 해결할 수 있는 최선의 방식이라는 인식이 점점 퍼져가면서 대처 가능하리라 본다. 그런데 사실 더 큰 장애요소는 가족의 앞날은 가족이 책임져야 한다는 가족주의라고 본다. 가족주의가 세금의 공공성과 복지의 확장을 가로막고 있는 셈이다. 워낙 우리 역사에서 가족의 생활은 말할 것도 없고 생존 자체를 국가와 사회가 책임져

본 경험이 부족하고, 일제강점기의 공적 공간과 사적 공간(가정)의 극단적인 분리, 해방 후 박정희-전두환-노태우 독재정권 시절의 공적 공간의 붕괴 및 경상도 패권주의의 득세 등으로 인하여 믿을 것은 가족과 친척, 조금 더 확장해서 고향사람과 동창 밖에 없다는 인식이 만연하다보니 사람이 태어나서 자라고 늙어가는 과정에서 발생하는 여러 문제에 국가와 사회가 개입하는 것에 대한 거부감이 강하다. 하지만 분명히 깨달아야 하는 것은 이런 가족주의는 부자들에게 아주 유리한 상황을 제공한다는 점이다. 끈끈한 가족애로 온갖 역경을 돌파하는 감동의 드라마를 일년 내내 쉬지 않고 볼 수 있는 이유는 사회의 각종 미디어와 선전 도구들을 부자들이 장악하고 있기 때문이다. 자식을 위한 부모의 희생을 보면서 대중들이 감동의 눈물을 짓는 동안 상위 1%의 부자들은 회심의 미소를 지을 뿐이며, 그 상위 1%를 위한 집행기관으로 전락하고 99%의 시민권을 외면한 무책임한 국가에게는 면죄부가 주어지게 된다.

이렇게 끈끈한 가족주의를 토대로 하여 유지되는 그 가족 자체가 그렇다면 행복한가 하는 의문이 든다. 이혼은 되도록 해서는 안 되는 상황이다 보니 부부간의 갈등은 끊임없이 둘 사이에 축적되기 마련이고, 자식의 삶은 온전히 부모의 책임인 상황에서 부모의 삶은 온통 희생으로 범벅되기 마련이다. 부부간의 갈등 축적이 위험수위를 넘나드는 상황에서도 아이들 때문에 참고 살아야 한다. 아이들이 있는 경우에 이혼을 하면 음으로 양으로 비난을 감수해야 한다. 아이가 있는 상황에서 이혼한 부부들중 참고 살 걸 하면서 자책하지 않는 이가 얼마나 되겠는가?

이혼이 자유로운 사회에서의 결혼이 그렇지 않은 사회에서보다 더 행복할 것이라는 내 주장은 아이를 포함한 가족의 행복에 대해서도 그대로 적용된다. 이혼율이 높아질수록 사회구성원 특히 여성은 더 행복해질 것이며, 아이들 역시 평균적으로는 더 행복해질 것이다. '결손 가정'이라는 폭력적 어휘는 더 이상 쓰여서는 안 된다. 결손 가정을 탓하기 전에 결손 사회, 결손 국가를 탓해야 하지 않겠는가?

응당 자본이 지출해야 하는 노동력 재생산 비용을 가족에게 떠넘기고 국가와 사회는 이를 방관하고 더 나아가 가족애라는 이름으로 미화하는 현실에서 피해는 젠더를 떠나 남성과 여성 모두에게 전해진다. 하지만 지배체제는 남성과 여성 모두를 힘들게 하기보다는 남성에게는 여러 퇴로를 확보해주고, 여성에게는 더 많은 고통과 비용을 떠넘김으로써 가정에서의 남녀문제가 계급이라는 사회문제와 밀접하게 맞닿아있다는 것을 외면케 하는 분할통치 전략을 취하고 있다. 저임금 노동의 존재는 해당 노동자뿐만 아니라 다른 노동자의 임금인상 억제 요인으로 작용한다는 점에서 노동자 전체의 이익에 어긋난다. 따라서 남녀의 동등한 임금을 요구하는 것은 결코 여성만의 이익이 아니라 남성 전체의 이익과도 부합하며, 육아와 가사의 부담을 가족에서 국가로 이전하는 것은 여성만의 이익이 아니라 남성 전체의 이익과 부합한다.

가족은 혈연관계다, 천륜이다라는 환상을 버리고 각자의 행복을 위한 잠시 동안의 동거로서 바라보는 것이 가족구성원 각자의 행복을 훨씬 더 담보한다. 지금까지 가정으로 전가된, 더 정확히 말하면 여성에게 전가된 각종 의무들을 국가와 사회가 찾아가야 한다. 결혼과 가족은 평생을 관통하는 지고지순한 가치를 갖는 관계가 아니라 잠시 동안의 동거로서만 의미를 가져야 한다. 역설적이지만 그래야 결혼생활이 더 행복해지고 가족관계가 더 돈독해진다. 결혼과 가족은 제도일 뿐이다. 그 속에 우리의 감정을 맞추면서 살기보다는 역으로 결혼과 가족 제도가 우리의 감정에 맞춰서 재편성되어야 한다. 그래야 우리가 행복해진다.

제3부

사랑을 위하여

성도덕의 기원

인류학에서 아주 유명한 명제 하나가 있다. '마더스 베이비 파더스 베이비 이론'이다. 성과 관련한 거의 모든 현상을 관통하는 신통방통한 주장이다. 아이가 태어났을 때 아이의 엄마는 명약관화하지만 아이의 생물학적 아빠가 누구인지는 아무도 모른다. 석기시대에만 모르는 것이 아니고 지금도 모른다. 그저 아이 엄마가 아이 아빠는 누구다라고 말하면 그런가 보다 하고 믿을 수밖에 없다. 아이 아빠 입장에서는 이 아이가 정말로 내 아이인가에 대해서 확신할 수 없는 노릇이다. 만약 아내가 평소 성생활이 자유로운 사람(소설 『아내가 결혼했다』의 주인공 주인아처럼)이라면 유전자 검사를 해보지 않고서는 배길 수가 없을 것이다. 성과 임신에 대한 정보가 백일하에 밝혀진 지금도 이런데 도무지 언제 섹스를 해야 임신이 되는지 짐작도 할 수 없던 과거에는 얼마나 답답했겠는가? 이 답답함 또는 무지가 모든 성도덕의 필요조건을 이룬다.

그러나 필연적으로 이 무지함 자체로부터는 성도덕이 발생하지는 않는다. 즉, 만약 사회가 아이의 아빠가 누군지에 대해 궁금해하지 않는다면 이 무지함은 그저 궁금증에만 머물 뿐 사회구성원을 구속하는 장치로 발전하지는 않는다. 아이의 생물학적 정체성(이른바 혈통)을 아이의 아빠에게서 찾으면 그것은 부계사회이며, 아이의 엄마에게서 찾으면 그것은 모계사회이다. 간단히 말해, 아이의 아빠가 중요한 사회가 부계사회이고, 아이의 엄마가 중요한 사회가 모계사회이다. 결혼하지 않는 여성이 임신한 경우 사람들은 "누구 아이죠?"라고 묻곤 한다. 곰곰이 생각해보면 참 우스운 질문이다.

당신은 상대방 팔을 가리키면서 "이거 누구 팔이죠?"라고 물어본 적이 있는가? 내 어깨에 붙어 있으니 내 팔인데 이게 누구 팔이냐고 묻는다? 여자 몸 속에 들어있으니 당연히 그 여자 아이이다. 그럼에도 불구하고 우리는 묻는다. "누구 아이죠?" 게다가 그 질문을 받는 여성들도 하나같이 대답한다. "내 남자 친구 아이에요!" 드라마에서 죽을 힘을 다해 아이를 낳은 여성이 아이를 남편에게 넘기면서 말한다. "여보! 당신 아이에요!" 요즘은 그나마 우리 아이라고 말하는 듯해서 조금은 다행이지만, 나는 보고 듣고 싶다. "여보! 내 아이야!"라고 말하는 장면을. 누구 아이냐고 물으면 이러쿵저러쿵 길게 말할 필요 없다. "내 아이인데요?" 그걸로 끝이다. 그래도 기어이 아이 아빠가 누구냐고 따지는 남근주의자와는 상대하지 말기를.

에드워드 노튼과 나오미 왓츠가 주연한 〈페인티드 베일〉이라는 영화가 있다. 티비에서 방영해주길래 초등학교 5학년 딸과 함께 보았다. 아이가 좋아할까 싶었는데 매우 집중해서 보았고, 나중에 자신은 그런 영화가 좋다는 말도 하였다. (사랑에 대한 대단히 풍부한 콘텐츠를 제공해주는 영화를 아주 짧게 나오는 정사신 두 개와 불륜이 나온다는 것을 문제 삼아 관람 기준을 만 15세로 정한 작태가 얼마나 한심한가?) 서로에 대해 아는 것 하나 없이 결혼한 두 사람은 어찌어찌 해서 나오미 왓츠가 어떤 남자와 불륜에 빠지고 남편도 이 사실을 알게 된다. 안 좋았던 부부 사이는 어찌어찌 서로를 조금씩 알게 되면서 사랑이 싹트고, 이 시점에서 나오미 왓츠가 임신 사실을 알게 된다. 그 사실을 남편에게 알리는데, 비슷한 시기에 남편 및 불륜남과 섹스를 한 관계로 왓츠 본인도 아이 아빠가 누군지를 모르겠다고 하면서 미안해 한다. 이때 잠깐 생각하던 에드워드 노튼이 말한다. "It doesn't matter now, does it?(그건 이제 중요하지 않아, 그렇지)" 그리고 왓츠도 "No, it doesn't(그래, 중요하지 않아)"라고 답한다. 이 영화 최고의 명장면이며 대단히 논쟁적이고 핵심적인 주제를 다루고 있다.[26] 사실

---

26 서머셋 모옴의 원작 소설에는 나오지 않는다. 다만 유사한 주장을 주인공 키티(영화에서 나오미 왓츠가 연기한 캐릭터)의 생각으로 보여준다. 아이의 아빠가 자신이냐는 남편의 질문에 대해 키티는 그렇다고 거짓말(불확실함에도 불구하고 확실하다고 말한다는 의미에서) 하면 모든 문제가 풀린다는 것을 알지만 알 수 없는 이유에 의해 거짓말을 하지 못하고 잘 모르겠다고 솔직하게 말해 버린다. 그리고 다음과 같은 생각을 한다. "오랫동안 뱃속에서 아이를 키우고 고생해서 낳은 것은 여성인데 임신에 아주 잠깐 기여했을 뿐인 남자들이 저토록 터무니없는 주장을 하다니! 생물학적 아비가 누구냐에 따라 아이에 대한 남자의 태도가 왜 달라져야 하는 거지?"

적어도 태어나는 순간까지는 아이는 엄마의 '것'이다. 아이에 대한 남성의 지분은 무시할 정도로 작다. 그 쥐꼬리만한 지분을 과대포장해서 아이를 남자의 아이로 바라보게 한 것, 모계가 아니라 부계가 중요하게 된 것, 그것이 바로 '여성의 전 세계사적 패배'이다.

여기서 주의할 것은 부계사회와 부권사회(또는 가부장제도)는 다르다는 점이다. 부권사회 또는 가부장제도란 사회나 가정의 권력을 남성이 가지고 있는 것이고, 모권사회는 여성이 가지고 있는 경우다. 이론적으로 모계사회이면서 부권사회 또는 반대로 부계사회이면서 모권사회가 존재할 수 있다. 이를테면, 유대사회는 모계사회로 분류되지만 권력은 여전히 남성이 쥐고 있는 가부장제이다. 전 세계에 걸쳐 드물지만 모계사회가 발견되곤 한다. 그러나 중국의 소수 민족인 모수족을 제외하면 모권사회는 인류학적으로 밝혀진 바가 없다. 이른바 엥겔스의 '여성의 전 세계사적 패배'라는 테제를 모권사회에서 부권사회로 넘어간 것으로 이해하면 곤란하다. 잉여생산물이 없던 원시사회에서는 권력이라는 것이 존재하지 않거나 존재하더라도 별 의미를 갖기 힘들었겠지만, 사회적 생산력이 커지고 잉여가 쌓이면서 이 잉여의 분배와 상속과 관련해서 권력은 생성되고 중요한 의미를 갖기 시작하였을 거라고 짐작하는 것은 어렵지 않다. 또한 권력이 등장한 시점에서 권력을 남성이 잡았을 것으로 짐작하는 것도 어렵지 않다. 왜냐하면, 잉여생산물의 존재는 곧 집단과 집단 사이의 폭력, 또는 폭력의 극단으로 전쟁의 가능성을 열어두기 때문이다. 집단 내 또는 집단 간 갈등의 최종적 해결이 폭력이나 전쟁으로 이루어지는 경우에 남성의 1차적 정체성은 '전사'일 수밖에 없다. 전쟁이 1년에 한 번 있든 10년에 한 번 있든 빈도는 중요한 게 아니다. 전쟁의 가능성이 있다면 인간 사회는 그 전쟁에 대비해야 한다. 따라서 남성을 전사로 훈련시키고 키워야 한다. 이는 전투에서 여성보다 남성이 더 유리하다는 아주 단순한 생물학적 사실에 기인한다. 마빈 해리스의 주장처럼 여성해방운동의 궁극적인 목표는 전쟁의 종식, 갈등의 폭력적 해결방식의 종식이다. 갈등의 주된 해결 방식이 물리적 폭력에 의존한다면 여성해방은 요원할 수밖에 없다. 현대 사회에서도 가정 내에서 남성의 지배적 위치는 경제적 지배에도 의존하는 바이지만 최종적으로는 그들의 물리적 폭력에 의해 유지되고 있다.

지나 사피엔스[27]가 초기에는 난혼을 하고 점차 모계사회를 이루다가 나중에는 부계사회로 이행했다는 주장이 19세기에 이루어졌는데, 그럴 듯해 보이지만 학문적 근거는 없는 상상에 불과하다. 이제까지 난혼의 흔적이나 증거는 발견된 적이 없다. 물론 그렇다고 난혼을 하지 않았다는 증

---

27 레너드 쉴레인이 그의 저서 『Sex, Time & Power(지나 사피엔스)』에서 제시한 개념이다. 호모 사피엔스는 남성 중심적 관점인데, 그에 따르면 인류의 진화에서 핵심 역할은 여성이 수행하였으므로 인류는 마땅히 지나 사피엔스로 불리어야 한다. 나는 이 관점에 전적으로 동의한다. 기본적으로 생명의 프로토타입은 암컷이 지니고 있다. 나는 진화생물학의 가장 근본적 난제 중 하나인 왜 성(gender)이 등장하였는가라는 의문에 대해 컴퓨터에서 특정 파일을 백업하듯이 '남성'이라는 제2의 성은 복제 과정에서 혹시 모를 사태에 대비한 백업파일을 만드는 과정에서 만들어진 부산물로 이해한다. XX 또는 XY라는 유전형과 무관하게 수정이 이루어진 시점에서 배아는 여성으로 성장하도록 되어있다. 조직 분화가 일어나는 시기에 Y염색체는 배아의 본래적인 여성성에 대항하여 '모든 순간의 투쟁'을 통해 남성으로 분화한다. 따라서 유전형이 XY인 여성-때로는 대단히 아름다운-도 존재한다.

거도 없으니 결론은 열어두자. 또한 인류 초기 모계사회는 모권사회였고, 이것이 인류의 자연스러운 모습이다라는 주장도 정치적 주장으로서는 의미가 있지만 학문적 주장은 아니다. 또한 초기에는 모계사회였다가 점차 부계사회로 진화했을 것이라는 주장도 선뜻 받아들이기 힘들다. 이런 주장을 뒷받침할 만한 근거가 없다. 물론 드물지만 엄연히 모계사회가 지금도 발견되고, 또한 대부분의 사회가 부계사회라고 해서 처음부터 부계사회였는지 아니면 중간에 부계사회로 바뀌었는지를 확인할 수는 없으므로 처음에는 확실한 모계 혈통이 중요시 되다가 나중에 남성 권력에 의해 부계사회로 이행한 것이 아니겠느냐고 생각할 수는 있다. 그러나 나는 인류 초기부터 부계사회였을 것으로 짐작한다. 근거는 이렇다. 인류가 난자의 존재를 직접 확인한 것은 극히 최근이다. 정자, 정확히 말하면 정액은 아주 초기부터 확인 가능하다. 자위를 하든, 섹스를 하든 남성의 성기에서 뭔가 나오는데, 그것이 임신과 관계 없다고 생각하는 것이 오히려 더 이상하다. 흔히 여성의 자궁을 '밭' 또는 '대지'에 비유한다. 쉽게 이해가 되는 대목이다. 밭에 콩을 심으니 몇 달 후 콩이 난다. 여자 몸에 페니스를 꽂고 잠시 후 사정을 했더니 몇 달 후 아이가 태어난다. 이 두 가지 현상을 연결시키지 못할 바보가 어디 있겠는가?[28] 즉, 인류 초기에 인류가 임신을 정자와 난자의 결합으로 이해하기는 대단히 어렵다는 것이다. 그보다는 차라리 여자 몸에 남자가 뭔가를 뿌렸더니 몇 달 후 아이가 되더라라

---

28 비유를 하는 것이지 농경을 하고 나서야 이런 인식을 하게 되었다는 주장은 아니다.

고 생각했을 것으로 짐작하는 것이 더 타당하지 않을까? 만약 인류가 체외 임신을 하였다면 당연히 처음부터 임신을 정자와 난자의 결합으로 이해했을 것이다. 개구리도 아는 이 진실을(개구리가 지능이 있다면) 인간은 알지 못했다. 왜냐고? 난자를 본 적이 없으니까! 정액은 수도 없이 많이 봤다. 결국 생명의 씨앗을 정액에서 찾을 수밖에 없었다. 이때 형성된 인류의 감성이 지금도 면면히 유지되어 임신한 여자를 보면 여전히 묻는다. "누구 아이에요?" "누구 씨에요?"

남성과 여성이 가족이라는 계약 관계로 진입하게 되는 이유는 인간에게서 아이의 양육기간이 유난히도 길다는 것이 크게 작용하였을 것이다. 적어도 10년을 키워야 사람 구실을 하니 하나도 아니고 여럿을 동시에 키우는 여성 입장에서 자신과 자신의 자식들(남편의 자식이기도 한)을 위해 헌신적으로 먹을 것을 공급해주는 남성의 존재는 매우 중요했을 것이다. 또한 유전자의 이기적 속성을 이해하지 못하더라도 자신이 같이 사는 여성이 낳은 아이가 정말로 자신의 아이인지 알 도리가 없는 남성의 불안한 심리를 이해하는 것도 어렵지 않다. 물론 중국 모수족처럼 아이 양육을 포함한 모든 집안일과 바깥일을 여성이 도맡아서 하고 남성이 할 일은 오로지 섹스밖에 없는 사회라면 '불확실한 아비'는 전혀 문제가 안 된다. 여성이든 남성이든 아이의 생물학적 아비가 궁금할 이유가 없다. 내가 키울 것도 아닌데 내 아이인지 아닌지 궁금해할 남자도 없고, 여성도 남성으로부터 어떤 도움도 받지 않는데 굳이 아이 아빠가 누군지 알아서 뭘 하겠는가? 그러나 대부분의 사회는 당연히 집단 구성원의 절반인 남성이 생산활동에 참여하고 역사적으로 생산에서 남성이 차지하는 비중은 점점 커지게 된다. 따라서 남성 입장에서 자신과 같이 사는 여성이 생물학적으로 자신의 아이를 낳았는지의 여부는 가장 중요한 문제가 아닐 수 없다. 여성은 남의 자식을 키울 염려가 없지만(자신이 방금 낳은 아이가 혹시 옆집 여성의 아이일지도 모른다고 고민하는 여성도 있을까?) 남성은 본의 아니게 옆집 남자의 아이를 키우게 될 염려가 있다. 즉, 모계는 너무나 명확해서 따지고 말고 할 문제가 되지 않지만 부계는 인류 발전 초기부터 커다란 고민거리가 되었다는 것이다. 이를 남성의 이기심으로만 이해할 것은 아니다. 남편이 어느 날 혼외 관계에 있던 여성이 낳은 갓난아이를 데리고 왔을 때 '아이고! 이쁜 새끼' 하면서 흔쾌히 그 아이를 키우겠다고 결심할 여성이 얼마나 되겠는가? 여성이든 남성이든 태어난 아이가 부부의 공동아이인 경우에나 열과 성을 다해서 키울 것 아닌가? 그런데 아이의 엄마는 명확하지만 아이의 아빠는 불확실하다는 것. 이 지점에서 성도덕이 발생한다. 모계보다 부계가 더 중요해서 대부분의 인류 사회가(문명화된 사회든 원시사회든) 부계사회로 발전한 것이 아니라, 남성의 정액이 아이의 씨일 것이라는 합리적인 오해가 아이의 아버지가 불확실하다는 점과 결합하면서 부계사회가 형성된 것이다. 모계에서 부계로 진행한 것이 아니라 차라리 무계에서 부계로 진행했다고 보는 것이 더 타당하다.

잉여생산물과 함께 권력이 생기고 그 권력을 남성이 잡으면서 아이의 아빠가 누구냐는 문제는 훨씬 더 중차대한 의미를 갖게 되었다. 남성이 물려줄 재산이 생겼으니 자신이 같이 사는 여성이 낳은 아이가 정말로 자신의 아이인지의 문제는 잉여가 없던 시절과는 비교가 안 되게 중요해졌다.

부계 문제 하나만 해도 골치 아픈데 여기다가 남성 권력까지 등장하면서 인류는 부계 혈통에 목숨을 거는 매우 불안전하고, 부자연스럽고, 온갖 갈등 요소를 담고 있는 거대한 도그마에 빠지게 된다. 생각해보라!

남성인 당신이 권력을 쥐고 있는데 같이 사는 여성이 아이를 낳았다. 근데 이 아이가 내 아이인지 도무지 알 수가 없다. 아무리 원시인일지라도 남녀가 교접을 해야 임신이 된다는 것은 알고 있을 테지만 도대체 언제 해야 임신이 되는지를 알 수가 없다. 만약 오늘 섹스 해서 내일 아이가 태어난다면 수천 년 동안 인간을 속박해온 온갖 성관념은 생기지도 않았을 것이다. 내가 어제 섹스를 하지 않았는데 오늘 아내가 아이를 낳았다. 그럼 헤어지면 그만이다. 인류 진화 초기부터 월경과 임신의 관계는 어느 정도 알았을 것이다. 인간의 암컷만큼 요란스럽게 월경을 하는 포유류가 없으니, 다달이 하는 월경이 멈추었다는 것은 뭔가 몸에 변화가 있었다는 것이고, 실제로 몇 달 뒤 배가 불러오고, 다시 몇 달 뒤 아이를 낳으니 대충 임신 기간이 8~10달 정도 된다는 것을 깨닫는 것은 어렵지 않다.[29]

그렇다면 오늘 낳은 아이는 대략 열 달 전 섹스의 결과물인데, 도대체

---

29 이런 몸의 주기에 대한 인식이 인류 진화의 핵심 열쇠라는 것이 레너드 쉴레인의 고찰이다. 즉, 시간이란 뭔가의 반복을 통해 측정되기 마련인데 인류 여성은 자신 몸의 반복적 월경 주기를 통해 시간을 깨달았다는 주장이다. 학문에서 상상력이 얼마나 중요한지 보여주는 대목이다. 다시 한 번 우리 교육이 저지르는 만행, 상상력을 허용하지 않는 교과서 제일주의가 안타깝다.

열 달 전에 아내가 나하고만 섹스를 했다는 보장이 없다! 사냥 나간 사이에 어느 놈하고 붙었는지도 모르고, 과일 따러 나갔다가 겁탈당했는지도 모른다. 만약 임신이 이루어지는 섹스 시점을 인류가 초기부터 알았다면 어땠을까?

예를 들어, 보름달이 뜨는 밤에 섹스를 하면 임신이 된다고 가정하여보자. 그리고 그 사실을 인류가 알았다고 하자. 그러면 보름달이 뜨는 밤에만 내 아내를 잘 감시하면 되는 일 아닌가. 나머지 날에는 아내가 옆집 남자랑 하든 말든 상관이 없다. 왜? 임신이 안 되니까 걱정할 것이 없다. 배란기에 유달리 볼이 빨갛게 달아오른다면? 역시 그때만 조심하면 된다.

그런데 아이의 양육기간이 길어지면서 여성의 배란기가 은폐되어 버렸다. 언제 섹스를 해야 임신이 되는지 남녀 공히 모르니 인류는 날이면 날마다 섹스를 할 수밖에 없게 되었다. 섹스는 중요한 일상이 되었는데 즐겁지 않으면 여간 고역이 아니다. 이것이 인간에게서 섹스의 오르가슴이 그토록 강렬한 이유이다.

더 중요한 것은 여성이 배우자 이외의 남성과 섹스를 하는 것을 어떻게든 막아야 하는 것이 권력을 쥔 남성의 가장 중요한 고민거리가 되어 버렸다. 이는 결코 물리적 강제나 감시만으로는 다른 남성과의 섹스를 막는 것은 불가능하다.

모든 지배/피지배 체제는 피지배자가 지배자의 이익을 자신의 이익 또는 모두의 이익으로 착각하지 않고서는 성립하지 않는다. 성 영역에서 남성의 핵심 목표를 실현하기 위해서는 여성 스스로 남성의 이데올로기를 자신의 이데올로기로 받아들여야만 한다. 어떻게 자신의 아내를 하루 온종일 감시할 수 있는가? 가능하지도 않을 뿐더러 그럼 생산은 누가 하겠는가? 결국 여성 스스로 남편 이외의 다른 남자와 섹스를 하면 안 된다는 생각을 해야만 한다. 그래서 정조 있는 여성을 찬양하고, 남자 관계가 복잡한 여성은 비하하는 사회적 분위기가 생겨난다. 남성으로 하여금 마음 놓고 밖에 나가 일하게 말이다. 이것이 성도덕의 기원이다.

모든 성도덕을 한 문장으로 줄이면 이렇다. 남편 이외의 남자와는 어떤 경우에도 섹스를 해서는 안 된다. 좀 더 정확히 표현하면 어떤 경우에도 남편 이외의 성기를 받아들여서는 안 된다. 즉, 상간은 물론이거니와 강간당해서도 안 된다. 성도덕이 본질적으로 여성 억압적인 이유이다. 간통 사건에서 남편의 관심은 오로지 자신의 아내가 상대남과 섹스를 했냐 안 했냐이다. 상대 남자를 진심으로 사랑했지만 잠자리는 안 했다고 하면 대부분의 남편들이 안도의 한숨을 내 쉰단다.

반대로 여성의 주된 관심사는 남편이 상대녀에게 마음을 주었느냐 아니면 섹스만 하는 사이인가이다. 이는 인류학 관점에서는 아주 당연한 교과서적인 반응이다. 부인이 상대남에게 마음만 준 경우 상대남에게 뭔가 해주어도 그 결과는 가정 내로 들어오지 않지만 섹스를 했다면 그 결과물이 자신의 가정 내로 들어올 가능성이 있다. 부인의 입장에서 남편이 상대녀와 섹스를 한 경우 그 결과물이 내 가정으로 들어올 가능성은 없지만 남편이 상대녀에게 마음을 준 경우에는 남편의 소득 일부가 상대여성에게 갈 가능성이 있기 때문이다. 토끼를 두 마리 잡았는데 한 마리는 그 여성에게 갈 가능성이 있다는 뜻이다. 인류의 현재 감성과 도덕 체계가 과거 원시사회의 조건에서 발생한 것과 얼마나 흡사한가를 보여주는 사례이다. 불륜과 관련한 태도 조사에서 불륜에 가장 적대적인 태도를 취하는 계층이 남편이 고소득자인 중산층 여성인 이유도 쉽게 이해할 수 있다.

지금도 어디까지나 형식적으로는 강간을 폭력으로 규정하고 여성을 피해자로 규정하지만 실제는 여전히 강간조차도 여성의 책임으로 이해되고 가해자보다는 여전히 피해자가 더 창피해한다. 성도덕의 여성 억압적 속성을 이보다 더 잘 보여주는 사례가 있을까?

성도덕의 대상은 철저히 여성이다. 물론 대부분의 사회에서 성도덕은 형식적으로는 남녀에게 평등하게 표현된다. 말로는 그렇다. 여성의 정조만 중요한 것이 아니고 남성의 정조도 중요하다. 뭐 이런 식의 구라는 널리 퍼져 있다. 실제에서 헤픈 여자는 '걸레'라고 비하되지만 헤픈 남자는 '바람둥이'라고 희화화된다. 물론 이렇게 성에 대해 개방적인 태도를 취하는 남녀에 대해 이중잣대를 대는 데에도 생물학적 근거는 있다. 생물학적으로 섹스의 모든 결과와 책임은 여성에게 향하고 남성은 결과로부터 자유로우니 본질적으로 여성은 섹스에 소극적이고 조심스러울 수밖에 없고, 남성은 무책임할 정도로 공격적이고 적극적일 수밖에 없다. 따라서 섹스는 기본적으로 남성이 여성을 설득하는 과정일 수밖에 없다. 그러니 아무 남자하고나 섹스를 하는 여성은 부정적으로 간주되고 여러 여자와 섹스를 하는 남성은 능력자로 해석되는 것은 나름 근거가 있다. 적어도 어떻게 임신을 하는지를 몰랐던 '무지의 시대'에는 그렇다는 것이다. 우리는 이제 알지 않는가? 언제 섹스를 하면 임신이 되는지를 아니 그 시기를 피해서 하면 된다. 게다가 피임의 방법이 얼마나 많은가? 게다가 완경[30]을 한 여성은 임신으로부터 완전히 자유롭게 된다. 섹스를 도덕의 영역에서 추방시킬 충분한 지식과 이성적 사고가 쌓인 것이다.

　지금 우리가 갖고 있는 모든 성도덕과 성관념은 언제 섹스를 해야 임신이 되는지를 몰랐던 과거 무지의 산물이다. 이제 그 무지의 시대를 벗어났으니 그만 그 엄숙한 망토를 벗어버렸으면 한다. 성에 대한 매우 정확한 지식을 갖게 되었으니 그 지식에 걸 맞는 성도덕을 갖자는 것이다. 생각해보라. 유부남 유부녀가 같이 밥 먹고 차 마시는 것은 괜찮은데, 유독 섹스만은 안 되는 이유가 무엇인가? 사실 유부남 유부녀가 차 마시는 것은 괜찮고, 섹스하는 것은 불온하게 보는 것도 우습다. 섹스가 어디 침대에서 시작하는가? 섹스는 바라보는 눈빛에서 시작한다. 강도의 문제일 뿐 대부분의 남녀 사이에는 성적 긴장감이 존재한다. 나는 이 긴장감이 좋다. 성적 긴장감이 없는 남녀 사이는 얼마나 따분한가? 성적 긴장감이야말로 두 사람의 관계를 발전시키는 결정적인 촉매제다. 따라서 남녀관계는 필히 애정관계로 나아가게 마련이니, 애초 싹을 싹둑 자르는 게 현명하다고 믿는 사람들이 있지만, 단 한 번 연습 없이 태어나 훈련 없이 죽는 우리에게 좀 더 다양한 삶의 경험을 허락해도 되는 것 아닐까? 두 남녀가 무인도에서 살면서 서로에게 "나는 오직 당신만을 사랑해!"라고 속삭

30　폐경의 부정적인 맥락 대신 완경이란 표현을 쓰자는 주장을 따랐다.

인들 그렇게 감동적으로 보이진 않는다. 당신 배우자가 세상의 수많은 이성에 대해서는 완전히 무지한 채 일년 내내 온종일 오직 집안에만 머물면서 날마다 당신에게 '나는 세상에서 당신이 제일 좋아!'라고 말한다면 어떤 기분이 들까?

왜 결혼 밖의 섹스를 금하는 도덕 체계와 감정 체계를 갖게 되었을까? 유일한 이유는 임신 가능성이고, 임신 및 출산하였을 때 그 아이의 혈통 문제 아닌가? 그런데 임신은 여성을 물리적으로 속박하였을 뿐만 아니라 심리적으로도 속박하는 강력한 기제로 작용하였다. 20세기 초 마가렛 생어 같은 사람들이 피임법을 전파했다는 이유로 그토록 고초를 겪은 이유도 겉으로는 임신을 목적으로 하지 않는 섹스에 대한 기독교의 히스테리적 거부감이다. 하지만 실제 속내는 여성들이 임신의 공포로부터 자유로워지면서 남성 지배에서 벗어날 것을 두려워한 남성권력의 지배욕의 산물일 것으로 나는 이해한다. 그렇지만 막상 피임이 보편화되자 여성만 그 혜택을 본 것은 아니고, 남성 역시 그 혜택을 충분히 누리고 있지 않는가? 지금 모든 것은 그대로인 채 오직 마땅한 피임 방법이 없다고 가정한다면 전국의 많은 모텔은 문을 닫아야 한다. 남성들이 여성에게 섹스를 허락받기가 지금보다 백 배는 더 힘들 것이다. 여성의 권리와 지위 향상이 여성에게만 유리한 것이 아니고, 남성에게 불리하게 작용하는 것도 아니며, 실제로는 남녀 모두에게 유리하다는 것을 보여주는 사례이다.

두 명 이상의 성인이 서로 동의하여 섹스를 한다면 이것을 도덕 문제로 다룰 하등의 이유가 없다. 그 성인이 별개의 결혼 계약에 속하든 말든, 그들이 두 명의 남성 또는 여성이든, 세 명 이상의 남녀이든 그들의 성적 문란함이 세상에 어떤 해악을 주는가? 세상의 많은 나라들을 종합적으로 살기 좋은 사회 순으로 나열하고 그 사회의 여러 속성(일인당 소득이든 교육 수준이든)을 비교해 본다면 아마 성적으로 문란할수록 살기 좋은 사회라는 결과가 나오지 않을까 하는 상상을 해보곤 한다. J. S. 밀이 혼인서약서[31]에서 말했듯이 여성은 결혼 후에도 마치 결혼을 하지 않는 것처럼 자신의 몸에 대한 배타적 결정권을 가져야 한다. 남자는 이미 가지고 있으니 여성이 못 가질 이유가 없다. 성도덕, 그것은 여성을 포함한 모든 인간에 대한 억압 장치일 뿐이다. 성도덕을 벗어 던지면 잃는 것은 억압의 쇠사슬이고 얻는 것은 자유와 행복이다.

---

31 ··· in the event of marriage··· she retains··· the same absolute freedom of action and freedom of disposal of herself···, as if no such marriage had taken place.

상대가 정말로 나를 사랑하는가?

대부분의 포유류에서 수컷은 아이의 양육에 참여하지 않는다. 그러나 인간의 경우는 양육 기간이 대단히 길기 때문에 수컷이 양육에 책임을 지지 않는다면 그 자식들은 생존에 치명적인 불리함을 갖게 된다. 즉, 양육에 대해 책임감을 갖는 수컷이 자신의 유전자를 퍼트릴 가능성이 많아진다는 것이다. 여성 또한 이렇게 책임감이 있는 남성을 선택하는 능력 있는 개체가 생존에 더 유리하다. 결국 여성은 자신을 진심으로 아껴주는 남성이 필요하고, 남성은 오로지 자신에게만 섹스를 허락하는 여성이 필요하게 되었다. 남성과 여성이 상대에게 바라는 바가 일치하지 않는다.

진화 초기부터 여성이 전적으로 육아를 책임져야 하는 구조에서 발생한 여성의 특징이 하나 있다. 상대적으로 미련이 적다는 거다. 흔히들 연인과 헤어진 후 여성들이 남성보다 더 '쿨'하게 잊는다고 한다. 운전하다가 국도냐 고속도로냐 고민하다가 어느 한쪽을 선택하는 경우에도 남성들은 자신이 선택하지 않았던 쪽의 상황에 관심이 많은 반면, 여성들은 '가지 않은 길'에 대한 미련이 적다고 한다. 이런 태도의 차이는 여성이 전적으로 육아를 책임져야 하는 역사적 경험 속에서 형성되었을 것이다. 즉, 배우자를 선택한다는 것, 성교의 상대를 선택하는 것은 여성의 의사와 전혀 무관하게 진행되는 경우도 있지만 기본적으로는 남성이 여성을 설득하는 과정이다. 즉, 결혼 전에는 여성에게 선택지가 여럿 있다. 그런데 결혼하고 출산을 하게 되면 상황은 전혀 달라진다. 자신과 아이를 위한 남성의 헌신은 생존과 직결되는 중차대한 일이 되었는데, 아이를 낳고 남자를 선택하는 것이 아니고, 남자를 선택하고 나서 아이를 낳는 것이므로 여성은 해당 남성을 선택한 자신의 결정이 최선이었기를 바라는 심정 말고는 달리 고민할 여지가 없다. 혹시 옆집 남자가 더 좋았을까 하는 고민은 현실에 전혀 도움이 되지 않을 뿐더러 그런 고민을 하기에는 당장의 육아 현실이 너무나 치열하게 다가온다. 한마디로 바빠서 고민할 정신이 없다. 육아에 전혀 관여하지 않는 남성 입장은 사뭇 다르다. '가지 않은 길'에 대한 온갖 상상과 미련이 머리를 맴돈다. 한가하니 딴생각하는 셈이다. 게다가 권력을 쥐고 있는 남성은 자신의 '잘못된' 선택을 바꿀 수 있는 가능성도 있었을 터이니 더더욱 그렇다.

짝짓기의 과정이 발정기라는 생물학적 이벤트에 의존하지 않고 헌신, 책임감, 정조와 같은 문화적 성향에 의존하게 되면서 남성이나 여성이나 상대가 자신을 진정으로 사랑하는지를 아는 것은 진화 초기부터 매우 중요한 과제였을 것이고, 지금도 그러하다. 그러나 사람 속을 아는 법은 여전히 진화계의 숙제일 뿐 여전히 사람들은 속아서 결혼하고 후회한다. 여성의 촉이라는 표현을 종종 듣는데, 나는 그다지 동의하지 않는다. 뿐만 아니라, 이 여성의 촉, 여성 특유의 직감이라는 표현은 내가 이해하는 바로는 주로 여성은 이성적 능력이 부족하지만 특유의 직감은 잘 발달하였다는 맥락을 은연중에 전제하는 경우가 대부분이어서 역시 그다지 좋아하지 않는다.

그런데 섹스가 기본적으로 남성이 여성을 설득하는 구조이고, 게다가 우리 사회는 여전히 성에 대해 보수적인 상황이다 보니, 여성 입장에서 남성이 자신을 '진정'으로 사랑하는지 적당히 섹스하기를 바라는지 구별하는 꽤 잘 들어맞는 방법이 하나 있다. 그건 너무 늦은 시기 말고 적절한 시기에 섹스를 하는 것이다. 남성 입장에서 여성을 섹스 파트너로 생각하는 경우에는 몇 번 섹스를 하고 나면 거의 틀림없이 태도에 변화가 생긴다. 약속 시간에 늦는다거나, 약속을 자꾸 바꾼다거나 하는 식이다. 목소리 톤도 바뀌고 같이 있을 때 당신만을 보지 않고 자꾸 다른 곳을 보게 된다. 또 섹스를 할 때 자꾸 이상한 체위를 요구하기도 한다. 포르노에서 보았던 각종 판타지를 직접 시현하고 싶은 욕구를 당신에게 쏟는 것이다. 물론 '이상한 체위'라는 것이 대단히 상대적이기는 하지만 내가 원하지 않거나 싫어하는 체위를 자꾸 보채는 것은 기본적으로 당신을 사랑하는 것보다는 당신과의 섹스를, 좀 더 정확히는 섹스 그 자체를 원하는 것일 가능성이 높다. 여성 입장에서는 여성의 몸을 소중하게 다루는 남성과 교제하는 것이 백 번 좋다. 이렇게 섹스 후에 남자가 태도를 바꾸면 나도 입장을 바꾸면 된다. 기분은 더럽지만 그래도 이렇게라도 일찍 본색을 알게 된 것을 다행으로 생각하면 되지 않는가? 물론 리스크가 있다. 헤픈 여자라는 소문이 날지도 모른다. 그렇지만 깜깜이 상태로 교제를 지속하거나 더 나아가 결혼까지 이르는 것은 더 위험하지 않을까?

　남성 입장에서는 상대 여성이 자신을 진정으로 사랑하는지 아닌지 구별하는 위와 같은 실제적인 방법은 별로 없다. 다만 나의 직,간접적인 경험으로 보자면 여성이 남성에게 사랑한다고 말하면 대부분 진심이다. 그냥 믿으면 된다. 기본적으로 사랑, 연애, 결혼 더 나아가 이 사회 자체가 남성 중심적이고 여성은 약자이기 때문에 약자인 여성이 남성이라는 것 빼고는 별 볼 일 없는 당신에게 사랑한다고 말하면 그건 정말로 당신을 사랑하기 때문이다. 물론 당신이 재벌 3세인 경우는 예외다. 만약 당신이 재벌 3세라면 결혼한 여성이 당신을 진심으로 사랑한 것이 아니었다는 것을 나중에 깨닫게 되더라도 적당히 위자료 주고 헤어지면 되니 별다른 손해는 없지 않은가? 따라서 당신이 재벌 3세나 그에 준하는 대단한 권력과 지위를 가진 사람이 아닌 경우에, 맘에 드는 여성이 당신에게 당신을 사랑한다고 말하면 그 말을 100% 진심으로 받아들여도 문제 없을 것이다.

섹스! 그 전면적 커뮤니케이션에 관하여

섹스하면서 서로 대화를 통해 서로의 기쁨을 증대하는 것은 좋지만 그렇다고 해서 하나부터 열까지 꼬치꼬치 물어볼 수는 없는 노릇이다. 상대의 성감대가 어디인지, 오늘 어느 부위가 유난히 더 민감한지는 자신의 모든 감각을 통해 스스로 알아낼 수밖에 없다. 상대 몸짓의 미묘한 변화를 보아야 하고, 상대가 내뿜는 페로몬을 맡을 수 있어야 하고, 상대 숨소리의 변화를 들을 수 있어야 하고, 입술의 맛을 볼 줄 알아야 하며, 상대의 미묘한 떨림을 내 몸으로 직접 느껴야 하는 섹스는 그래서 전면적 커뮤니케이션이다. 이것이 젊은 시절 너무 늦지 않은 시점에서 연애를 하고 그 연장선에서 성 경험을 해야 하는 이유이기도 하다. '너무 늦지 않은 시점'이 언제인지가 문제인데, 되도록 20대 초반을 넘겨서는 안 된다고 보고, 10대 후반에서 20대 초반이 적절한 시점이라고 본다. 20세를 전후해서 이성교제를 하고 성 경험을 통해 상대의 성에 대해 감성적인 영역과 실제적인 영역에서 이해를 확대해야 우리의 인생이 좀 더 풍요롭고 행복하게 될 것이다. 상대와 처음 키스하는 순간, 처음 섹스하는 순간, 자신과 상대의 옷이 한 꺼풀씩 벗겨지는 과정의 긴장감과 몰입도는 세상 그 무엇과도 비교하기 힘들다. 이른 나이부터 이런 긴장감에 익숙해진다면 세상살이에 도움이 될지언정 해가 되지는 않을 거라고 본다.

섹스는 타인과의 커뮤니케이션 능력을 키우는 매우 좋은 과정이다. 넓게 보면 섹스는 침대에서의 행위만이 아니다. 섹스는 바라보는 눈빛에서 시작하며, 함께 차를 마시면서 외투를 벗고, 길을 걸으면서 블라우스를 벗고, 4면으로 둘러싸인 공간에서 속옷을 벗어 알몸인 상태로 성교를 하고, 집 앞에서 헤어지기 전 안타까운 키스에서 그 절정을 이룬다. 결혼한 두 사람의 섹스가 심드렁해지는 이유는 어쩌면 초반의 사전 탐색 과정도 없고 마지막 헤어지기 전의 안타까운 절정도 없이 오로지 성교만 있기 때문은 아닐까? 부부는 섹스 후에 같이 잠들고 아침에 일어나 같이 밥을 먹는다. 결혼 초반에야 이런 안정감, 드디어 상대를 내 울타리에 '가두는' 데 성공했다는 안정감이 크게 작용하겠지만 오래지 않아 이 모든 것은 일상이 되고 만다. 안타깝지만 존재하는 것은 사라지기 마련이고 사라지기 때문에 아름다운 법이다. 물론 우리의 인생에서 매일 연애만 할 수는 없으니 사랑하는 두 사람이 적당한 형식으로 서로의 파트너십을 세상에 알릴 필요는 있다. 그렇지만 결혼이라는 형식 또는 제도는 지나치게 그 울타리가 견고하여, 초기에는 두 사람이 다른 생각 안하고 육아에 집중할 수 있다는 좋은 효과가 있지만, 얼마 지나지 않아 자체의 활력을 잃어버리게 마련이다. 이런 점에서도 결혼보다는 두 사람 사이에 최소한의 긴장감을 유지하게 해주는 동거가 더 바람직하다고 생각한다. 결혼과 동거는 사회 제도적 변화와 사람들의 인식과 맞물려 있으니 당장은 어쩔 도리가 없다 손치더라도 개별 부부의 입장에서 두 사람 사이의 적절한 긴장감을 형성하는 방안을 고민해야 한다. 오래 전에 정신과의사 정혜신 씨의 책에서 부부동반 모임에 참석한 부인이 남편의 생일 선물로 쪽지를 하나 주었는데, 그 쪽지 내용이 'any time any where'였다는 내용을 읽은 적이 있다. 남편은 아내의 뜻밖의 성감대 자극으로 모임 내내 정신이 하나도 없었지 싶다. 뇌가 인간에게 가장 중요한 성감대라고 하니 서로 적절히 상대의 성감대를 자극하고 볼 일이다.

성매도 여성과 섹스를 하면서 상대 여성에게 "좋냐?"고 묻는 남성의 심리가 우습다는 농담이 있다. 남성이 여성에게 돈을 줬으니 여성이 남성에게 기쁨을 줘야 하는 의무가 있는 법인데, 도리어 남성이 여성에게 좋으냐고 물으니 입장이 바뀐 것 아니냐는 말이다. 우습기는 하지만 성매도 여성에게조차 기분 좋은지를 묻는 성매수남의 모습은 섹스를 접하는 남성의 가장 기본적인 심리를 잘 보여준다. 물론 이는 여성을 이른바 "뿅" 가게 하는 것이 남성의 능력이라는 왜곡된 남성우월주의가 가미된 점도 있으나, 기본적으로 섹스는 상대를 기쁘게 함으로써 나의 기쁨도 커진다는 쌍방주의 또는 이타적이고 문화적 행위라는 것을 보여준다. 섹스를 하면서 상대가 기뻐하는 모습을 보면 참으로 즐겁다. 그것은 결코 내 능력을 확인받았다는 우월의식과는 전혀 관련 없다. 내가 상대를 원하는 만큼 상대도 나를 원한다는 심리적 만족감이 크고, 남성인 나보다 상대적으로 복잡한 경로를 거치는 여성이 나와의 행위를 통해 쾌감을 얻는 모습은 말로 형언하기 힘들 정도로 아름답다. 어찌 보면 섹스는 남녀가 합심해서 여성을 기쁘게 하는 행위이다. 따라서 여성 입장에서 사랑하는 상대 남성을 기쁘게 하고 싶으면 본인 스스로 쾌감을 얻으려고 노력해야 한다. 그런 점에서 여성을 위한 포르노 또는 포르노그라피가 필요하다. 남성에 의해서 쾌감에 이르는 수동적 존재가 아니라 스스로의 몸짓으로 쾌감을 얻는 여성상이 형성되어야 한다. 50대로 진입하고 나서 문득 섹스도 영원히 할 수 있는 것은 아니구나 하는 생각이 들어서 남편과 섹스할 때 좀 더 적극적으로 하게 되었다는 이야기를 어떤 여성으로부터 들은 적이 있다. 뭘 얼마나 적극적으로 했는지는 알 수 없는 노릇이나 그 이야기를 하는 여성이 그렇게 아름답게 보일 수가 없었다.

사실 부부간의 섹스를 재미없게 또는 힘들게 하는 가장 큰 요인은 여성이 기본적으로 피곤하다는 점이다. 특히나 육아과정에 있는 경우는 그렇다. 게다가 우리 세대 여성의 경우는 워낙 성의 즐거움이 억압 또는 외면받기 때문에 섹스를 즐긴다는 것이 정서적으로도 그리 쉽지만은 않다. 정서적으로 억압받지는 않았을지라도 육아와 가사에 지쳐버리면 운우지정은 언감생심이다. 즐거운 섹스를 위해서는 가정에서 성 평등, 여성주의의 가치 구현이 필요하며, 이를 위해 야근이 사라지고 노동시간이 줄어드는 등 사회적 환경이 뒷받침되어야 한다. 이렇게 세상은 유기체여서 아무리 사소한 문제일지라도 그 근본적 해결을 고민하다 보면 사회 전체의 변혁과 맞물리게 된다는 것을 쉽게 확인할 수 있다. 교육문제이든 사법정의의 문제이든 하다 못해 교통질서 확립조차도 세세히 톺아보면 언제나 사회 전체의 변혁 속에서만 해당 문제를 제대로 바로잡을 수 있음을 깨닫게 된다. 그러다 보면 개인으로서는 무력감을 느끼게 마련이고, 이런 무력감이야말로 기득권층과 지배계급들이 원하는 바일 것이다. 사회에 대해 문제점을 느끼는 사람이 나 혼자가 아니라는 것, 즉 연대의식이야말로 변혁의 첫 걸음인 이유이며, 그런 점에서 요즘의 '프로불편러'는 어쩌면 레닌이 주장한 '직업적 혁명가'의 현대적 버전은 아닐는지? 그렇다고 지금 두 사람의 행복을 사회 변혁 후로 마냥 미룰 수는 없는 노릇이니 즐거운 섹스를 위한 구체적인 액션 플랜을 지금 바로 시작해야 하지 않을까? 한 친구는 젊었을 적에 남편이 하도 섹스를 하자고 해서 "아무리 맛있는 음식도 매일 먹으면 맛있는 줄을 모르니 내게 굶을 시간을 달라"고 남편에게 요청하였다고 한다. 내 아내는 본인 스스로 섹스가 하고 싶었던 경우는 1년에 한두 번이었다고 하는데, 그럼 나머지 경우는 남편의 바람기를 잡기 위한 무임금성노동이었나 싶어 미안한 생각이 들었다.

사랑이라는 가슴앓이에는 나이가 따로 필요 없다. 영화 〈러브 액츄얼리〉에서 리암 니슨(다니엘 역)의 "심각한 고민은 아니어서 다행이다"라는 말에 꼬맹이 토마스 생스터(샘 역)가 "사랑보다 심각한 게 어디 있어요?"라고 답하는 장면이 나오는데, 노소를 막론하고 지금 우리 나이가 사랑하기 딱 좋은 나이임에는 틀림없다. 내가 누군가를 좋아하는데 그 사람도 역시 나를 좋아할까? 하는 설렘과 두려움, 이런 가슴앓이는 연애소설 만권을 읽는다 한들 깨우치기 힘든 인간과 사랑의 본질에 대해 우리에게 많은 것을 알려준다. 좋아하는 사람 주위를 맴돌면서 끊임없이 그에게 신호를 보내고, 그 사람에게서 오는 신호를 해석하여 한걸음 나아가야 하는지 좀 더 기다려야 하는지를 깨닫는 능력을 10대 시절부터 왕성하게 개발해야 한다. 우리 사회는 어찌 보면 노도처럼 밀려오는 강물을 입시라는 거대한 댐으로 가로막았다가 고등학교 졸업과 동시에 터트리는 상황이다. 그보다는 그들의 나이에 맞는 연애와 성을 허용하는 것이 더 바람직하지 않을까? 감정으로서의 연애나 사랑은 스스로 터득하게 하고 공적 영역에서는 구체적인 지식과 정보에 치중하는 것이 더 타당하다고 본다. 구체적인 지식이라 함은, 이를테면, 피임하는 방법, 콘돔을 성기에 씌우는 방법, 성기를 결합하기 편한 체위, 피하는 것이 좋은 체위 등등이다. 관심이 온통 섹스에 가 있는 사람들에게 사랑은 하되 섹스는 하지 말라? 그러니 학교가 외면받는 것 아닐까?

우리 사회는 지나치게 성을 신비화하거나 또는 금지하면서(그리고 그 대척점에는 왕성한 성매매 산업이 펼쳐져 있다) 섹스가 연애 감정의 자유로운 발전에 걸림돌로 작용하곤 한다. 우리 세대의 20대 시절 연애에서는 섹스는 거대한 심리적 장벽으로 작동하였다. 관계의 이른 시기에 섹스를 해버렸으면 더 발전했을 관계가 결혼 이후로 미루어지면서 마치 섹스가 숙제가 되어 버린 형국이었다. 다행히 지금 세대는 이 장벽이 조금은 낮아졌지만 여전히 우리 사회에 만연한 성엄숙주의가 나는 대단히 불편하다. 우리 세대의 경우 사랑하는 사람과의 섹스는 유보되고, 남성의 첫 성 경험이 사창가에서 이루어지는 경우는 흔했다. 군대에서의 남성 패거리 문화도 여기에 크게 일조하였다. 아마도 남성의 경우는 결혼 후의 첫 외도도 역시나 성매매를 통해서가 아닐까 싶다. 지금 50대인 여성의 경우 남편이 자신의 첫 성 경험자인 경우는 흔할 것으로 짐작한다. 그들의 모습이 잘못되었다는 말은 아니다. 그러나 20대 중후반에 결혼하고 처음으로 성 경험을 하는 모습은 인간의 자연스러운 신체 발전에 견주어서 바라보면 어색하게 느껴진다. 좀 더 이른 시기에 자신의 몸에 대해 알았으면 우리 세대들이 조금은 더 행복했을 거라고 본다. 사랑한다면 섹스를 하자! 10대든 30대든 50대든, 미혼이든 기혼이든, 설령 불륜일지라도!

간혹 티비쇼에서 부부간의 관계 회복을 위해 대화를 자주 할 것을 주문하는 모습을 보는데, 나는 거의 헛소리라고 생각한다. 대화보다는 섹스를 해야 한다. 상대가 싫더라도 관계 회복을 원한다면 규칙적으로 섹스를 해야 한다. 그러면서 상대의 호흡을 느끼고 감정의 선을 따라가는 법을 깨우쳐야 한다. 그게 되어야 대화가 가능해진다. 그게 안 되면? 인연이 거기까지라는 것을 인정하고 갈라서야 한다. 대화는 매우 논리적인 과정이고, 대부분 자기 방어적이며 타인 설득의 과정이다. 논리는 자신이 알고 있는 것을 상대방에게 설명할 때 쓰는 것이지 모르는 것을 알고자 할 때 쓰는 것은 아니다. 모르는 것을 이해하게 될 때 쓰는 것은 직관이다. 직관으로 이해하고 논리로써 설명한다. 이것이 교육자와 피교육자 사이에 가로놓여 있는 거대한 협곡이다. 인간은 우리가 생각하는 것만큼 이성적이지는 않다. 대부분의 판단은 감성으로 하게 마련이고, 이성은 그 판단을 합리화해 줄 뿐이다. 어떤 이가 합리적으로 판단하는 듯이 보인다면, 그는 합리적으로 훈련된 감성을 가지고 있는 경우이다. 투표할 때 정책보고 투표하는 경우는 거의 없다. 대부분 지지하는 후보를 감성적으로 결정하고 자신의 결정을 남에게 설득력 있게 제시하기 위해 그 후보의 괜찮아 보이는 정책을 이야기할 뿐이다. 대화를 통해 상대를 이해한다? 거의 불가능하다. 대화를 통해 상대를 이해한 듯이 보이는 경우가 있긴 하다.

그러나 그것은 이미 대화 전에 상대를 이해하고 대화를 통해 그 사실을 확인하는 경우가 대부분이다. 대화는 서로가 서로를 이미 이해했다는 또는 이해할 수 없다는 사실을 확인하는 과정일 뿐이다. 얼마나 많은 부부간의 대화가 싸움으로 귀결하는지를 생각해보라. 어릴 적 내 아버지는 종종 내게 "대화하자"고 하였지만, 대부분 "이놈이 이제 아버지한테 대드네?"라는 말로 끝나곤 하였다. 대화보다는 차라리 잡담을 하라고 하라. 수다도 괜찮다. 여성들이 카페에 모여 나누는 수다는 감정 정화의 효과라도 있지만, 남성들이 주도하는 대화란 것은 아무짝에도 쓸모 없는 경우가 많다. 미지의 블로거 에이프릴풀(aprilfool)의 블로그(blog.daum.net/aprilfool)에 나오는 한 대목을 인용한다. 일부 대목은 이해를 돕기 위해 조금 수정하고 강조 부분은 굵은 글씨로 표기하였다.

"2004년 2월 24일 : 인간과 인간의 관계에 대해 많이 생각하게 되는 요즘인데, 드라마 엑스파일과도 관계되는 점이 있어 여기 한 번 적어 본다. 멀더와 스컬리에게서 내가 가장 현실적이라 생각한 것은 그들 간에 대화가 없다는 점이었다(여기서 '현실적'은 상당히 비겁한 어휘 선택이다. 나는 지금 나와 비슷하면 현실적이고 나와 다르면 비현실적이라 몰아붙일 참이니까, 그 점을 감안하고 읽어주기 바란다^^).

나는 대화를 싫어한다. 내가 하는 숱한 말 중 대화에 가장 근접한 것은 문제가 있어 하소연하는 사람을 비판하지 않고 끈기 있게 맞장구 쳐주며 위로해 주는 것이다. 왠일인지 나는 이런 일은 힘들지 않다. 그런데 내 문제를 전달하고 이해시키는 쪽으로는 전혀 재주도 없고 취미도 없다. verbal한 나를 보고 친해진 뒤 사람들이-정정한다, '남자들이'-가장 뒤통수 맞았다고 생각하는 점이 바로 이거다. 친해지면 친해질수록 나는 조가비가 되기 때문이다.

따져보면 나는 말을 믿지 않는 사람이다. 말에 종사하는 사람으로서는 서글픈 일이지만, 어찌 보면 그 덕에 일을 계속하기도 한다. 공기처럼 흩어져 버리면 그뿐인 말을 붙잡아 고정시키려는 실현 불가능한 꿈이 신기루처럼 나를 유혹하기 때문이다. 그러나 실제 생활에서는 인간의 말을 믿지 않는다. 사람에 환멸해서가 아니라 사람이란 것은 애초에 그렇게 창조되었다고 믿기 때문이다. 불가능한 기대를 걸고 배신당했다고 하느니 처음부터 믿지 않는 것이 내가 사람을 믿는 방식이자 각오다. 수다는 믿는다-여자들이 계 모임에서 하는 수다, 남자들이 술자리에서 하는 허풍, 온갖 자리에서 벌어지는 가십, 잡담, 모두 나름의 효용이 있다고 믿는다. 그러나 대화? 속내를 털어놓는다? 대화로 다른 인간을 이해한다? 글쎄…나는 남을 이해하기 위해 대화가 필요할 지경이라면 이미 교감은 불가능하다고 믿는 편이다. 대화는 때로 많은 것을 왜곡하기 때문이다. **상호 이해를 위해서는 관찰과 행동, 시간을 들이려는 의지가 필요하지,** 말이라는 단기 집중 코스는 필요 없다(거기 매달리려는 절박함은 이해하지만). 이해 못하고 아무리 암기해봤자 같은 수학 문제 또 틀리듯 마음으로 접수가 안 됐을 땐 말로 설명을 들어봤자 다음 번에 또 똑같이 행동하게 된다.

멀더와 스컬리도 어지간히 대화가 없는 커플이다. 특히 멀더는 verbal한 사람이라 대화에도 능할 것 같지만 완전히 꽝이다. 스컬리와 달리 대화 없는 집안에서 자라 더 그럴 것이고 남자라 그런 점도 있을 것이다(Never Again에서 스컬리 기분이 심상치 않자 대화는 못하겠고 얼마나 죽 쑤는지 보라. 마지막에 어쩔 수 없이 진지하게 말해보려 할 땐 엉뚱한 소리나 하고…. 모처럼 대화한답시고 남편/남친이 꺼낸 말에 오히려 화가 폭발한 기억, 많은 여자들이 갖고 있을 것이다^^) 어쨌든 스컬리도 대화를 피하는 사람에게 우격다짐으로 말을 끄집어내는 사람은 아니어서, 두 사람은 몇 년이 지나도록 꽤 드라이한 관계를 유지한다. 대신 둘은 말로 문제를 푸는 사람들보다 훨씬 attentive하다—상대의 기분과 상태를 주의 깊게 의식하고, 그에 맞는 행동으로 이해를 넓혀간다. 훨씬 현실적이지 않은가? 세상이 말초적이 되어가면서 요즘은 말을 너무 과대평가하는 경향이 있다. (중략) 왜 우리는 말로 안 풀리면 그렇게 쉽게 좌절하는가?"

언어가 아닌 몸을 통한 커뮤니케이션 능력을 위해 중고 교육과정에 하루속히 포함되었으면 하는 과목이 하나 있는데, 명칭을 뭐라 해야 좋을지 모르겠지만, 스포츠댄스, 사교댄스, 스윙, 살사 등을 포함한 커플댄스이다. 사교계와 같은 전통을 가지고 있지 않을 뿐더러 여전히 남녀가 손을 잡고 춤을 춘다는 것에 대한 심리적 반발 등이 있지만, 오히려 그렇기 때문에 더욱 더 필요하다고 본다. 흔히 방송댄스라고 불리는 춤이나, 우리 전통춤이나, 세계 대부분의 춤은 혼자 추든 여럿이 추든 본질적으로 개인 댄스이다. 즉, 여럿이 추는 경우일지라도 미리 약속된 행위를 각자가 하는 것일 뿐이다. 손오공의 여러 분신들이 추는 셈이다. 치어리더들이 추는 모습을 보면 쉽게 이해된다. 무게중심이 철저히 자신의 몸 밑에 있으며 본질적으로 혼자만의 춤이다. 그러나 커플댄스는 다르다. 진정으로 두 사람이 '함께' 추는 춤이며, 파트너가 반드시 필요하며, 서로 몸으로 느끼고 대화하는 춤이다. 경기에 나가는 경우에는 서로 약속된 동작 즉, 안무가 필요하지만, 일상에서 둘이 즐길 때에는 최소한의 기본 동작을 토대로 해서 그때그때 서로가 주고받는 신호를 토대로 추는 춤이다. 신호를 말로 주고받는 것이 아니라 몸으로 주고받는다는 것에 그 매력이 있으며, 바로 그래서 어린 시절에 반드시 배워야 한다. 나이가 들면 점점 쑥스러워지면서 흠모하기만 할 뿐 선뜻 배울 엄두가 안 난다. 중고 정규과목에 편입되어야 할 필요가 있는 이유이다.

섹스는 사랑을 표현하는 형태로, 즉 연인들 사이의 언어로 간주되지만, 인간 사이의 유대감의 형태로 발현될 수도 있다. 종종 서구 영화에서 아직 두 사람 사이에 연애 감정이 싹트기 힘든 이른 시점에 섹스를 하는 장면을 보면 예전에는 이해하기 힘들었는데(부럽다는 것과는 별개로) 요즘에는 두 사람이 서로에게 연민을 느끼거나 위로를 하는 등, 서로 간에 연대의식을 느끼고 있다는 것을 말하고자 하는 영화적 장치로 해석하니 어렵지 않게 이해가 된다. 결혼 후 어느 정도 기간이 지난 부부 사이의 섹스가 연애 감정의 표현인 경우는 매우 드물다. 습관적으로 하는 경우도 많겠지만 가끔은 고단한 삶을 살아가는 서로에 대한 위로 정도의 의미를 두어도 훌륭하지 않을까 싶다. 나아가 사랑이나 유대감 같은 별다른 감정적인 요소 없이 주로 쾌락만을 위한 섹스도 폭력이 개입하지 않고, 쌍방의 쾌락을 위한 것이며, 피임만 제대로 된다면 문제될 것은 전혀 없다. 같이 즐겁게 차 마시는 것과 즐겁게 섹스하는 것이 뭐가 다른가?

사랑의 삼각형 이론

　　로버트 스턴버그(Robert Sternberg)의 '사랑의 삼각형 이론'을 간단히 소개하고자 한다. 그는 사랑의 세 가지 요소로 친밀감(Intimacy), 열정 (Passion), 헌신성(또는 의무감, Commitment)을 들었다. 친밀감은 관계의 지속성을 보장해준다. 열정의 가장 원초적인 형태는 성적 욕망인데, 본 질적으로 열정은 오래가지 못한다. 헌신성은 상대 곁에 머물고 싶고, 상 대에게 뭔가를 해주고자 하는 다짐 또는 태도와 관련 있다. 친밀감만 있 는 관계를 스턴버그는 Like라고 불렀는데 딱히 번역하기는 힘들지만 '친 구 사이' 정도로 이해하면 될 듯싶다. 때로는 한눈에 서로에게 푹 빠져들 어 곧바로 영원한 사랑을 맹세하게 되는 경우도 있는데, 이런 경우를 '눈 먼 사랑(Infatuated Love)'이라 정의하였다. 또 한눈에 푹 빠져들어 결혼 하고 서로에 대한 의무감으로 결혼생활을 유지하는 경우를 '어리석은 사 랑(Fatuous Love)', 정략결혼에서 흔히 볼 수 있는 서로에 대한 의무감만

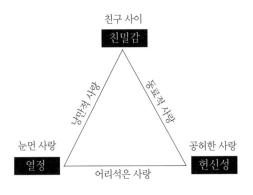

로버트 스턴버그의 사랑의 삼각형 이론

으로 결합된 커플을 '공허한 사랑(Empty Love)'이라 정의하였다. 이 세 가지 사랑은 친밀감이 결여되었다는 공통점을 갖는데, 바로 그 이유 때문에 그리 오래 지속될 것으로 기대하기는 힘들다. 간혹 친밀감 없이 결혼하였지만 결혼 후 서로 간에 친밀감을 쌓게 되는 경우도 있다. 이 경우는 관계가 결혼 후 질적으로 변하게 되었음을 뜻한다. 중매로 소개받아 얼마 교제하지도 않고 결혼하였지만 행복하게 결혼을 유지하는 경우가 좋은 예이다. 연인의 대명사격인 로미오와 줄리엣 커플은 작품 속에서 두 사람이 서로에게 사랑을 맹세하기까지 24시간이 채 걸리지 않았다는 점을 고려하면 아쉽지만 '눈먼 사랑' 또는 '어리석은 사랑'의 범주에 가깝다. 물론 24시간이 결코 짧은 시간은 아니지만 보통 사람의 감정 리듬에 비추었을 때 24시간 만에 상당한 정도의 친밀감이 형성되기는 어렵다. 한눈에 반할 수 있을까 하는 질문을 듣곤 하는데, 당연히 반할 수 있다. 그것을 사랑(Love)이라 부르든 끌림(Attraction)이라 부르든 관계없다. 다만 그 순간적이고 충동적인 감정의 변화 이후 두 사람 사이에 친밀감이 형성되지 못한다면 열정만으로 관계를 지속시킬 수는 없을 뿐이다.

참고로 좋아한다(Like)는 감정과 사랑한다(Love)는 감정이 그다지 연관성이 없음을 알아야 한다. 1970년대 미국에서 행해진 한 연구에 의하면, 두 감정 간의 연관성은 10%정도 밖에 되지 않았다고 한다. 이를테면, '나는 노래 잘하는 사람이 좋다.' 또는 '유머감각 있는 남자가 좋다'라고 하면서도 정작 음치에 유머감각 꽝인 사람과 사랑에 빠질 수도 있다. 사랑이라는 감정에는 열정, 즉 성적 욕망이 워낙 강력하게 영향을 발휘하기 때문이다. 영화에서도 종종 나오지만 불꽃같이 연애한 후 결혼을 하였는데 알고 보니 서로가 상대를 너무 몰랐다 또는 서로 너무 다르더라는 이야기가 나오는 이유이다. 그러면 결국 서로에게 없는 것만 찾게 된다. 서머셋 모옴의 소설 『페인티드 베일』에 "장점 때문에 사랑하지는 않아요. (As if a woman ever loved a man for his virtue.)" 라는 구절이 나온다. 남편의 수많은 장점에도 불구하고(물론 사람들이 보편적으로 좋다고 보는 장점들) 주인공 키티는 소설이 끝날 때까지 남편을 사랑하지 않는다. 우리가 누군가에게 사랑에 빠질 때 그 사람의 장점과 단점을 살펴본 후 총점을 매겨서 '아! 이 정도면 사랑해도 되겠구나' 싶어서 사랑에 빠지는 경우는 없다. 스펙을 쌓는다고 해서 사랑이 찾아오지는 않는다. 사랑은 그냥 그 순간 내 영혼이 순식간에 그 사람을 덮치는 것이고, 내 몸과 마음이 그때까지의 성숙도 속에서 직관적으로 '이 사람이다!'라고 결정할 뿐이다.

왜 저 사람이 좋으냐는 질문에 이러이러해서 좋다는 답변은 대부분 자신의 감정을 옹호하고 합리화하기 위해 그 사람이 가지고 있는 장점이나 특징 중에서 사람들이 공감하리라 예상되는 요소들을 열거한다. 유머감각이 좋아서 사랑한다고? 그러면 그 사람보다 더 유머감각이 뛰어난 옆에 있는 친구는 왜 아닌데? 상냥해서 사랑한다고? 옆집 여자가 더 상냥하던데? 예측 불가능한 것은 사랑의 본질이자 핵심이다.

화목한 부부관계를 위해 매일 상대방의 장점을 하나씩 찾으라는 조언이 있다. 그 자체로는 훌륭하지만 문제는 아무리 장점을 많이 찾아서 열거해도 그 자체가 사랑으로 승화하지는 않는다는 점이다. 장점의 목록은 일종의 땔감이다. 아무리 땔감을 많이 쌓아놓아도 자체로 불이 붙지는 않는다. 장점을 찾는 것과 식어버린 감정을 다시 뜨겁게 하는 것은 전혀 별개의 과정이다. 그래서 사랑이 어렵다. 내게 화목한 부부관계를 위한 조언을 해보라 한다면 나는 정기적인 섹스를 이야기할 것이다. 사람들은 대체로 좋아서 섹스 하지만 역으로 섹스 하다보면 좋아지기도 한다. 인간을 너무 신비적으로 또는 영적으로 이해하면 곤란하다. 인간은 살과 피로 이루어진 물질적 존재이다. 부부가 섹스를 할 수 없을 정도로 육체적인 반감이 있는 정도라면? 헤어지는 것이 답이다.

친밀감과 열정의 결합은 우리가 그토록 갈망하는 '낭만적 사랑(Romantic Love)'이다. 여기에 헌신성이 더해지면 '완전한 사랑'이 된다. 일반적으로 이 지점에서 사람들이 결혼을 하게 된다. 세월이 흐르면서 열정은 사라지고 두 사람 사이에는 친밀감과 의무감만 남는데, 이것을 '동

료적 사랑(Companionate Love)'이라고 정의하였다. 대부분의 잉꼬부부
가 이 범주에 속한다. 두 사람 사이에 친밀감이 쌓이고(친구), 어느 순간
불꽃이 튀어 연애를 하고(낭만적 사랑), 한없이 곁에 머물겠다고 다짐하면
서(완전한 사랑) 결혼에 이르고, 시간이 흘러 '동료적 사랑'으로 흘러가는
것이 오랜 세월 그럭저럭 괜찮아 보이는 커플의 경로이지 싶다. 어찌 보
면 친구에서 시작하여 다시 친구로 돌아가는 셈이다. 외도를 경험하는 사
람은 배우자와의 '동료적 사랑'과 연인과의 '낭만적 사랑' 사이에서 설레고
고민하는 것으로 이해할 수 있겠다.

　남녀가 친구로 지낼 수 있느냐는 아주 오래된 질문이 있다. 잠시는 가
능하지만 궁극적으로 성적 욕망이 개입하면서 친구가 아닌 연인이 되거
나 아니면 더 이상 친구로도 지내기 힘들게 된다는 주장이다. 우선 지적
하고 싶은 것이 있다. 첫째, 이런 류의 질문은 보통 친구와 연인의 구별을
섹스의 유무로 하는 것 같다. 나는 남녀 친구 사이에도 섹스를 할 수 있다
고 본다.[32] 우리 현실에서 미혼 남녀가 친구이면서 섹스를 한다는 것은 상
상하기 힘들지만 섹스를 사랑의 표현으로만 이해하지 말고 연대감과 동
질감의 표현으로도 이해한다면 현실에서도 불가능하지는 않을 거라고 본

---

32 스웨덴 작가 스티그 라르손이 쓴 소설 '밀레니엄 시리즈'에 이와 유사한 장면이 나온다. 미
　카엘(남)과 에리카(여)는 직장 동료이고 대학 때 잠깐 사귄 사이이다. 이후 각자 결혼을 하
　지만 결혼 후에도 가끔 관계를 갖는다. 미카엘의 부인은 견디지 못하고 헤어지지만, 에리
　카의 남편은 이 상황을 받아들인다. 소설에서 둘은 연인과는 전혀 거리가 먼 오랜 친구이
　자 직장 동료로 나오며, 둘 사이의 섹스도 연인들의 섹스와는 거리가 멀다. 비록 소설이
　만 내 성 의식에 큰 영향을 준 장면이다.

다. 문제는 섹스를 바라보는 우리의, 우리 사회의 지나친 엄숙주의적 태도이다. 기혼자의 경우로 들어가면 문제는 더 쉬워진다. 오래된 부부의 모습이 친구 사이인 미혼남녀와 연인 사이인 미혼남녀 중에서 어느 쪽에 더 가깝다고 보는가? 전자에 더 가깝지 않을까? 그렇다면 오래된 부부의 섹스를 친구 사이의 섹스로 이해해도 되는 것 아닐까?

둘째, 그렇다면 섹스는 별개로 치고 성적 욕망의 유무로 친구와 연인을 구별하는 것은 어떤가? 이 또한 그다지 칼날이 날카롭지 않은데, 대부분의 남녀 사이에는 성적 긴장감이 있게 마련이기 때문이다. 특히나 남성의 경우는 상대에게 특별한 호감이나 연애 감정을 느끼지 않으면서도 얼마든지 성욕을 느낀다. 여성 또한 그러리라 본다. 다만 현실에서 워낙 억압받다 보니 성욕을 느끼지 못하는 것인지 성욕을 억누르고 있는 것인지 스스로 분간하기 힘들 지경이다. 즉, 섹스를 하고 싶은 열망 또는 실제 섹스를 하는 사이라는 것 자체가 친구냐 연인이냐를 구별해주는 그리 좋은 기준은 아니라고 본다. 그렇지만 물론 친구 사이와 연인 사이의 대강의 구별은 존재한다. 그것은 우리 스스로가 너무나 잘 알고 있듯이 우리 가슴이 두근거리면서 알려준다. 그것을 '열정'이라 부르든 '설렘'이라 부르든 상관없다. 그렇다면 위 질문에 대해 우리 스스로 물어보면 될 터이다. 자신이 알고 지내는 모든 이성에 대해 그런 두근거림을, 설렘을 느꼈거나 느끼고 있는지 말이다. 물론 이것조차도 '대강'의 구별일 뿐 그리 날카로운 칼은 아니어서 애매한 중간지대가 광범위하게 있다. 우정과 사랑은 햄릿과 돈키호테처럼 관념일 뿐이며, 모든 남녀관계는 우정과 사랑의 적절한 배합일 것이다. 배우자에게 이성친구는 허락하면서 연애 감정은 허락하지 않는 것은 살을 취하되 피는 흘려서는 안 된다는 요구와 다를 게 없다. 친구로 지내다가 연애 감정을 느껴서 고백하는 경우 흔한 답변 중 하나가 "좋은 친구를 잃어버리고 싶지 않다"이다. "나는 너를 사랑하지 않는다" 또는 "나는 너에게 친구 이상의 감정이 없다"고 답하면 상대가 속상할까 걱정되어 하는 말이다.

그러나 대부분의 연인도 처음에는 친구였을 것임이 분명하다. 그렇다면 그 경우 연인을 얻은 것인가? 아니면 친구를 잃은 것인가? 상대가 내게 연애 감정을 느꼈다고 해서 좋은 친구를 잃어버리는 것은 아니다. 그냥 그 연애 감정을 존중해주면 그만이다. 우정, 사랑, 성욕, 섹스, 그리고 그 개념들에 엉겨 붙어있는 온갖 억압적 선입견들, 처음부터 우리 것이 아니었던, 철저히 지배계급과 기득권층 그리고 가부장제의 존속을 위해 확대 강화된 관념들의 포로가 되어서는 안 된다. 나는 한때 친구처럼 편하게 지내다가 어느 순간 연애 감정을 느끼고 가슴앓이를 하다가 다시 편하게 지내는 이성 친구가 있다. 앞에서도 말했듯이 남녀는 친구에서 시작해 연인으로 발전하여 설령 결혼을 하더라도 다시 친구로 돌아가기 마련이다. 결국 친구냐 연인이냐, 우정이냐 사랑이냐의 의미 없는 구별은 제쳐두고 지금 내가 맺고 있는 그 사람과의 관계 자체에 전념하는 것이 서로의 행복을 위해 훨씬 도움이 된다. 상대방으로 인하여 내 삶이 더 풍성해지고 행복해지면 되는 것 아닌가? 거기에 섹스는 하면 절대 안 된다, 상대에게 섹스를 바라면 안 된다는 식의 선을 긋는 것이 과연 우리 삶에 얼마나 도움이 될까?

　나는 나의 아이들이 결혼이라는 제도로 편입되든 말든 지금, 그리고 앞으로도 영원히 사람을 사랑하기를 바라며, 그 사랑에 에로스가 함께 하기를 바란다. 나 자신도.

성폭력의 본질

남성이 여성보다 잘하는 다섯 가지가 있다. 살인, 강도, 강간, 폭력 그리고 전쟁. 그 중에서 강간 즉, 성폭력은 수잔 브라운밀러의 탁월한 지적대로 "모든 여성을 공포의 상태로 묶어두기 위한 모든 남성들의 협박" 전략이다. 어딘가에 강간범이 있다는 사실로 인하여 여성들은 그 강간범들로부터 자신을 보호해줄 '착한 오빠'를 필요로 하며, 그 오빠의 영향력 밑으로 제 발로 걸어 들어간다. 이 과정에서 그 착한 오빠가 다른 여성에게 나쁜 오빠가 될 수도 있다는 가능성은 망각된다. 따라서 모든 남성은 자신의 의도와는 전혀 무관하게 강간범으로부터 '혜택'을 받고 있으며, 이런 맥락에서 강간범은 모든 남성의 전위부대이다. 성폭력의 극악함을 묘사하면 할수록 여성의 공포감은 더욱 커지면서 여성 전반에 대한 남성 전반의 지배라는 성폭력의 고유 목적 달성에 기여하게 되는 대단히 역설적인 상황이 펼쳐진다. 예전에 나름 진보적이라는 신문에서 "여성에게 목숨만큼이나 소중한 정절을 앗아간” 운운하는 사설 구절을 읽은 적이 있다. 어떻게 정절이 여성에게 목숨만큼 소중할 수 있는가?

성폭력이 특별한 폭력 또는 범죄로 다루어지는 심리적 이유는 두 가지인데, 하나는 폭력의 일반적 속성으로 이해할 수 있으며, 다른 하나는 성도덕의 본질과 관련 있다.

일반적으로 폭력으로 인한 심리적 피해는 폭력이 행사되는 시간의 길이와 관련이 있다. 지나가는 사람이 갑자기 뺨을 때리고 가는 경우와 힘센 사람에게 붙잡혀 오랜 시간 동안 뺨을 맞는 경우에 피해자가 겪는 심리적 상처는 비교하기 힘들다. 전자의 경우는 황당한 사건으로 치부할 수도 있지만, 후자의 경우는 자신이 다른 사람에게 신체적 포로가 되었다는 수치심을 느낄 것이고, 자존심에 큰 상처를 낼 것이다. 성폭력은 여성이 남성에게 일정 시간 동안 신체적으로 구속된 상태에서 가해지는 폭력이라는 점에서 ‘지나가는 개에게 물린’ 기분 나쁜 ‘사건’으로 받아들여지기 힘들다. 폭력으로 인한 심리적 피해는 그 반복성과도 밀접한 관련이 있다. 소매치기 당했다고 수치심을 느끼는 사람은 없지만, 동네 건달에게 지속적으로 갈취를 당하면 수치심을 느끼게 마련이다. 전자는 하나의 사건에 불과하지만, 후자는 자신의 존재가 열등하다는 인격적 수치심을 불러일으킬 가능성이 있다. 조직에서의 왕따, 군대에서의 지속적인 괴롭힘 등은 모두 피해자에게 해당 사건을 자신이 우연히 겪은 기분 나쁜 경험이 아니라 자신의 자존심과 인격이 무시당하고 훼손되었다는 인격적 수치로 받아들여지게 될 위험이 크다. 영화 〈델마와 루이스〉에서 내가 최고로 꼽는 장면은 술집에서 만난 남성에게 성폭력을 당할 위기에 처한 델마를 루이스가 구하는 과정에서 그 남성을 총으로 쏘아 죽이는 장면이다. 루이스가 그 남성에게 총을 쏜 이유는 델마를 강간하려 했기 때문이 아니라 델마에게(그리고 여성에게) 인격적 모독을 가했기 때문이다. 남성이 델마를 강간하려는 도중에 총을 쏘았다면 수동적 정당방위에 머물렀겠지만 델마를 모독하는 말을 하자 총을 쏜 것은 여성 이전에 인간으로서의 인격을 지켜내려는 적극적 행위가 되면서 이 영화에 깊고 강렬한 메시지를 안겨다 주었다.

성폭력이 특별하게 다루어지는 두 번째 이유는 성도덕과 관련 있다. 모든 성도덕은 여성이 어떤 경우에라도 남편 이외의 성기를 받아들이는 것을 금하고 있다. 즉, 강간당하지 않는 것조차도 여성의 의무로 규정하고 있다. 여성이 목숨을 걸고 강간범과 맞서 싸워야 한다. 어느 도덕 체계도 피해자에게 목숨을 걸고 가해자로부터 주어지는 공격을 피할 것을 요구하지 않는다. 즉, 목숨을 걸고 소매치기로부터 지갑을 지키는 경우는 드물다. 집에 도둑이 들면 제발 물건만 가지고 나가기를 바란다. 유독 성폭력의 경우에만 피해자에게 책임을 묻고 격렬하게 저항하기를 요구한다. 성폭력에 직면했을 때 적극적으로 저항하는 것이 '정상적'인 행동이라는 관념은 남성 이데올로기일 뿐이며, 실제 피해 여성들은 대부분 공포로 인해 몸이 굳어 꼼짝도 하지 못하는 저항능력 마비상태에 놓인다. 골목길을 돌아선 순간 호랑이를 맞닥뜨렸을 때 도망갈 엄두조차 내기 힘들다. 저항하기 힘들고 저항하면 더 큰 위험에 빠질 수도 있는 상황에서 단지 저항하지 않았다는 이유만으로 피해자가 자책감에 빠지며, 저항의 정도가 약하면 피해자에게 책임을 물으면서 법적 판단에 참고자료로 이용된다. 여성이 바지를 입고 있었기 때문에 강간이 성립되기 힘들었을 거라는 법원 판결이 나오고, 강간범의 혀를 깨문 것을 과잉 방어로 규정한다. 소매치기 당한 것을 수치심 때문에 비밀로 하는 경우는 없지만 성과 관련한 범죄는 끊임없이 수치심과 연관된다. 이 수치심은 앞의 인격적 수치심과는 달리 성적 수치심의 성격을 띠면서 여성의 공포를 극대화하여 여성에 대한 남성지배를 강화하려는 성폭력의 고유 목적 달성에 기여한다.

성폭력을 대하는 우리의 첫걸음은 성폭력에 달라 붙어있는 성적 수치심을 제거하는 것이어야 한다. 성폭력을 대하는 미디어의 시선에서 성과 관련한 이미지를 제거해야 한다. 즉, 성폭력은 '강제로 이루어진 섹스'가 아니라 폭력의 범주로서 다루어져야 한다. 폭행 관련 기사에서 배를 폭행했는지 등을 폭행했는지 자세히 기술하지 않는 것처럼 성폭력에 대한 기사에서 '성'과 관련한 표현은 제거해도 문제가 없는 경우가 대부분이다. "누군가가 누구에게 성폭행을 당했다"는 기사가 "누군가가 누구에게 폭행을 당했다"로 바뀌면 안 되는 이유를 나는 모르겠다. 미디어의 이런 선정주의적 표현은 성폭행에 성적 이미지를 덧씌움으로써 피해자인 여성을 오히려 궁지로 몰아간다. 범죄의 가해자를 처벌하는 것보다 더 중요한 것은 피해자가 해당 범죄의 피해로부터 조속히 벗어나는 일이다.

피해 여성의 추가적인 피해를 막기 위해 처방전 없이 사후피임약 구입이 가능해야 한다. 사후피임약이 일반의약품으로 변경되면 성적 문란함을 야기한다는 식의 주장은 가부장제를 수호하기 위한 헛소리에 불과하다. 무엇보다 성적 문란함을 야기하기 때문에 안 된다는 주장을 하기 전에 왜 성적으로 문란하면 안 되는 것인지를 설득해야 한다. 성적으로 엄숙한 사회보다 성적으로 문란한 사회에서 구성원들은 더 행복할 것이다.

낙태는 여성이 자신의 신체에 대해 갖는 보편적 시민권으로서 인정되어야 한다. 자신이 강간당했다는 것을 증명해야만 낙태 시술이 가능한 현행 제도는 자신이 가난하다는 것을 증명해야만 받을 수 있는 선심성 복지 제도와 겹친다. 여성은 어떤 경우에도-미혼이든 기혼이든, 화간이었든 강간이었든-자신의 신체에 대한 권리를 가지며, 따라서 스스로의 의사에 의해 언제든지 낙태가 가능해야 한다. 낙태에 인간 존엄성을 연결 짓는 관점은 생명의 근원을 정자에서 찾는 남근주의에 기인하건, 태아에 대해 남녀에게 5:5의 동등한 지분을 부여하는 정자 알박기에 기인하건, 모두 결과적으로 여성의 신체를 남성의 관리하에 두려는 가부장제의 음모일 뿐이다. 여성의 뱃속에 있는 태아는 어디까지나 여성 자신의 몸이 확장된 결과일 뿐이다. 낙태는 여성이 어떤 경우에도 포기할 수 없는 자신의 신체에 대한 권리, 보편적 시민권으로서 받아들여져야 한다.

이른바 섹스비디오 유출과 같은 경우에도 해당 비디오의 여성이 그로 인해 활동에 지장을 받지 않도록 하는 것이 최우선 과제이다. 이제까지의 비디오 유출 사태 시 여성 진영의 대응은 유출 행위의 부당함, 해당 비디오를 전파하거나 보지 않도록 호소하는 것에만 머물렀다는 인상을 받는다. 자체로는 매우 타당한 대응이지만, 더 중요한 것은 해당 여성이 비디오 유출과 무관하게 자신의 평소 활동을 계속하는 것이고, 이를 위해 어떤 대응을 하여야 할 것인가에 대한 고민이 부족했다는 느낌을 받는다. 우리 사회의 왜곡된 성 의식을 탓할 게 아니라 그 왜곡된 성 의식을 어떻게 돌파해 낼 것인가 하는 전략이 필요하지 않을까? 그런 일이 일어나서는 안 되겠지만 혹시라도 비슷한 경우가 발생하였을 때 해당 여성이 용기를 갖고 의연하게 대처하였으면 하는 바람이다. 그렇게 하였을 때 아주 많은 사람들이 지지와 성원을 보낼 것으로 믿는다. 때론 한 명의 용기가 세상의 물꼬를 바꾸기도 한다.

성범죄와 관련한 여성들의 반응에 대한 남성들의 반응 중 가장 흔한 것이 왜 모든 남성들을 예비성범죄자 취급하느냐라는 푸념이다. 말 그대로 푸념일 뿐이다. 지폐를 받으면서 뒷면은 싫으니 앞면만 달라는 것과 다름없다. 성폭력의 본질은 처음에 지적했듯이 여성 일반을 성폭력의 공포에 떨게 함으로써 여성 스스로 남성의 지배체제 밑으로 제 발로 걸어 들어오게 하려는 남성 일반의 협박 전략이다. 자신은 그런 협박 모의에 가담하지 않았다고 강변해 봐야 소용없다. 자신의 의도와는 무관하게, 자신이 대단히 여성 친화적인 삶을 살아온 것과도 무관하게, 모든 남성은 진화 과정에서 획득한 남성 진영의 여성 지배 전략—성폭력, 가부장제, 성도덕, 성별분업 등등—으로부터 혜택을 받고 있다.

만약 지금의 한 일본인이 자신은 과거 일본의 조선에 대한 식민지배에 참여하지 않았기 때문에 그에 대한 아무런 책임감이나 부채 의식이 없다고 주장한다면, 일면 타당해 보이기도 하지만, 그 일본인은 하나만 알고 둘은 모르는 것이다. 현재의 일본은 과거 조선의 식민지배로부터 획득한 여러 성과물의 직접적인 반영이다. 지금의 일본이 우리보다 잘 사는 것이 오로지 현재 일본인들의 노력 때문만은 아니다. 우리 현대사의 수많은 질 곡은 일제강점기에서 연유하며 일본인들이 누리는 부의 일정 부분은 조선에 대한 식민수탈에서 기인한다. 이에 대해 '상식' 있는 일본인이라면 책임과 부채의식을 느끼는 것이 당연한 것 아닌가? 서구 강대국들이 지금 누리는 경제적 문화적 혜택이 오로지 그들 본인들의 현재 노력 때문만은 아니다. 시야를 한 사회 내부로 국한해도 마찬가지이다. 비록 본인이 매우 어려운 환경에서 자라나 본인의 피나는 노력으로 성공한 것으로 보일지라도 본질적으로 사회구조에서 주어지는 다양한 도움을 받지 않는 사람은 없다. 그 사회구조는 어떤 이에게는 플러스로 작용하지만 어떤 이에게는 마이너스로 작용한다. 이에 대해 최소한의 부채의식을 갖는 것은 건강한 시민의 의무라고 생각한다. 이런 부채의식이 지나쳐서 본인의 삶을 망가뜨리는 수준에 이르러서는 안 되겠지만, 자신은 이런 사회구조를 만드는 데 관여하지 않았으니 아무런 책임이 없다고 주장하면 곤란하다.

따라서 개별 여성의 약간은 과다하게 보일 수도 있는 반응에 푸념하기보다는 여성들이 처한 여러 억압의 기제들에 대한 공동의 대처를 고민해야 한다. 특정 범죄가 발생한다는 사실은 우리에게 그에 대한 적절한 대처를 하도록 만들지만, 많은 경우 생활에 불편을 초래할 정도는 아니다. 그러나 성폭력은 여성들의 실제적인 삶을 매우 구체적으로 억압한다. 남녀에게 다른 귀가 시각이 허용되고, 성폭력이 발생했을 때 피해자가 부적절한 행위를 하지 않았다는 것을 증명해야 하며, 모텔에 같이 들어갔다는 사실만으로도 성폭력 당했다는 주장의 신빙성에 상당한 의심을 품게 하며, 짧은 치마를 즐겨 입지만 강간은 원하지 않는다는 것을 증명해야 한다. 즉, 성폭력 자체가 아니라 성폭력을 바라보는 주류사회의 시각이 더 문제이며, 그 시각은 현재의 성도덕, 가부장제, 성엄숙주의 등에 기반하고 있다. 그 모든 것으로부터 남성 진영이 혜택을 보고 있지만 그 혜택은 지배계급이 받는 본질적인 이득의 극히 일부가 남성 진영에게 주어진 것이며, 지배계급의 분할통치 수단의 일환으로 작동하고 있을 뿐이다. 여성을 억압하는 장치는 본질적으로 대부분의 인민을 억압하는 장치로 작동하면서 궁극적인 혜택은 지배계급에게 돌아간다. 여성주의와 계급주의는 결코 대립하지 않으며 궁극의 지향점은 완전히 같다. 강자에 대항하는 약자의 '유일한' 무기는 연대이다. 세상의 절반인 여성과 나머지 절반인 남성의 연대 없이 지배계급이 만들어놓은 저 강고한 시스템을 어떻게 허물수 있겠는가? 여성을 향하는 남성의 폭력은 남성과 여성의 연대를 불가능하게 만들며, 그로 인한 이득의 대부분은 지배계급에게 돌아간다. 종로에서 뺨 맞고 한강에서 분풀이하듯이 자본가에게 저임금으로 착취당하는 분풀이를 동료 여성들에게 하겠단 말인가?

남의 것을 훔쳐서는 안 된다, 도둑질은 나쁜 것이라는 것을 우리는 어릴 때부터 배운다. 그런데 그런 도덕적 믿음으로부터 가장 큰 혜택을 받는 집단은 누구일까? 대부분의 중산층도 혜택을 받지만 가장 큰 혜택은 당연히 자산가, 지배계급, 기득권 집단이다. 그들의 이득에 도움 되는 신념과 가치 체계를 국가권력이 다양한 형태의 경로를 통해 대중을 교육한다. 그런데 성폭력이 나쁘다는 교육은 왜 소홀히 다루어지는 것일까? 성폭력 자체가 지배계급의 이익에 크게 위협이 되지 않기 때문이다. 남성노동자가 여성노동자를 강간했다고 해서 재벌들이 손해를 입지 않는다. 오히려 남성들로부터 끊임없는 성폭력의 위협에 시달려서 위축된 여성노동자들이 당당한 여성노동자들보다 자본가들에게는 훨씬 더 착취하기 쉬운 상대일 것이며, 각종 사내 성범죄에 관대한 태도를 취하는 것이 중간관리자의 불만을 해소하고 자신들에게 충성하는 개가 되도록 하는 데 도움이 될 것이다. 지배계급에 속한 여성들도 있지만 실제적인 권력을 쥐고 있는 경우는 매우 드물며, 그들 내부에서 주어지는 성적 억압은 있을지라도 크게 보았을 때 여성노동자들보다 성폭력을 당할 가능성은 현저히 낮기에, 도둑질이라는 폭력은 지배계급의 이익을 크게 침해하지만 성폭력이라는 폭력은 지배계급의 이익을 침해하지 않거나 오히려 그들의 이익에 기여한다. 그래서 오늘도 학교는 도둑질에 대해서는 그토록 적대적인 태도를 취하지만, 성폭력에 대해서는 모호한 태도를 취하거나 기껏해야 성폭력을 당하지 않기 위한 요령만을 가르친다. 성폭력은 온전히 여성들의 몫이 되었다. 비가 오면 우산을 쓰거나 처마 밑에서 비를 긋는 것처럼 성폭력은 본능이고 자연법칙이어서 어찌할 수 없으니 여성들이 알아서 요령껏 피해야만 하는 통이 되었다. 어떤 경우에도 도둑질 당한 부자가 비난을 받는 경우는 없지만 성폭력의 첫 번째 비난은 언제나 피해자를 향한다.

성폭력 자체를 어떻게 줄일 것인가, 어떻게 예방할 것인가, 어떻게 엄단할 것인가에 대한 논의와 별개로 어떻게 하면 성폭력이 여성에 대한 남성의 지배 수단으로 쓰이지 않을 것인가에 대한 고민이 필요하다. 데이트하고 나서 왜 남성이 여성을 집에 바래다주는가? 좀 더 많은 시간을 보내고 싶어서일 수도 있지만 일부는 여성을 성폭력으로부터 보호해야 한다는 또는 보호받고 싶다는 심리가 반영되고 있는 것 아닌가? 이는 한편으론 매우 '신사'적인 행위이지만 동시에 여성에 대한 남성지배를 현실화하는 구체적인 통로로 작동하고 있다. 여성이 집에 가는 길에 소매치기를 당했다고 해서 책임을 느끼는 남성은 없겠지만 만약 성폭행을 당했다고 하면 바래다주지 않는 자신의 행동을 크게 후회할 것이다. 성폭행이 소매치기 수준의 가벼운 범죄라고 주장하는 것이 아니라 성폭행의 공포가 여성과 남성의 사고를 지배하고 은연중에 여성에 대한 남성 지배를 합리화하고 있다는 것이다.

드라마나 영화에서 성폭력을 당한 여성이 심하게 괴로워하는 모습은 비록 현실의 반영이란 면에서는 수긍이 가지만 동시에 그런 장면들은 현실의 여성을 더욱 더 속박하는 기제로 작용한다는 것을 염두에 둬야 한다. 예술은 현실의 단순한 반영에 머물지 않고 적극적으로 현실에 개입하기도 한다. 영화 〈엘르〉에는 성폭행을 당한 여성이 자신의 친구들에게 그 사실을 별일 아닌 듯 이야기하는 장면이 나온다. 성폭력과 관련한 중요한 과제를 제시하라면 나는 성폭력의 근절이 아니라 성폭력 신고율 100% 달성을 제시할 것이다. 성폭력은 '폭력'일 뿐 그 이상도 이하도 아니다. 성폭력에 덧붙여진 폭력 이외의 이미지는 여성을 지배하기 위해서 남성 진영이 붙여놓은 것이다. 어떤 경우에도 아무런 수치심 없이 관련 사실을 주변에 알릴 수 있어야 하며, 이를 위해서 가장 필요한 것이 성적 수치심을 제거하는 일이다. 성폭력 피해자가 성적 수치심을 느끼지 않는다면 피해 신고가 급속히 증가하는 것은 물론이고 무엇보다 피해자가 큰 트라우마 없이 앞으로의 삶을 영위하는 데 크게 도움이 될 것이다. 성폭력의 공포는 그만큼 줄어들 것이며 여성들은 그만큼 더 자유로워질 것이다. 성적 수치심의 토양인 성도덕과 성엄숙주의를 극복하기 위해 아주 어릴 때부터 성행위에 대한 구체적인 교육을 받아야 하며, 성폭력을 당하지 않는 방법이 아니라 성폭력을 당한 후에 어떻게 행동해야 하는가를 배워야 한다. 성폭력을 당하지 않는 방법에 초점이 맞춰지면 성폭력을 당한 여성은 마치 자신이 충분히 주의를 기울이지 않았기 때문에 성폭력을 당했다고 자책할 가능성이 높아진다. 성폭력을 당하지 않는 것보다 당한 후에 어떻게 행동하느냐가 더 중요하다. 주변 사람들은 어떤 경우에도 피해 당사자에게 책망하는 듯한 말을 해서는 안 된다. 또한 성범죄를 은폐하려는 시도를 성범죄 자체보다 더 엄히 처벌하여야 한다. 즉, 만약 교사가 학생을 성추행했고, 이를 교장이 알았음에도 불구하고 조용히 덮으려고 했다면, 해당 교사보다 교장을 더 엄격하게 처벌해야 한다.[33] 성폭력 피해자가 폭

---

33 군대에서 일어나는 각종 폭력 역시 같은 원칙으로 대처해야 한다. 사병 간의 폭력을 지휘관이 알았음에도 불구하고 보고 및 적절한 대처를 하지 않았다면 실제 폭력을 휘두른 병사보다 해당 지휘관을 더 엄격히 처벌해야 한다. 문제 자체는 문제가 아니다. 진짜 문제는 문제를 바라보는 태도이다.

력의 트라우마에서 조속히 벗어나기 위한 첫 걸음은 발생 직후 관련 사실을 즉각 주변에 알리는 것이며, 이를 방해하는 요소를 제거하는 것이 가장 중요한 과제라고 생각한다. 성폭력 범죄의 특성상 당사자들의 증언이 유일한 증거인 경우가 많으므로 최면수사도 제한적으로 허용되어야 한다.

성매매

성매매와 성상납은 폭력이 은폐된 상태에서 발휘되는 것일 뿐 본질에서 성폭력과 궤를 같이 한다. 칼을 들이대느냐 돈을 들이대느냐의 차이만 있을 뿐이며, 사회적 강자와 약자 사이의 권력관계가 돈이나 기회와 같은 여러 매개체를 통해 발현되는 현상이다. 성매매나 성상납은 반드시 여성이 사회적 약자에 소속되어 있다는 사실을 전제로 바라보아야 한다. 겉으로 보기에 둘 사이의 '자유로운' 거래로 보일지라도 약자의 어쩔 수 없는 생존전략을 대등한 거래로 보아서는 안 된다. 비록 자본과 노동자가 겉으로는 대등한 위치에서 자유롭게 임금 계약을 하는 듯이 보이지만 실상은 그렇지 않은 것과 같은 이치이다.

예전에 한 남성으로부터 자신이 성매매를 한 사실을 아내에게 들켰는데, 아내가 화를 내자 본인은 거래를 했을 뿐이지 사랑을 한 것은 아니다면서 자신은 잘못한 것 없다고 주장했다는 이야기를 들었다. 이 이야기를 사람들에게 전하면 대부분의 사람들이 지적하는 것이 있다. 바로 대칭성이다. 성매매의 도덕적 판단 여부를 떠나 그 주장에 논리적 타당성이 주어지려면 해당 논리가 그대로 자신의 아내에게도 적용되어야 한다. 즉, 아내가 다른 남성과 성을 사는 거래를 하거나 또는 성을 파는 거래를 하여도 그 남성이 자신의 아내의 행위를 정당하게 받아들여야 한다.

성과 관련한 이슈에서 모든 여성들이 느끼는 문제점은 비대칭성이다. 남성과 여성이 다르고, 이런 여성과 저런 여성이 다르다. 도덕적으로 옳고 그름을 떠나 내가 성을 살 수 있는 권리가 있다면 내 배우자도 역시 같은 권리를 가져야 한다. 성매매를 직업으로서 인정해야 한다는 주장은 도덕적 판단 이전에 자신의 아내가 해당 직종에 종사할 수도 있다는 것을 전제로 해야 한다. 최소한의 형식논리를 갖추는 것은 대화와 논쟁의 필수 요소이다.

나는 제도로서의 성매매를 반대한다. 그러나 그것은 도덕적인 이유에서가 아니다. 성매매는 도덕적 접근보다 실제적 접근이 절실하다. 성매매는 남녀 불평등 구조에 기인하며, 현실에서 성매매는 여성 일반의 지위 향상에 전혀 도움이 되지 않는다. 2000년 전후로 독일과 스웨덴에서는 성매매에 대한 정반대 정책이 들어섰다. 독일은 합법화에 나섰지만, 스웨덴은 불법화하였다. 합법화를 한 독일에서 성매매 종사 여성들의 생활수준은 바닥을 기고 있고, 동유럽으로부터의 인신매매는 오히려 증가하면서 독일은 '성매매 할인마트'가 되었다. 우리가 주목해야 할 것은 스웨덴

이 취한 불법화의 방법론이다. 성매매 종사자들은 처벌하지 않고 성 구매자와 성매매로부터 금전적 이득을 얻는 포주나 인신매매단을 처벌하였다. 스웨덴 정부가 이런 결정에 이르게 된 구체적인 이유는 모르지만 짐작하기는 어렵지 않다. 성매매라는 현상의 근저에는 남녀 불평등 구조가 놓여 있고, 사회적 약자와 강자를 같은 기준으로 처벌할 수 없다는 대단히 상식적인 인식 때문일 것이다. 나는 이 방식을 지지한다. 실제 성매매를 행하는 당사자(주로 여성이지만)는 어떤 경우에도 처벌해서는 안 되고 성매수자와 성매매 알선조직만 처벌해야 한다. 성매매 종사자는 자신의 의지로 성매매를 하였고, 이를 통해 경제적 이득을 얻은 경우에도 처벌해서는 안 된다. 성매매 종사 후 성구매자를 신고하여도 처벌해서는 안 되고, 오히려 성구매자 및 알선 조직에 대한 벌금의 일정 부분이 포상으로 주어져야 한다고 생각한다. 이런 처벌의 비대칭성은 성매매 근절에 크게 기여할 것이다.

　제도로서의 성매매를 반대하는 정치적 입장과는 별개로 나는 성매매를 좋아하지 않는다. 나는 성매매가 아니라 섹스를 하고 싶다. 나는 섹스가 좋다. 그 전면적 커뮤니케이션이 좋다. 나의 몸짓과 상대의 몸짓을 통해 서로의 쾌감을 상승시켜가다 함께 절정의 기쁨을 맛보는 행위. 나의 쾌감을 위해 상대의 쾌감이 반드시 필요한 행위. 그를 위해 내 오감을 총동원해야 하는 행위. 그런 '수고'를 마다하지 않는 것은 오로지 내가 상대 여성을 사랑하기 때문이다. 그런 '수고'를 내가 내 돈 써가면서 상대 여성에게 해야 할 이유가 없다.

그리고 섹스는 결코 사면으로 둘러싸인 공간에서 시작하는 것이 아니다. 차 마시기 위해 마주앉은 자리에서 섹스는 시작한다. 나는 사면으로 둘러싸인 공간으로 들어가기까지의 그 긴장감이 좋다. 함께 차만 마시는 관계에서 가끔은 저녁이나 술을 할 수 있는 관계로 나아가면서 내면의 고민과 생각들을 교환하고, 서로가 보았던 세상을 이야기하면서 서서히 삶을 공유해 가면서 결국 몸을 교환하게 되는 그 전 과정이 좋다. 성매매를 통해서는 어림도 없는 희망이다. 결혼 이후 잠시 잊고 지냈던 이 긴장감을 마흔 전후에 우연히 회복하게 되었다. 그 과정이 전혀 순탄하지 않았다는 것이 문제였지만.

나는 성매매를 하는 또는 했던 사람을 도덕적으로 비난하지 않는다. 성매매 경험 유무가 해당 남성에 대한 무슨 대단한 판단 기준이 되는 것도 아니라고 생각한다. 물론 사흘이 멀다 하고 룸싸롱을 드나들고 성매매를 하는 '환자'들은 별개이다. 내 주변에서 성매매를 경험해본 대부분의 남성들은 비록 여성주의 관점에서는 완전무결한 남성은 아닐지라도 우리 사회의 남녀 불평등 구조에 대해 매우 정확한 인식을 가지고 있으며, 이를 극복하기 위한 사회적, 정치적 고민을 하고 있다. 그들이 경험한 성매매도 대부분 어쩌다 '운 좋게' 주어진 경험이었을 뿐 그것을 하고 싶어서 눈에 불을 켜고 달려든 경우는 별로 없다. 여성주의 진영의 우군일지언정 결코 적군은 아니라는 말이다. 예를 들어, 성매매를 하지 않고 또한 성매매를 반대하면서도 개인적으로 여성혐오적이거나 또는 여성의 이익에 반하는 극우정당을 지지하는 남성도 있지만, 아주 가끔 성매매를 하면서도

(이를테면, 일생에 두어 번) 그에 대한 죄의식을 간직하면서 여성의 보편적인 지위 향상을 지지하고 그를 위해 행동하는 남성도 있다. 여성주의 진영이 누구를 아군으로 포섭해야 하는가는 분명하다. 모든 성매매 경험자를 도덕적으로 매도해버리는 순결주의는 승리에 도움이 되지 않는다.

성매매 합법화를 주장하는 남성들(가끔은 여성들도 포함)의 주된 근거는 첫째로 여성들이 자신의 몸에 대한 결정권을 가져야 한다는 자유주의적 관점이다. 스웨덴에서 성매매를 금지할 당시, 여성주의 진영에서조차 해당 정책은 여성의 몸에 대한 결정권을 규제한다는 측면에서 스웨덴 여성 운동의 패배로 인식되었지만, 그 효과는 대단히 긍정적으로 나타났다. 자유주의가 관철되기 위해서는 현실적인 토대 자체가 평등해야 한다. 기울어진 운동장에서 자유란 강자의 자유일 뿐이다.

두 번째 근거는 남성들의 성욕을 달랠 현실적인 방안이 필요하다는 것이다. 즉, 성매매가 합법화되면 성폭력이 줄어들 거라는 매우 그럴싸한 주장이다. 그 논리는 남성들이 성매매하다 걸리면 받게 되는 처벌이 두려워서 성폭행을 한다는 것인데, 성매매에 대한 처벌과 성폭력에 대한 처벌이 크게 다르다는 것을 고려하면 말이 안 되는 주장이다. 성매매 합법화는 여성을 대량생산된 상품으로 바라보게 할 뿐이다. 성매매가 불법인 사회에서 자라는 청소년들은 합법화된 사회에서 자라는 청소년들보다 성을 매매하는 행위 자체에 수치심과 범죄의식을 더 느낄 것이고, 이는 성폭력 감소에 더 기여할 것이다. 성을 사는 행위조차 범죄라면 성을 뺏는 행위는 말할 것도 없지 않은가? 지금 우리 사회의 빈번한 성폭력은 성매매 금지의 결과물이 아니라 오히려 반대로 사회에 만연한 성매매 행위가 성폭력을 부추긴다고 보는 것이 더 타당하다. 작은 범죄가 큰 범죄로 자라듯이 돈을 들이대고 몸을 취하는 것에서 칼을 들이대고 몸을 취하는 것으로 발전한다고 보는 것이 더 타당하지 않은가?

다만 논거로 든 남성의 성욕 자체는 고려할 가치가 있다. 남성들의 성욕을 해소할 현실적인 방안이 필요하다는 주장에는 크게 동의하지만 그것이 성매매 합법화는 아니다. 앞에서 스웨덴의 경험을 언급했지만 사실 이 정책이 우리나라에서도 그대로 성공할지는 모르겠다. 두 나라의 성도덕의 차이도 정책의 성공에 크게 관여할 것이기 때문이다. 남성들의 성욕 문제는 당연히 인간의 기본적인 욕구로 이해해야 하며, 남성들만의 욕구가 아닌 여성들의 욕구이기도 하다는 것을 어릴 때부터 받아들이게 해야 한다. 즉, 두 사람이 성교를 하게 되는 관계의 기준치가 지금보다 대폭 낮아져야 한다는 뜻이다. 약간의 노력을 기울여 주변의 여성들과 섹스할 수 있다면 성매매로 향하는 남성들의 수요를 줄이는 데 기여할 것이다.

여성주의의 주요 목표가 대부분의 남성들의 이해와 다르지 않다는 것을 보여줘야 하며, 그렇게 되도록 의제를 설정해야 한다. 그래야 싸움에서 이긴다. 성매매의 상당 부분이 접대문화의 연장에서 이루어지며 접대문화를 좋아하는 사람은 남성들조차 드물다. 성매매 반대 운동의 주요 공격 지점이 접대문화에 집중되어야 하는 이유이다. 성매매를 반대하면서 동시에 엄숙주의적 성도덕을 같이 공격해야 한다. 성은 신비로운 어떤 것이 아니며, 나아가 돈이나 폭력으로 얻어서는 안 되며, 서로 합의만 하면 친구 사이든 연인 사이든, 그냥 알고 지내는 사이든 오늘 처음 만난 사이든, 미혼이든 기혼이든, 남자끼리든 여자끼리든, 둘이든 셋이든 얼마든지 할 수 있는 행위로 받아들여져야 한다. 성이 엄숙한 사회보다 '문란'한 사회에서 구성원들이 더 행복할 거라고 나는 믿는다.

완전히 자발적인 의지로, 자신의 이익을 위해 성을 이용한 여성의 경우에도 이는 약자인 여성의 생존전략으로 받아들여져야 하지 이를 "너희도 이익을 받았으니 똑같다"고 매도하면 곤란하다. 사회적 강자와 약자에게는 전혀 별개의 기준이 적용되어야 한다. 만약 어떤 여성이 성을 청탁의 도구로 사용하여 실정법을 어겼다 할지라도 해당 여성을 처벌해서는 안 되며 상대 남성만 처벌해야 하는 이유이다. 적어도 지금은 그렇다. 남녀 임금 구조가 같아지며, 다양한 척도를 통한 남녀평등지수가 적절한 범위에 들어오기 전까지는 말이다. 많은 연애인 및 연애인 지망생들이 자신들의 의사에 반해서 겪는 성접대는 성폭력일 뿐이므로 지금의 논의와는 전혀 무관하다.

불륜에 관하여

　여기서 나는 '불륜'이라는 어휘를 결혼 관계 외의 상대와 사랑이라는 감정을 나누고 섹스를 포함한 적극적인 만남을 지속하는 관계로 한정해서 사용한다. 현실에서의 쓰임새와 조금은 다르나 적당한 어휘가 없어 이 표현을 쓴다. 즉, 섹스파트너, 원나잇, 성매매 등은 포함되지 않는다. 또한 배우자와 관계가 원만하지 않은 상태를 나는 사실혼과 상대되는 사실이혼으로 간주한다. 따라서 사실이혼 상태에 있는 사람의 외도는 '돌싱'의 연애와 동등하게 생각하여 원칙적으로는 불륜의 범주에 포함하지 않는다. 따라서 내게 불륜의 전제조건 중 하나는 역설적이지만 원만한 부부관계이다. 이 역설을 이해하는 것이 호혜평등하면서 지속가능한 부부관계를 맺는 길이라고 믿는다.

　감독 홍상수와 배우 김민희가 화제가 된 적이 있다. 둘의 나이차 때문인 줄 알았는데 알고 보니 이른바 불륜이다. 성인남녀가 새로운 사랑을 하겠다는데 뭐가 문제인지 모르겠다. 물론 비난의 요점이 '새로운 사랑' 자체가 아니라 '결혼을 유지한 상태에서의 새로운 사랑'이라는 것은 안다. 바람 피우려면 이혼 먼저 하라는 주장인데, 인간에게 인간 이상을 요구하지 말자. 현재의 배우자가 이혼을 결심할 만큼 싫지는 않은 상태에서-더 나아가 현재의 배우자와 아무런 문제가 없는 상태일지라도-새로운 열정을 만나는 경우, 이혼 먼저하고 새로운 사람을 만나라는 것은 지나친 요구다. 그 새로운 열정이 자신의 인생의 새로운 토대가 될 수 있는지 확인하는 과정이 필요하다. 지금보다 더 나은 삶을 살 수 있는 가능성을 만났는데 결혼한 몸이니 그 열정을 그냥 흘려보내든가 아니면 뒤도 안 돌아보고 무조건 그 새로운 열정에 몸을 실어야 하는가? 백 년도 살지 못하는 인간에게 너무 가혹한 것 아닌가?

어떤 이는 그 새로운 열정도 영원하지 않다면서 폄하하기도 하지만, 영원하지 않으면 흘려보내야 하는가? 왜 유독 사랑에만 영원하기를 요구하는가? 10년간 뜨겁게 사랑하고 헤어진 경우 이들의 사랑은 헛된 것인가? 그렇게 말하는 이는 단언컨대 둘만의 축제인 사랑에 단 한 번도 초대받지 못한 사람이다. 내 마음속 열정이 사라졌으므로 배우자의 마음에 다른 열정이 생기면 안 되는 것일까? 그 새로운 열정은 변심도 아니고 배신은 더더욱 아니다. 우연히 새로운 열정을 만나 지루한 삶의 일상을 깨고 마법같이 변해버린 세상을 마주하는 배우자의 모습이 부러움의 대상은 될지언정 시기의 대상이 되어서는 안 되는 것 아닐까? 그것이 한때 사랑했고 또는 지금도 사랑하는 상대에 대한 배려 아닐까? 배려까지는 아니어도 관용은 베풀 수 있는 것 아닐까?

우리의 행동은 때론 우리의 의도와 무관하게 정치적 함의를 지닌다. 80년대 여성 흡연이 한 예이다. 과거 흡연하는 여성들은 자신들의 의도와 무관하게 '여성들은 흡연해서는 안 된다'라는 가부장제의 황당한 요구에 맞서 싸운 셈이다. 즉, 그들의 흡연은 '정치적 흡연'이었다. 실제 많은 여성들이 의식적으로 정치적 흡연을 감행하였고, 그 와중에 봉변을 당하곤 하였다. 내가 아는 여성 한 분은 80년대에 다방에서 담배를 피우다가 어떤 남성에게 다짜고짜 뺨을 맞은 황당한 경험을 하였다. 물론 그 남성은 "여자가 감히!"라는 훈계를 빠트리지 않았다. 지금 여성들에게 주어진 흡연의 자유는 그들 선배 여성들이 뺨을 맞아가면서 획득한 정치 투쟁의 결과물이다. 80년대가 얼마나 물리적으로 폭력적인 사회였는지를 잘 보여주는 사례이다. 물론 이 폭력은 언제나 약자를 향하며 또한 대부분 그럴듯한 도덕적 훈계로 포장된다. 미래에 뱃속에 갖게 될 태아를 위해서, 너희들은 아직 어리니까, 등등. 역시 80년대에 신도림 전철역에서 목격한 사례이다. 당시에는 좌측통행이 '규칙'이었는데 중앙에 난간이 설치된 계단을 한 젊은 여성이 오른쪽에서 내려오고 있었다. 그러자 왼쪽에서 계단을 오르던 한 노인이 그 여성 앞에서 눈을 부라리고 삿대질을 하며 하늘이 무너질 듯한 음성으로 "좌측통행!"이라고 꾸짖었다. 아마도 그 노인은 기본적인 공중도덕도 모르는 '젊은 것'들에게 한 수 훈계함으로써 자신의 도덕적 우월함을 한껏 뽐내었다고 자랑스러워 했을 것이며, 그런 기본 소양도 없는 '요새 것'들을 개탄했을 것이다. 그러나 그 노인의 분노는 당시 현장에서 역시 우측통행을 하는 젊은 남성에게는 표출되지 않았다. 대부분의 여성 혐오는 약자 혐오의 다른 이름일 뿐이다.

여성의 불륜 역시 그들의 실제 의도와 무관하게 가부장제에 저항하는 성격을 띠면서 '정치적 불륜'이 된다. 내가 세상의 모든 불륜녀에게 지지를 보내는 이유이다. 그 여성이 유부녀라면 더더욱 그렇다. 결혼이라는 그 혹독한 금기를 깨고 자신의 사랑을 껴안는 유부녀만큼 아름다운 모습을 나는 본 적이 없다. 남성의 경우는 전혀 다르다. 80년대 여성의 흡연은 정치적 흡연이었지만 남성의 흡연은 그렇지 않았다. 유부남의 불륜이 한때의 바람, 또는 유희인지 가부장제에 대한 격렬한 저항인지를 그 자체로 구별할 수 있는 방법은 없다. 내가 불륜남의 사랑은 거짓이라고 주장하는 것이 아니다. 진실이냐 거짓이냐가 중요한 것이 아니고, 남성과 여성이 불륜이라는 상황에서 짊어지는 고통의 무게가 비교할 수 없을 정도로 다르다는 것을 지적하는 것이다. 유부녀는 바위덩어리를 짊어지고 물속에 뛰어들지만 유부남에게는 별다른 부담이 지어지지 않는다. 여성은 자신의 모든 것을 걸지만 남성은 그렇지 않다. 유부남의 경우 불륜을 저질러도 다시 가정으로 돌아가면 면죄부를 받거나 심지어 책임감 운운하면서 칭찬을 받지만 유부녀에게는 전혀 다른 잣대가 적용된다. 남성의 경우 억울하다고 항변할지도 모르나 가부장제의 혜택을 충분히 누린 것에 대한 약간의 반대급부로 이해하면 될 터이다. 성도덕이 애초에 여성을 향한 것이므로 생기는 결과일 뿐이다. 강자와 약자에게 동일한 기준을 적용해서는 안 된다. 만약 간통제가 다시 부활된다면 마땅히 남성에게만 적용되어야 한다. 불륜이 법적, 도덕적 판단의 대상이 되는 경우 남성에게만 책임을 묻고 여성에게는 책임을 물어서는 안 된다. 이 세상은 전부 남성을 위한, 남성에 의한, 남성의 사회이다. 유일하게 여성이 남성보다 우위에 서 있는 경우, 유일하게 남성이 여성에게 '허락'을 받아야 하는 사태가 섹스이다. 그 권리조차 성도덕에 의해 짓눌리고 억압받고 있다. 서구 페미니즘의 거대한 진보에서 왜 그토록 성개방이 주요한 의제였는가를 생각해 보라. 여성으로 태어나 생리를 포함한 그 온갖 불편함과 불이익과 불평등을 인내하며 가족을 위해 무임금 가사노동을 수행한 가정주부가 다른 남자와 섹스 좀 했기로서니 그게 무슨 흠이 되는가?

남자는 바람을 피워도 결국에는 가정으로 돌아오지만 여자가 바람나면 가정을 버린다는 속설이 있다. 이 진술의 사실 여부와 무관하게 나는 그 진술이 대단히 여성 경멸적인 맥락에서 쓰이고 있다는 것을 지적하고 싶다. 바람 피웠던 남성이 결국 가정으로 돌아가는 것은 결코 책임감 때문이 아니라 그 가정에서 남성이 이득 볼 게 많기 때문이다. 바람난 여성이 가정을 깨는 것은 그 가정이 도무지 여성을 보호하지 못했기 때문이다. 왜 여성들이 자신들에게 그토록 억압적인 가정으로 되돌아가서 무임금 가사노동을 감수해야 하는가?

남의 가정을 깼다는 비난을 한다. 폭력이나 가난, 성격 차이 또는 이해 부족으로 깨지는 가정은 있어도 불륜으로 '인해' 깨지는 가정은 극히 드물다. 대부분의 경우에 그 가정이 이미 허약한 상태였거나, 상대가 나'만'을 독점적이고 배타적으로 사랑해주기를 바랐기 때문이다. 물론 많은 경우 사랑은 배타적으로 나타나곤 한다. 특히 사랑의 초기 상태에서는 그렇다. 그렇지만 세월이 흘러 부부인지 오누이인지 구별하기 힘든 부부들에게까지 연애 초기 단계 커플들에게나 적용될 수 있는 기준을 적용하는 것은 무리다. 중요한 것은 서로가 서로를 사랑하는 것이지 서로가 서로'만'을 사랑하는 것은 아니다. 어떤 종교인이 얼마나 훌륭한가는 자신의 종교의 가르침을 얼마나 생활에서 구현하는가로 판단해야지 다른 종교를 얼마나 배척하는가로 판단해서는 안 된다. 성폭행의 원인이 여성의 짧은 치마가 아니듯이 가정이 깨지는 원인이 불륜일 수는 없다. 헤어지지 못해 마지못해 사는 '사실 이혼' 상태에 있다가 상대의 불륜을 계기로 헤어지는 경우, 과연 불륜이 가정 파탄의 원인이라고 할 수 있을까? 나는 아무런 책임이 없는데 상대의 불륜 때문에 이혼하게 된 것이라고 모든 것을 상대의 책임으로 돌리고 싶은 심정은 이해하지만, 가정이 깨지는 핵심 이유는 서로가 서로를 '사랑'하지 않기 때문이다. 아주 간혹, 현재의 부부 사이에 아무런 문제가 없는 상태일지라도 지금의 배우자보다 더 멋진 또는 다른 매력을 가진 사람을 만나서 그 사람과 새로운 인생 여정을 짜고 싶다는 열망에 휩싸이는 경우도 있다. 그런데 그 열망이 그토록 비난받을 일인가? 부부는 '서로를 위해 태어난 존재'가 아니다. 오직 행복하기 위해 같이 사는 것이고, 지금의 결혼생활이 행복하지 않아서가 아니라 다른 행복을 찾는 것일 뿐이다.

불륜은 현대산업사회에서 확대될 수밖에 없는 인간 삶의 당연한 국면이다. 여성의 사회 진출을 옹호한다면 불륜의 개연성을 받아들여야 한다.

20대에 결혼해서 80대까지 지속하는 결혼은 환상이다. 그것은 수명이 그다지 길지 않았던 시절의, 또한 사람이 살아가는 동안 만나는 사람들이 그다지 많지 않았던 시절의 관념일 뿐이다. 〈내셔날 지오그래픽〉에 근무하는 기자들은 대부분 두어 번 이상 결혼을 한다고 한다. 그 모두가 원래의 결혼이 불행해서 이혼한 것일까? 그렇지는 않을 것이다. 세상을 돌아다니다 보니 지금의 배우자보다 더 멋진 사람을 만나게 마련이니 생기는 현상일 것이다.

불륜이 사회적으로 비난받는 근거는 두 가지이다. 하나는 불륜으로 인해 임신이 되는 경우 그 아이의 부계성이 모호해진다는 점이다. 그러나 이는 현재 다양한 피임 가능성이 확보되었고, 설령 임신이 된다 해도 아이의 생물학적 부계성은 무의미하다는 것을 앞에서 충분히 설명하였기 때문에 근거가 약해졌다. 두 번째는 불륜으로 인해 기존의 가정이 갖는 정치적, 경제적 공동체 속성이 약해진다는 점이다. 이 근거는 타당하다. 예를 들어, 배우자 한 편의 지나친 종교 활동 때문에 가정의 경제적 균형이 무너지거나 배우자를 포함한 가족구성원에 대한 다양한 의무가 제약받는 경우 해당 배우자가 비난받는다. 지나친 취미활동 때문에 가족구성원이 경제적으로 쪼들리는 경우도 마찬가지이다. 그러나 불륜에도 불구하고 해당 가정이 경제적으로 그다지 피해를 받지 않고, 배우자를 포함한 가족에게 최소한의 의무를 다한 경우—예를 들면, 섹스를 하자는 배우자의 요구에 합리적인 정도로 응하는 것—에 불륜이 비난 받아야 할 이유가 없다.

섹스와 연애를 포함한 남녀관계는 다양한 인간 활동의 하나일 뿐이다. 동성의 친구나 이성의 친구나 차이는 없다. 남자끼리 당구 치는 거나 여자끼리 카페에서 수다 떠는 거나 남녀가 섹스하는 거나 아무런 차이가 없다. 사흘이 멀다 하고 어울리는 동성의 친구에 대해서는 관대하면서 1주일에 한 번 만나 섹스하는 이성에 대해서는 왜 그토록 질투하는가? 섹스라는 행위에 특별한 의미를 부여하는 유일한 근거는 여성 억압의 도구로만 쓰이는 성도덕이다. 성도덕을 해체하지 않고서 여성해방은 불가능하다. 지금 여성들에게 필요한 것은 정치적 불륜이다. 남성에게는 1부1처제가 적용된 역사가 없고, 앞으로도 그럴 것이다. 남성에게 1부1처제를 요구하는 것은 기껏해야 상대방의 선의를 기대하는 전혀 승산 없는 전략이다. 상대방의 변화를 요구하기보다는 내가 변하는 것이 타당하다. 정치적 불륜을 통해 결혼과 가정을 형해화하여 가부장제의 존립 근거를 무너뜨려야 한다.

사랑이 고통의 원인이 되는 것은 가부장제가 덧씌운 배타성과 독점성 때문이다. 사랑이라는 감정에 배타성과 독점성을 요구하는 것은 당연히 섹스가 배타적이고 독점적이기를 바라기 때문이다. 질투가 인간의 본성이기 때문에 사랑에 배타성과 독점성을 요구하는 것은 당연한 태도라고 주장하는 사람도 있지만, 본성이라 해서 그로 인한 행동까지 합리화되는 것은 아니다. 강간하고 싶은 욕구와 성폭력도 본성으로 존중되어야 하는가? 질투가 설령 본성이라 해도 사회화 과정에서 충분히 제어 가능하다고 믿는다. 사람들이 질투의 포로가 되는 것은, 지배 체제가 체제 유지의 수단으로 경쟁을 적극 활용하기 때문이다. 경쟁 심리가 만연한 곳에 질투는 쉽게 뿌리를 내린다. 배우자의 외도에 대한 분노와 질투심 등이 기득권을 위해 복무하는 미디어를 통해 얼마나 확대 재생산되는지 생각해보라. 숱한 드라마 속에서 배우자의 외도에 대한 분노와 질투심은 마치 천부인권처럼 다루어진다. 배우자의 외도에 대한 분노와 질투심에 휩싸인 인물의 모든 행동은 정당화되기 일쑤이다. 설령 비난받더라도 근본 원인은 배우자의 외도라는 인식은 변하지 않는다. 이런 태도는 성폭행의 원인을 여성의 옷차림에서 찾는 태도와 다를 게 없다. 어린 남자아이에게 강인한 남자가 돼라고 절대 강요하지 않는 말레이시아의 세마이 족은 공격성을 가장 큰 불행, 절대악으로 규정하고 상호협력을 존중하며 타인을 질투하거나 경멸하지 않는다. 배타성과 독점성을 벗어던지는 순간 사랑은 오로지 기쁨의 원천이 된다. 삼중혼이 가능한 사회를 상상해보라. 상대를 배타적이고 독점적으로 소유해야 한다는 욕구에서 벗어난다면 사회구성원들이 지금보다 훨씬 감정적으로 편안하고 행복하지 않을까?

사랑에 빠진 사람이 상대에 대해 독점적이고 배타적인 사랑을 요구한다고 해서 독점성과 배타성을 사랑의 본질이라고 오해하면 안 된다. 사랑의 속성은 독점성과 배타성과는 결코 양립하지 않고 오히려 그 반대이다. 그럼에도 불구하고 사랑에 빠진 사람이 상대에게 배타성을 요구하게 되는 것은 우리가 그만큼 가부장제에 철저히 길들여졌기 때문이다. 아이를 낳을 수 없는 남성이 권력을 갖고, 자신의 아내가 낳은 아이가 자신의 자식인지를 도무지 알 수 없으니 여성에게 독점적이고 배타적인 사랑 방식을 강요한 것이다. 그 방식을 여성에게만 요구하면 설득력이 없으니 겉으로는 남녀 모두에게 독점적이고 배타적인 사랑을 해야 한다고 설교하는 것일 뿐이다. 실제로 역사에서 남성 일반에게 독점적이고 배타적인 사랑이 구현된 경우는 없었다. 오히려 언제나 여성을 옥죄는 이데올로기로만 작동했을 뿐이다. 나는 여기서 그러니 남성에게도 독점적, 배타적 사랑을 요구하자는 주장 대신 오히려 그 반대로 여성도 남성처럼 성의 자유를 만끽하면서 살자는 주장을 하는 것이다. 그것이 더 사랑의 속성에 부합하다고 믿는다. 옳고 그름을 떠나 그 방식이 더 현실적인 해결책이며, 그것이 훨씬 더 사람들에게 행복을 가져다 줄 것으로 믿는다. 생각해보라. 인간의 생물학적 정통성을 여성에게서 찾는다면, 아이를 여성의 산물로 바라본다면, 정자라는 방해물 없이 아이의 탄생을 바라본다면, 사랑을 그리고 섹스를 독점적이고 배타적으로 해야 할 이유가 하나도 없다.

타인이 아닌 본인의 불륜 가능성에 대한 사람들의 태도를 보면, 미혼은 대개 부정적이지만, 기혼의 경우는 불륜에 대해 가장 적대적인 태도를 취하는 전업주부를 제외하면 불륜에 대한 갈망이 꽤 높다. 일탈에 대한 욕구일 수도 있고, 현재의 부부 사이에 대한 불만의 표현일 수도 있고, 결혼제도의 현재 모습이 인간의 행복을 오히려 저해한다는 인식 때문일 수도 있다. 물론 대부분의 경우는 설령 본인에게 그런 행운이 다가와도 선뜻 거머쥐지를 않는다. 그런 행위가 배우자나 사회에 알려졌을 때의 피해가 워낙 크기 때문이다. 인터넷 댓글 등에서 표출되는 불륜에 대한 적대적인 태도는 그런 행운과 용기를 갖지 못한 루저들의 시기심일 뿐이다. 결국

제도 속에 감정을 꿰맞춰 사는 형국인데, 그렇게 자신의 감정을 억압하면서 유지하는 그 결혼이 과연 그들을 행복하게 해주는가 하는 의구심이 떠나지 않는다. 나는 이혼이 자유로운 사회, 불륜이 자유로운 사회, 사랑이 배타적이고 독점적이지 않은 사회에서 인간이 훨씬 더 자유롭고 행복할 거라고 믿는다.

상대와 섹스하기를 바라면서 상대 주변을 맴도는 동안 두 사람 사이에는 성적 긴장감이 형성된다. 인간은 발정기가 따로 없다 보니 1년 내내 이런 긴장감 속에 살아가게 되고, 아마도 결혼이 주는 안도감과 평안함은 이런 긴장감에서 해소되었기 때문이지 않을까 싶다. 그렇지만 바로 이런 안도감과 평안함은 오래 지나지 않아 두 사람의 관계에 좋지 않은 영향을 주게 된다. 상대에게서 긴장감을 느끼지 않는다는 것은 결국 함부로 대하게 된다는 것을 뜻하기 때문이다. 나아가 결혼 전에는 여러 명의 이성에 대해 다양한 관심을 갖고 다양한 교제를 하지만, 결혼하면서 배우자 이외의 이성에 대해 스스로든 강제로든 관심을 닫게 되고, 이성에 대한 이해는 책이나 기사를 통해서만 이루어지면서 생동감이 결여되는 것 아닌가 하는 생각을 한다. 나는 결혼이라는 '제도'적 댐이 연애 감정이라는 예측 불가능한 무형의 강물을 가둘 수는 없다고 본다. 결혼했다고 해서 세상의 절반인 다른 이성에 대한 관심을 끊어야 할까? 이렇게 관심을 끊는 것이 가정의 행복에 기여할까? 이성에 대한 나의 이해도가 결혼생활을 통해 오히려 퇴화된 기분이 들 때가 많고, 그것이 나 자신의 행복뿐만 아니라 부부 사이에도 긍정적으로 작용하지는 않는 것으로 보인다. 나는 여성이라는 보편성과 다양성 속에서 아내를 바라보고 싶고, 마찬가지로 남성이라는 보편성과 다양성 속에서 아내가 나를 이해해주기를 바란다. 그 보편성과 다양성은 동성의 친구들끼리의 대화 속에 등장하는 여러 인물들을 통해 얻어질 수 있는 것이 아니다. 그 대화들에서는 세상 남자와 여자들은 다 똑같다는 허무하면서 지극히 자기위안적인 결론, 세상 부부는 다 똑같고 다른 삶은 가능하지 않으니 꿈도 꾸지 말라는 결론 외엔 얻을 게 없다. 이성을 포함한 인간에 대한 보편적이고 다양한 인식은 몸과 마음이 직접 부딪히면서 상처와 함께 획득된다.

배우자와 관계가 원만함에도 불구하고 불륜에 빠진 사람은 불륜 상대방과의 낭만적 사랑과 배우자와의 동료적 사랑이라는 서로 다른 사랑을 경험하게 된다. 두 관계가 주는 결이 다르고 가치가 다르다. 배우자의 동성 친구에 대해 질투하는 경우는 거의 없다. 배우자가 나를 통해 얻는 삶의 위안과 친구를 통해 얻는 위안이 다르기 때문이다. 배우자가 취미활동을 하면서 삶의 활력을 얻는 경우 화를 낼 사람이 있을까? 그런데 유독 불륜에 대해서는 반응이 극단적이다. 배우자는 내게서 동료적 사랑이 주는 기쁨을 누리는 것이고, 불륜의 상대에게서는 낭만적 사랑이 주는 기쁨을 누리는 것이다. 내가 줄 수 없는 기쁨이나 위안을 다른 이에게서 받는 것인데 왜 그것에 분노하는가? 영화 〈인턴〉에는 이제 막 성공가도에 진입한 CEO인 부인(앤 해서웨이)을 위해 마케팅 분야에서 나름 인정받던 자신의 경력을 포기하고 육아와 가사를 전담하는 남편이 딸의 친구 엄마와 불륜에 빠지는 장면이 나온다. 영화가 철저히 주인공의 시각에서 다뤄지고 있어서 남편의 불륜은 천하에 몹쓸 짓으로 묘사되고 있지만, 영화에서 부인은 일에 푹 빠져 남편과는 제대로 된 커뮤니케이션을 하지 못하고, 영화에서 직접적으로 표현되지는 않았지만 육아와 가사에 지친 남편은 자신과 삶의 패턴과 리듬이 비슷한 불륜 상대에게서 삶의 위안을 받았을 것으로 짐작된다. 나는 그 영화를 보면서 앤 해서웨이의 가정이 행복하게 유지된 것은 남편의 불륜상대 덕분(?)이라고 생각했다. 남편이 그런 식으로라도 삶의 위안을 받지 못했다면 그 결혼이 유지되기는 매우 어려웠거나 남편의 일방적 희생이 지속되어야 했을 것이다. 앤 해서웨이는 남편을 원망하기보다는 자신을 위해 스스로의 삶을 희생한 남편에게 관용을 베푸는 것이 우선이었다.

내 아내가 다른 남성과 사랑에 빠졌다고 가정해보면 아내의 일상이 얼마나 마법처럼 변할까 하는 생각을 하곤 한다. 사랑이라는 감정이 얼마나 세상을 일순간에 바꿔 놓는가는 우리 모두가 잘 알지 않는가? 아침에 일어나 밥을 하면서도 오후에 있을 데이트를 생각하면 흥에 겨워 콧노래가 나올 것이다. 그 흥겨움의 대상이 내가 아니라는 것이 안타까울 수는 있지만 내가 사랑하는 사람이 이유야 어쨌든 행복하다는데 내가 반대할 이유가 없다. 내게 중요한 것은 아내가 '나를' 사랑하느냐이지 '나만' 사랑하느냐는 아니다. 내가 아내를 사랑하고 아내가 나를 사랑한다면 우리의 결혼생활은 충분히 유지 가능하다. 아내가 다른 남자로 인해 더 행복해진다고 해서 그로 인해 나와 아내의 사이가 불행해지라는 법은 없다. 그 남자로 인한 아내의 행복감은 오히려 우리 사이에 긍정적으로 작용할 수도 있다. 나와 같이 사는 사람이 행복하다는 것이 그 사람과 나의 관계에 해가 될 가능성은 별로 없을 듯싶다. 어쨌든 내가 발견하지 못한 아내의 가치를 다른 사람은 발견하였고 그로 인해 아내의 자존감이 상승하였다면 우리 사이는 그만큼 더 성숙해질 것이다. 생존 욕구와 인정 욕구는 인간의 가장 근본적인 욕구 아닌가? 내게서 인정을 못 받았다면 다른 이를 통해서라도 받아야 한다. 애 딸린 유부녀라고 남편이 관심도 갖지 않는 사람에게서, 심지어 본인도 몰랐던 매력을 발견해 준 사람이 나타난다면 그로 인해 세상이 얼마나 황홀해지겠는가?

더 나아가 그런 상황에서 나는 아내가 내게 자신의 상태를 알려주기를 바란다. 아내가 자신의 상황을 내게 비밀로 한다면 아내는 내게 끊임없이 거짓말을 해야 한다. 없는 친구모임을 만들어야 하고 괜한 사람의 부모를 죽게 만들어야 한다. 나는 그것이 주는 부담감과 죄의식이 싫다. 예전에 평소 알고 지내는 여성과 저녁을 먹는데 남편에게서 전화가 오자, ○○랑 같이 있다고 거짓말 하는 것을 보았다. 그 여성과의 사이가 그다지 의심받을 사이는 아니었지만 어찌되었든 결혼이라는 제도가 서로의 삶과 사고를 얼마나 억압하는가, 우리의 삶과 사고에서 결혼이라는 것이 사라진다면 우리는 얼마나 더 자유롭고 행복해질까 하는 생각을 하였다. 나아가 만약 우리가 정말로 불륜관계라면 저 여성은 지금 얼마나 가시방석일까 하는 측은감(?)마저 들었다. 만약 당시 둘이 같이 있는 것을 남편에게 들켰다면 그 여성은 자신의 결백함을 증명하기 위해 또 얼마나 애를 써야 했을까? 알고 지내는 남성과 가끔 만나서 저녁을 같이 하는 즐거운 시간이 상대가 이성이라는 이유만으로 배우자에게 감춰야 하는 비밀이 되고 그것이 죄의식이 된다. 물론 이성과 저녁을 먹었다는 사실에 분노할 사람은 없다. 사람들이 염려(?)하고 경계하는 것은 저녁 먹는 자리가 술 먹는 자리가 되고 자연스럽게 섹스로 이어진다는 남녀간 관계의 일반성 때문이다. 그렇다면 섹스로 이어질지도 모르니까 기혼자는 이성과의 관계를 끊어야 하는가? 그렇게 해서 얻어지는 가정의 평화가 그리도 중요한가? 구더기 무서워서 장 못 담그는 형국 아닌가? 남녀 사이에 주어지는 다양한 긴장감은 대단히 중요한 삶의 에너지원이다. 불륜의 위험 때문에 이성관계를 단절함으로써 유지되는 부부관계보다 그 위험에도 불구하고 다른 이성과의 관계를 허용하는 부부관계가 훨씬 더 행복할 것이다. 신이 왜 자유의지를 주었겠는가? 믿을 수밖에 없는 상황에서 믿는 것보다 믿지 않아도 됨에도 불구하고 믿는 것이 더 가치 있다고 생각했기 때문 아니겠는가? 우리는 비행기 사고의 끔찍함을 알면서도 해외여행을 가고, 익사할 위험이 있지만 물놀이를 한다. 사람들이 그토록 하고 싶어 하는 결혼은 또 얼마나 많은 위험을 잉태하고 있는가? 그럼에도 불구하고 우리는 그 모든 활동을 한다. 사고 날까 봐 방구석에 처박혀 사는 인생보다 사고의 위험에도 불구하고 다양한 삶의 국면을 겪으면서 사는 것이 더 가치 있다고 믿기 때문이다. 설령 섹스로 이어진다 해서 뭐 그리 문제 되는가? 만약 내 아내가 성매매나 원나잇을 하였다고 하면 그에 대한 아내의 개인적 판단은 존중하겠지만 조금은 실망할 것이다. 성매매나 원나잇은 내게 인간의 존엄성에 어긋나는 행위로 보이기 때문이다. 그러나 아내가 사랑하는 남자와 섹스를 하였다면 질투의 감정이 생길지는 몰라도 적어도 아내가 인간으로서의 존엄성을 잃지 않았다는 것에는 기뻐할 것이며, 나아가 내가 사랑하는 사람이 여전히 누군가에 대한 설렘을 느낄 수 있는 원초적 감성의 소유자라는 것에 기뻐할 것이다. 아내의 또 다른 열정이라는 상상이 현실이 되었을 때 나 역시 어떤 감정의 소용돌이에 빠질지 모르지만, 적어도 지금은 나의 파트너로 26년 넘게 헌신하였으니 그 정도 권리는 있는 것 아닌가 하는 생각을 한다. 게다가 23년 동안의 결혼생활을 통해 나는 수많은 혜택을 보았지만 아내는 여러모로 손해를 보았지 않는가? 아니 이런 걸 다 떠나 평생 한 남자하고만 섹스를 하고 생을 마감한다면 조금 억울하지 않을까?

외도 상황에서 남성은 배우자의 섹스 여부가 주요 관심사이고, 여성은 배우자의 마음이 주된 관심사라는 이야기는 앞에서 하였다. 배우자의 외도에 대한 도덕적 분노라는 표면적인 이유 밑에는 인류가 진화과정에서 획득한 아이의 부계성과 경제적 이득이라는 본질적인 문제가 감춰져 있다. 당연히 피임 기술의 발달과 여성의 생산노동 참여 확대라는 시대적 흐름은 인간의 감성체계에 변화를 가져올 것이다. 즉, 남편의 바람에 화를 내는 이유가 경제적 이유에서 인간성이라는 좀 더 본질적인 면으로 옮겨갈 것이다. 만약 자신이 남편의 바람에 화를 내는 이유가 돈 때문이 아니라 감정적 배신감 때문이라고 주장하는 여성이 있다면 남편이 좋아하는 여성과 섹스를 한 경우보다는 성매매 종사자와 섹스를 한 경우 더욱더 격렬하게 분노하여야 마땅하다. 전자의 경우는 어쨌거나 여성의 존엄성을 해치지는 않았지만, 성매매의 경우는 여성의 존엄성을 짓밟은 행위이고, 이에 대해 같은 여성으로서 마땅히 분노해야 한다. 둘 중 하나를 용서해야 한다면 전자이지 결코 후자는 아니다. 물론 남편의 바람에 화를 내는 이유가 돈 때문이라면 전자에 더 분노를 느낄 가능성이 크다. 아무래도 성매매는 간헐적이겠지만 사랑하는 경우는 지속적으로 관계를 유지하면서 그 과정에서 당연히 비용이 들 터이니 말이다. 내가 주장하는 것은 이건 괜찮고 저건 나쁘다고 말하는 것이 아니다. 솔직하고 일관된 태도를 취하라는 것이다. 다른 여성과 섹스하는 것에 분노하는 이유가 돈 때문이 아니라 인간에 대해 실망했기 때문이라고 뭔가 그럴듯하게 말하면서 실제로는 성매매 여성과의 섹스는 용서하고 사랑하는 여성과의 섹스에는 불같이 노여워하는 태도는 잘못되었다는 것이다. 배우자의 외도가 원인인 이혼의 경우 그 외도가 성매매인 경우와 불륜인 경우의 비율이 어떨지 궁금하다. 당신은 어떤가? 배우자가 성매매한 사실을 알았을 때와 불륜 상대가 있다는 것을 알았을 때, 어느 경우에 더 이혼을 결심할 것 같은가?

얼마 전 식당에서 부부로 보이는 중년남녀가 옆자리에서 밥을 먹는데, 먹는 도중 계속 대화가 이어졌다. 대화 내용은 아주 평범한 것이었는데, 부부가 지속적으로 대화를 하는 것이 참 신기하였다. 그러다 내가 일어서기 직전에 여성이 하는 대화가 들렸다. "우리 남편은…" 역시나! 부부가 저렇게 말이 많을 리가 없지! 하면서 일어났다. 부부와 부부 아닌 커플(불륜 포함)의 차이에 대해서는 아주 많은 지적이 있다. 들어보면 다들 타당한 지적인데, 내가 직접 경험한 바로는, 일단 대화의 양이 다르다. 방금 말한 사례처럼 부부 사이에는 대화가 많지 않다. 매일매일 얼굴을 맞대고 사는데 새삼스레 할 이야기가 많을 리가 없다. 식당에 왔으니 먹는 목표에 충실하고 이야기는 이따금 할 뿐이다. 그렇지만 부부가 아닌 경우에는 이런 저런 할 이야기가 참 많다. 기본적인 안부 외에도 살아가는 이야기, 주변 이야기 등등 대화가 끊이지 않는다. 주로 남성의 시선도 다르다. 부부의 경우 남편의 시선이 아내에게 머물러 있지를 않고 끊임없이 주변을 살핀다. 꼭 주위 여성에게 한눈을 판다는 뜻은 아니다. 부부가 아닌 경우에는 남자의 시선이 거의 시종일관 상대 여성에게 가 있다. 집중의 정도가 차원이 다르다.

그러니 불륜처럼 사랑하자! 그런 장면을 볼 때마다 부부 외의 남녀관계를 바라보는 우리 사회의 삐딱한 시선으로부터 그들이 좀 더 자유로웠으면 하는 생각을 한다.

조금은 엉뚱하지만 나는 우리 사회의 루키즘이나 걸그룹, 성매매를 포함한 상품화된 성의 범람 등도 유부남/유부녀가 애정의 무대에서 퇴장한 결과물이 아닐까 하는 생각을 하곤 한다. 결혼과 함께 자신의 삶에서 연애가 금지될 뿐만 아니라 감성의 영역에서조차 연애 감정이 금지되다 보니 연애의 욕구는 판타지로 승화되고, 그 승화된 판타지를 루키즘으로 무장한 연예인들에 대한 관음으로 달래거나 남성들의 경우 젊은 여성들과의 성매매로 해소하는 것 아닐까 싶다. 우리의 일상에서 사랑과 성이 지금보다 훨씬 더 개방적이라면, 텔레비전 화면으로나 만날 수 있는 사람보다는 비록 덜 멋지고 덜 아름답더라도 일상에서 만날 수 있는, 살을 가진,

나와 같이 호흡할 수 있고 같이 웃을 수 있고 같이 세상을 슬퍼할 수 있는 사람과의 관계에 더 집중하지 않을까? 평범한 상대일지라도 그 사람의 매력에 빠지면 당대 최고의 연예인보다 더 멋지게 보인다. 기회가 주어지면 그 멋진 황홀경을 놓치지 말 것이고, 나아가 적극 기회를 찾아보는 것이 어떨까? 스스로를 애 딸린 유부녀라고 규정짓지 말자. 애 딸린 유부녀도 흔히들 사랑에 빠진다.

목수정의 『야성의 사랑학』에는 번식기가 지났음에도 여전히 유혹하고 유혹당하는 일을 멈추지 않는, 아련한 호기심을 자극하는 뒤태를 가졌거나 제법 그럴듯한 유혹의 공식들을 구사할 줄 아는 유럽의 60대 남녀에 대한 언급이 나온다. 저자의 지적처럼 모든 어휘에 성을 부여하는 언어로 인해 끊임없이 성적으로 자극된 것일 수도 있지만, 결혼의 진입 및 진출 장벽이 낮아서 새로운 이성으로부터의 유혹에 민감하고 결혼을 해도 성적 긴장감의 끈을 놓지 않고 새로운 사랑의 가능성을 열어 놓는 사회적 환경의 영향이 크다고 본다. 반면 우리 사회의 경우 실버타운에서 만난 70대 남녀의 연애가 주위 사람들의 시샘 때문에 좌절되거나 홀로 된 노인들의 연애가 볼썽사납다는 자식들의 반대에 부딪히기도 한다.

"한남대 임춘식 교수의 조사에 따르면 혼자 된 노인들의 97%가 이성 교제를 원하고 있다고 한다. 욕망은 언제나 누구에게나 그득하지만, 이제 피부처럼 밀착되어버린 그들을 둘러싸온 수많은 금지의 갑옷들은 벗어던지기 두려운 것이 된다. 그것을 벗어던진 자유와 열정의 향기를 내

뽐는 연인들은 여전히 갑옷 속에 있는 이들의 자괴감을 부추길 터. 드러내지도, 그래서 성취될 수도 없는 욕망은 타인들에 대한 무분별한 금지를 남발하게 만드는 것이다."

-목수정, 『야성의 사랑학』

홀로 된 노인들의 97%가 이성 교제를 원하면서도 제대로 하지 못하는 이유는 결혼 후 연애 감정 또는 연애 근육을 낡은 청동투구와 함께 다락방에 처박아 놓았기 때문이다. 수십 년 동안 쓰지 않았는데 제대로 작동할 리가 없다. 10대 중후반에 사랑이라는 감정을 자연스럽게 접하고 배울수 있는 기회를 갖지 못하고서 20대가 된 우리 세대가 연애에 미숙했던 이유와 같다. 미혼의 20대는 온 사회가 연애를 하라고 적극 권장하고 부추기기라도 하지만 중년 또는 노년의 사랑은 그마저도 없다. 닦고 조이고 기름 쳐야 하는 것은 자동차만이 아니다. 결혼 후에도 완전히 시동을 끄지 말고 최소한의 공회전을 유지하면서 이성에 대한 관심을 놓아서는 안되는 이유이다. 갑옷 속에 갇혀 타인의 연애를 시샘하는 사람들이나, 불륜남녀에게 온갖 도덕적 비난을 쏟아붓는 사람들이나 본질은 같다. 모두 루저의 시샘일 뿐이다. 본인들도 하고는 싶은데 용기가 없거나 능력이 없거나 행운이 따라주지 않아 못하고 있을 뿐이다.

단언컨대, 사람들이 불륜을 저지르지 않는 것은 도덕 때문이 아니다. 아직 충분히 매력적인 상대를 만나지 않았기 때문이고, 혹시 잃을지도 모르는 것에 대한 두려움 때문이다. 10여 년 전 자신은 매우 도덕적이기 때문에 유부남과 사랑에 빠질 일은 없을 거라고 단언하던 미혼 여성이 불과 6개월 후에 아이 둘 있는 유부남과 사랑에 빠지는 장면을 목격한 적이 있다. 드라마 〈거짓말〉에서 나오는 표현처럼 사랑은 교통사고처럼 다가온다. 내가 아무리 안전운전을 해도 뒤에서 들이받는 것을 어찌 막을 것인가? 물론 연애 감정은 교통사고처럼 내 의지와 무관하게 닥치지만 그 연애 감정을 행동으로 옮기는 불륜은 의지의 영역이고 따라서 도덕의 영역이라고 주장할지도 모르겠다. 그러나 자신에게 불현듯 다가온 연애 감정을 도덕 의지로 억눌렀다고 해서 자신의 도덕 의지가 불륜에 빠진 사람의 도덕 의지보다 강한 것은 결코 아니다. 두 사람은 같은 크기의 유혹을 받은 것이 아니기 때문이다. 물론 나는 불륜을 도덕적으로 바라보는 것 자체를 반대한다. 룸싸롱 접대, 성매매, 묻지마 관광이 오히려 도덕의 대상이지 불륜은 인간의 존엄함을 지키면서 진실하게 살아가고자 하는 우리네 이웃의 가슴 아픈 삶의 한 모습일 뿐이다. 미혼이냐 기혼이냐의 차이만 있을 뿐 서로를 아끼고 신뢰하고 설레고 생각만 해도 가슴이 철렁 내려앉는 것은 똑 같다. 자신의 삶의 무게를 실어서 사랑하고, 배우자와 가족을 생각하면서 안타까워한다. 세상이 비난하지 않아도 이들은 충분히 괴롭다. 사실 미혼자끼리의 사랑의 기쁨, 슬픔, 고통 따위는 기혼의 그것에 비할 바가 못 된다. 온 세상이 응원하며 실패하면 위로해주고 다시 도전하라고 끊임없이 북돋아주는 사랑과 세상에 자기들 편은 한 명도 없는 듯한 고립감 속에서 이루어지는 사랑이 비교가 되겠는가? 예술이 불륜을 소재로 삼는 것은 자극성 때문이 아니다. 미혼의 연애가 심심한 것은 사실이고, 불륜이 소재거리가 다양하긴 하다. 그러나 진짜 이유는 사랑의 본질을 가장 정확히 볼 수 있는 장면은 미혼끼리의 알콩달콩한 연애가 아니라 살얼음판 위에서 펼쳐지는 기혼자들의 불륜이기 때문이다.

공인들의 사생활에 대한 프랑스 사회의 쿨함이 우리 사회에서도 적절한 계기만 주어지면 얼마든지 가능하다. 물론 매우 혁명적인 개인의 출현을 요구한다. 비디오 유출 사건에서 해당 여성의 의연한 태도가 필요하듯이 공인들의 이른바 '부적절한' 사생활이 드러났을 때 해당 개인들의 태도가 대단히 중요하다. 예전 청와대 모 정책실장이나, 모 검찰총장이 관련된 사례에서 나타나듯 일단 부정하고 보는 방식은 곤란하다. 나는 이런 사건을 접할 때마다 자신의 사랑 앞에 당당한 모습, 특히나 당당한 남성의 모습을 상상하곤 한다. 공과 사가 분명한 경우였다면 자신의 사랑을 부정할 이유가 없지 않은가? 그러기에는 가진 게 많다는 현실도 이해하지만 노코멘트면 몰라도 일단 부정하고 보는 모습은 맘에 들지 않는다. 모 검찰총장의 경우에는 어쨌든 부양의 의무까지 이행했으니 문제될 게 없었는 데도 불구하고 정면돌파하지 못하고 일방적으로 두들겨맞고 물러난 것은 안타깝다.

중요한 것은 관계가 관계의 당사자들에게 도움이 되는 점이다. 감성적으로 행복감을 줄 수도 있고, 서로가 살아온 삶을 이야기하면서 삶의 의미를 풍부하게 할 수도 있으며, 세상을 바라보는 더 넓고 깊은 시각을 서로에게 주고 받을 수도 있다. 이 과정에서 섹스를 했느냐는 것 그 자체는 중요하지 않다. 섹스 자체가 중요한 것이 아니고 섹스라는 일종의 관문을 통과한 그들이 어떤 세상을 마주하게 되었는가가 진정으로 중요하다. 이것이 불륜과 성매매 또는 원나잇의 차이점이라고 나는 생각한다.

폭력이 개입하지 않는 모든 형태의 사랑을 허용하자. 동성이면 어떻고, 이성이면 어떤가? 그 사람을 보면 가슴이 뛴다. 그런데 이것을 어떤 때는 사랑이라 부르고 어떤 때는 불륜이라 부르고 어떤 때는 호모라고 비웃는다. 사랑일 때는 심장이 위아래로 뛰고 불륜일 때는 좌우로 뛰는가? 백 년도 살지 못하면서 천 년의 인습으로 고통받지 말자. 다른 이름으로 불리어도 장미는 아름다운데 왜 헛되이 이름에 집착하는가? 상대에 대한 관심을 적극적으로 표현하자. 차 한 잔 하자는데 "유부남 아니에요?"라는 답변이 왜 나오는가? 성매매 말고 불륜을 하자. 묻지마 관광 후의 원나잇 말고 불륜을 하자. 서로의 가치를 확인하고 확인받으면서 우리의 심장이 여전히 뛴다는 것을 확인하자. 우리의 마지막 사랑은 아직 오지 않았다. 마지막까지 설렘을 안고 살아가자.

제4부

꿈꾸는 청년을 위하여

남녀 분리 교육

우리 세대 대부분의 사람들처럼 나 역시 중고등학교는 남녀 분리 교육을 받았으니 어려서부터 알고 지낸 여성들은 결국 초등학교 때 알고 지냈거나 대학교 때 알고 지낸 경우가 대부분이다. 중고교 시절 교회를 다니지 않아서 조금은 아쉬운 것이 있다면 세상의 절반인 여성과의 관계가 그 중요한 6년 동안 단절되었다는 점 딱 하나이다.

우리 세대가 받은 교육의 폭력성과 잔인성은 이루 말로 표현하기 힘들다. 내가 대학에 입학하고 나서 같은 과 여학생에게 내가 다녔던 고등학교에서 체벌이 어떻게 이루어졌는가를 말했을 때 그 친구는 도무지 믿으려 하지 않았다. 교실 앞에서 교사가 학생 뺨을 때리기 시작하면 학생이 조금씩 뒤로 물러서고 그러면 교사가 그만큼 따라가면서 계속 뺨을 때리다가 교실 뒤편에 가서야 멈추었다는 이야기, 교사가 학생을 때리다가 화가 나 책상을 번쩍 들어서 학생을 가격했다는 이야기, 교사의 체벌이 두려워 2층 교실에서 창문 밖으로 뛰어내렸다는 이야기들을 직접 보지 않고서 믿는다면 오히려 거짓말에 가까울 것이다. 그런 물리적 폭력 외에 일상적으로 정서적 폭력이 가해졌는데, 지금 돌아보면 무엇보다 섬뜩한 것은 그런 폭력에 대해 우리들 대부분이 무감각하거나 당연한 것으로 받아들이거나 심지어는 키득거리면서 구경거리로 간주하거나 때로는 열혈 교사의 과한 학생 사랑 정도로 이해했다는 점이다. 백 보가 아니라 천 보 정도 양보해서 그런 교실의 풍경조차도 당시 시대의 한계로 이해해 줄 수는 있다. 교실 하나에 70명 가까이 들어앉아 있다는 물리적 상황은 〈언제나 마음은 태양〉의 시드니 포이티어도 두 손 두 발 다 들게 하였을 것이다. 오래 전에 교사인 친구와 '우리 시대의 과제 단 하나를 지적하라면 학급당 학생 인원을 30명 이하로 줄이는 것이다'란 이야기를 나눈 적이 있다. 어쩌면 인구수 감소로 인하여 본의 아니게 나와 그 친구의 소망이 이루어질지도 모른다는 생각이 들어 씁쓸하다.

이렇게 우리 세대가 받은 교육의 수많은 문제점과 비인간적인 요소들 중에 딱 하나를 고르라면 나는 남녀 분리 교육이라고 본다. 심지어 내가 다녔던 고등학교는 전교에 여성은 서무과에서 버스승차권을 팔았던 사람 딱 한 명이었다. 이렇게 감수성 충만한 중고 6년을 우리 세대의 남자들은 인간의 암컷과는 별개의 공간에 모여서 지냈다. 여성은 수시로 희화화되었고 성욕은 화장실 낙서로 대체되었다. 숱한 음담패설 속에서 여성은 언제나 폭력의 대상이었고, 남성이 '남성성'을 확인하는 수단이었다. 이런 분위기는 군대에서 그대로 재현되고 동시에 강화된다. 여성에 대한 폭력을 매개로 남성성을 확대 강화하는 곳. 그나마 쥐꼬리만큼 있는 창의성을 말살하는 곳, 군대 갔다 와서 창의성이 사라진 직원들을 군대 면제 받은 재벌 2세, 3세들이 노예처럼 부리면서 "당신들은 도대체 왜 그렇게 창의성이 없냐?"고 다그치게 해주는 곳, 그곳이 지금 우리 사회의 군대다. 슬프지만. 여성에 대한 폭력을 매개로 남성성을 확인받는 것, 여성에 대한 폭력이 남성성으로 치환되는 모습은 우리 사회 전체의 자화상이다.

감성이 폭발적으로 증대되는 시기를 세상의 절반과 단절된 상태로 지내다가 대학에 진학하면서 비로소 이성을 마주하게 되다 보니 연애를 하지 못하는 친구들이 의외로 많았다. 설령 곧바로 연애를 하게 된 행운의 경우에도 내용에서 그다지 썩 훌륭하지는 않았다. 연애라는 것이 서로에게 알몸을 보여주는 것뿐만 아니라 '알마음'을 보여주는 과정인데, 알몸이야 옷만 벗으면 되지만 알마음은 어떻게 보여줘야 할까? 나 역시 너무나 많은 잘못과 어리석음을 되풀이해야 했다. 좋은 말로 변명해서 사회적 소명과 개인적 행복이 양립할 수 있다는 것을 깨닫지 못한 것인데, 말 그래도 변명일 뿐이다. 『페르세폴리스』라는 책에, 작가인 마르잔 사트라피가 십대의 나이에 전쟁을 피해 오스트리아로 떠나기 전에 할머니가 다음과 같이 말하는 장면이 나온다.

"살다 보면, 남자들을 많이 만나게 될 거야. 만약 그 녀석들이 네게 상처를 준다면, 스스로에게 이렇게 말해. 그건 녀석들이 멍청해서라고. 그렇게 하면, 네가 남자들의 잔인함에 대응하려는 걸 막을 수 있을 게다.

세상엔 상대를 비꼬고 복수하는 것 만큼 나쁜 건 없으니까… 언제나 네
존엄성을 잃지 말고, 자기 자신에게 진실해라."

마르잔의 할머니가 말한 대로, 내 연애의 전 과정은 내가 얼마나 '멍청'
했는지를 그대로 보여준다. 너무 매정했고 인간에 대한 예의를 갖추지 못
했다. 나의 멍청함으로 인해 보석 같은 아이의 영혼이 메말라가고 있었
다. 그 친구가 20대 초반의 상처에 전혀 굴하지 않고, 살아가는 동안 인간
으로서의 존엄과 품위를 잃지 않고, 천상의 아름다움이 구현된 여성으로
성장하였다는 사실에 위안을 얻는다.

이런 지극히 서툴고 불행한(?) 연애 내용과는 무관하게 나는 연애 자체
는 어렵지 않게 하였으나 여성들과의 물리적 접촉 자체를 어려워하는 친
구들도 많았다. 우리 사회의 엄숙주의도 영향을 주었겠지만 가장 큰 이유
는 역시 6년 동안의 남녀 분리 교육이라고 생각한다. 우리 세대가 얼마나
남녀가 동떨어져서 살아왔는지 극단적인 예 하나를 들겠다. 내 친구 중에
는 신혼여행 가서 끝내 성교를 못하고 돌아온 친구가 있다. 집들이 때 내
게 "야…그거 힘들더라!"고 말하던 모습이 눈에 선하다. 그 친구도 처음
이고 친구 부인도 처음이었으니 쉬울 리가 없었다. 그만큼 우리는 남녀
서로에 대해서 너무나 모르고 지냈다.

이렇게 남녀가 다른 공간에서 청소년기를 보내면서 기본적인 성교육
은 차치하고라도 인간의 가장 기본적인 연애 감정을 무려(!) 스무 살이 되
어서야 처음으로 갖게 되는 현상이 벌어졌는데, 그나마 지금 세대들은 우

리보다는 조금 더 일찍 연애 감성을 발굴하게 되어 정말 조금은 다행이라고 생각한다. 나의 자식 세대들이 우리 세대보다는 어쨌든 더 행복할 것이라고 믿는다. 그 이유는 그들의 첫 연애 및 첫 성 경험 시기가 우리 세대보다 더 이르다는 것이다. 인간의 가장 원초적이고 가장 파괴적이면서 그러나 동시에 가장 창조적인 감성, 머릿속에 들어있는 숱한 헛된 관념과 금기들을 일시에 날려버리는 폭풍, 그것을 위해서라면 어떤 고난과 억압에도 굴하지 않겠다고 스스로 다짐하게 만드는 치료 불가능의 정신 질환, 그것이 연애 감정이지 않던가? 그럼에도 불구하고 청소년기의 연애는 끊임없이 억압받고 있다는 것, 여전히 성은 순결의 범주로만 논의되고 있다는 것, 동성애라도 하면 세상이 끝나는 줄 호들갑 떠는 등의 우리 사회의 엄숙주의를 생각하면 숨통이 끊어질 것만 같다.

여름방학과 가을학기제, 자유로운 이동

학생들이 여름방학 때 좀 더 마음 놓고 '놀' 수 있도록 여건을 마련해주어야 한다. 기간도 지금보다는 훨씬 길게 조정해야 한다. 과거 에너지 위기 때문에 겨울방학을 길게 하였지만 지금은 겨울방학을 줄이고 여름방학을 최소 두 달 정도는 확보해야 한다. 몇 년 전 한 프랑스인하고 이야기하다가 우리나라 중고교의 여름방학이 한 달 남짓이고 겨울방학은 좀 더 길다고 하니 아주 의아하다는 표정을 지으면서, 여름에 놀기가 더 좋은데 왜 여름방학이 그렇게 짧으냐고 내게 물었던 기억이 있다. 충분히 주어지는 여름방학을 이용하여 이웃나라로 육로를 통해 자유롭게 돌아다니면서 학창시절을 보냈을 그들을 생각하니 여간 부럽지가 않았다. 무엇보다 방학을 부족한 학습을 보충하는 기간이 아니라 자유롭게 '노는' 기간으로 이해하는 그들의 태도가 부러웠다. 여름방학 때 마음 놓고 놀려면 기간도 늘려야 하지만 지금 같이 3월 학기제가 아니라 9월 학기제로 바뀌어야 한다. 유학 가는 학생들의 불편 때문에 주장하는 것이 아니다. 그 비율이 얼마나 된다고 그것 때문에 제도를 바꾸겠는가? 그보다는 9월에 새 학년이 시작되어야 학생들이 좀 더 맘 편히 여름방학을 보낼 수 있기 때문이다. 가을학기제로의 변화는 2년 정도 학사 일정을 조금씩 늘리면 가능하다. 즉 금년에 3월에 1학기가 시작되면 1학기와 여름방학, 2학기, 겨울방학 각각의 기간을 조금씩 늘려서 다음해에는 6월에 1학기가 시작하도록 하면 다다음해에는 9월에 1학기 시작이 가능해진다. 입학 대상 연령은 지금과 똑같이 하면 된다. 이렇게 해서 6월 말에 한 학년이 끝나는 홀가분한 상태가 되면 여름 두 달 동안 지금보다는 좀 더 자유롭게 놀 수 있을 거라고 본다. 물론 입시가 엄연히 살아있어서 어쩌면 학원들만 좋아할 일은 아닌지 하는 생각도 들지만 일반적으로 새로운 학년을 앞두고 있는 방학보다는 1학기와 2학기에 걸쳐 있는 방학에 학원 수요는 훨씬 더 크다. 이는 또한 학부모들의 여름휴가에도 좀 더 유리한 상황을 제공한다. 학생들의 여름방학이 짧다 보니 가족 단위로 휴가를 떠나는 현실에서 아이들의 일정에 맞춰 어른들이 휴가 일정을 짜다 보면 매우 짧은 기간에 사회 전체 구성원의 휴가가 겹치면서 서로가 불편하지 않은가? 아이들의 여름방학이 한 달이 아니라 두 달이 되면 사회 전체가 좀 더 여유롭게 휴가를 보낼 수 있을 것으로 생각한다.

육로를 통해 다른 문화권을 자유롭게 드나드는 유럽 학생들을 보면 한없이 부럽기만 하다. 사면이 바다와 철조망으로 갇힌 사실상의 섬나라인 우리나라의 현실에선 참으로 머나먼 이야기이다. 그러나 좁은 땅이나마 우리나라 안에서라도 청소년들이 자유롭게 돌아다니면서 정태춘이 노래한 "낙동강 하구의 심난한 갈대 숲, 희뿌연 안개가 감추는 다도해, 호남선 지나는 김제벌 까마귀, 뱃놀이 양산도 설레는 강마을, 뻐꾸기 메아리 산골의 오두막, 돌멩이 구르는 험준한 산계곡, 노을빛 뜨거운 서해안 간척지, 내 민족 허리를 자르는 휴전선"들을 직접 볼 수 있어야 하지 않을까?

청소년들의 자유로운 이동을 위해 교통비 부담을 대폭 줄여야 한다. 지금처럼 교통서비스를 이용할 때마다 비용을 지불하는 방식이 아니라 일정 기간에 대해 정액제 방식으로 전환하여야 한다. 정상적으로 작동하는 많은 나라에서 채택하는 방식이다. 이를테면, 한 달에 1~2만원으로 자신이 생활하는 광역시·도의 모든 공공교통수단(버스 및 철도)을 무제한 이용할 수 있게 해야 한다. 서울에서 생활하는 학생이라면 해당 비용으로 한 달 동안 마음껏 서울시내의 모든 공공교통수단을 무제한 활용해서 돌아다니게 하자는 것이다. 여기에 약간의 추가 비용으로 경기도까지 확장하고 더 나아가 전국 철도까지 저렴한 비용으로 이용할 수 있도록 해야 한다. 그에 따른 해당 교통수단의 적자는 세금으로 보전해주면 된다. 우리나라가 돈이 없다는 소리는 정말 헛소리다. 강바닥에 쏟아 부은 돈을 생각해보라. USB 하나를 98만 원에 구입하는 넉넉한 국방비를 생각해보라. 연간 가계에서 지출하는 사교육비를 생각해보라. 우리나라가 세계 최고의 부자는 아니지만 내가 제시하는 이 정도의 투자를 학생들에게 못해줄 정도로 가난하지는 않다. 전국 중고생들이 대략 300만 명 조금 넘는데, 이들의 교통비를 세금으로 지원해주는 금액이 1인당 1년에 백만 원이라 하면 연간 3조 원이 소요된다. 이 정도 비용으로 이땅의 중고생들이 마음껏 돌아다니면서 견문을 넓힌다는 상상을 하면 조금도 아깝지 않다. 설령 내 주먹구구식 계산에 오차가 있어 그보다 훨씬 더 많은 비용이 든다 해도 도대체 뭐가 문제고 뭐가 그리도 아까운가? 어차피 우리나라에서 돌고 도는 돈인데 문제가 될 게 하나도 없다.

더 나아가 해외여행까지도 국가 지원으로 가능하다고 본다. 농어촌 학생들, 또는 도시의 경우 각 학교에서 원하는 학생들 중 추첨을 통해서[34] 넓은 세상을 마주하게 도와주어야 한다. 4명 정도로 한 팀을 구성하고 안전을 위해 호위무사 한 명 포함하고 각종 역사적 문화적 배경을 설명해줄 교사 한 명을 포함하거나 또는 현지 교민의 도움을 받을 수도 있다. 숙박 같은 인프라를 국가 차원에서 마련하면 비용도 줄일 수 있다. 대략 전국 중고생의 10%를 이렇게 매년 해외 곳곳으로 한 달씩 보내는 데 방학 같은 비수기를 피한다면 2~3조 원 정도의 비용이 든다. 작지는 않지만 그래도 이 정도의 비용으로 우리의 중고생들이 받게 될 지적 자극과 감성의 확충, 그들이 품게 될 꿈의 크기를 생각해보면 큰 비용은 아니라고 본다. 사회적으로 부가 크게 증가하면서 20대 젊은이들이 세상을 이리저리 경험

---

34 학교장이나 교사의 추천 방식은 절대로 해서는 안 된다. 그러면 시민권은 교장이나 교사의 시혜로 전락한다. 만약 성적을 고려해야 한다면 상위 몇%가 아니라 하위 몇%로 기준을 정해야 한다. 그래야 공부에 의욕이 없는 학생들에게 견문을 넓혀줌으로써 자신의 미래를 좀 더 진지하게 고민하게 하는 계기가 될 것 아닌가? 비슷한 이유로 장학금 선정 기준도 성적이어서는 안 된다.

하는 모습을 보면 크게 가슴이 벅차면서도 그런 인생의 경험이 오로지 부모의 경제능력에 전적으로 의존하는 것을 보면 동시에 가슴이 아프다. 극단적으로 말해, 부잣집 자식들은 취직 걱정 없이 젊은 시절에 온갖 경험을 하면서 견문을 넓힌 후 젊은 시절 취직에 목매달았던 가난한 집 자식들을 부리게 되는 것 아닌가?

입시 및 선발시험

교육에 관한 모든 성토와 제안은 언제나 대학 입시가 발목을 잡는다. 그리하여 입시철에 고교 정문에 걸려지는 "누구누구 서울대 합격"이라는 그 말도 안 되는 폭력에 대해 어느 누구도 문제 제기를 하지 않는다. 대학 입시제도의 수많은 개편과 각종 비판은 입시를 통해 얻고자 하는 목표들이 상충하는 경우가 많기 때문이다. 공정해야 하며, 우리 시대가 필요로 하는 인재를 선발할 수 있어야 하며, 사회적 약자에게 기회를 줘야 한다. 다 맞는 지적이고 필요한 사항들이다. 그러나 내가 보기에 대학입시제도의 가장 큰 문제는 모든 것이 점수로 환산되어 정확히 커트라인에 의해 당락이 갈리는 것이라고 본다. 그 커트라인을 어떻게든 넘기 위해 기를 쓰고 문제를 풀고 반복 학습을 한다.

나는 국공립대의 입시를 추첨제로 바꿀 것을 제안한다. 말도 안 되는 소리라고 비웃겠지만, 나는 추첨제로 뽑은 대학생들이 지금의 입시 지옥을 통과한 학생들보다 못하리라고 생각하지 않는다. 예를 들어, 입학 정원의 3배 정도의 인원을 수능이든 내신이든 지금처럼 성적순으로 선발하고, 그 중에서 추첨을 한다면 시대의 과제인 다양성도 확보하면서, 대학 교수들이 종종 불만을 표하는 이른바 기초학습능력이 없는 사람들이 입학하는 문제도 어느 정도 해결될 것이다. 학습능력이 부족한 사람은 입학 후 각고의 노력으로 돌파하면 된다. 그런 노력을 견인하기 위한 엄격한 학사관리가 더 중요하다. 그런데 이를 위해서는 국공립대가 지금보다 훨씬 더 많아야 한다. 대학 진학생의 80% 정도는 국공립대에서 책임을 져야 하는데 현재 우리나라는 20%를 밑돈다. 대부분의 OECD 국가에서 이 수치는 80%를 웃돈다. 즉, 고등교육을 국가가 책임지는 구조다. 이들 사회는 의료 역시 기본적으로 국가가 책임지고 있다. 교육과 의료라는 효율로는 풀 수 없고 풀어서도 안 되는 영역은 국가가 책임져야 한다.

그렇다고 국공립대를 마구 지을 수도 없는 노릇이니 자립 기반이 없는 사립대를 적극적으로 국유화해야 한다고 본다. 대학 교육의 큰 틀을 관학과 사학의 경쟁 구도로 잡고 사학에 대한 재정지원[35]을 없애면서 자립도가 낮은 사립대를 국유화하여 국공립대 재학생의 비중을 늘려 나가야 할 것이다. 사학에는 기부금 입학을 허용하여 그 재원으로 우수한 학생을 장학생으로 선발할 수 있는 여지를 줘야 한다. 사학은 사학 마음대로, 국공

---

35 우리나라 사립대의 운영비에서 국고보조금이 차지하는 비율은 20% 정도이다. 기준에 따라 수치는 조금씩 다르다. 이 보조금을 몇몇 유명 사립대가 독식하는 것도 문제이다.

립은 철저히 국가 책임으로 하여 모든 시민들이 저렴한 비용으로 고등교육을 받을 수 있도록 해야 한다. 추첨제 주장에 대해, 이를테면, 서울대를 충분히 들어갈 수 있는 '인재'가 추첨 때문에 못 들어가면 국가적으로 손해 아니냐고 묻겠지만, 추첨 때문에 그 '인재'가 서울대를 못 들어감으로써 발생하는 손실보다 그렇게 함으로써 고교교육에 숨통이 트이는 이익이 비교 불가할 정도로 크다고 나는 확신한다. '인재'에 대한 환상을 버려야 한다. 우리가 말하는 그 '인재'라는 게 결국은 수학 문제 더 잘 푸는 능력 아닌가? 종종 기사에서 초등학생이 고교수학 미적분 문제를 푼다면서 이들을 영재라고 소개하곤 한다. 이들이 똑똑하다는 것을 부정하지는 않겠지만, 더 중요한 것은 이들이 미적분의 본질을 어떻게 이해하고 있느냐이다. 자신만의 고유한 방식으로 이해하는지가 관건이다.

그런데 수학에서 중요한 것은 문제를 푸는 능력이 아니라 문제를 제시하는 능력이다. 내가 만약 수학경시대회를 주최한다면 지금처럼 주최 측에서 문제를 내고 참가자가 푸는 방식이 아니라 주어진 어떤 조건 속에서 참가자가 문제를 내고 그 문제의 깊이와 신선함을 평가단이 평가하는 방식을 취할 것이다. 존재하는 권위에 순응하는 것이 인재가 아니고 존재하는 권위를 깨트리고 새로운 권위를 세우는 것이 진정한 인재이다. 언제나 문제는 문제 자체가 아니라 문제를 바라보는 우리의 무딘 시각이다.

우리 사회의 높은 대학진학률이 과연 우리 사회의 발전에 기여하는지는 모두가 의문을 갖는다. 대학만으로는 취직이 안되니 석사까지 마치고 온갖 스펙을 덤으로 쌓아야 하는 현실을 안타까워하면서 이른바 학력이 아니라 실력으로 사람을 뽑아야 한다고 말한다. 그렇지만 이는 완전 공염불에 불과하다. 사람을 실력으로 뽑고 싶지 않은 기업이 세상 어디에 있는가? 실력으로 뽑으란 소리는 점쟁이가 되라는 말과 별반 차이가 없다. 우리 기업이 사람을 평가할 수 있는 능력이 축적되지 않았고 그렇다 보니 안전빵으로 대학 간판에 의지하게 된다. 지방대 나온 괜찮아 보이는 사람을 입사시켰더니 일을 정말 잘하더라는 이득보다 괜찮아 보였는데 실제로는 꽝이었을 때 인사담당자가 짊어지는 리스크가 훨씬 크다는 뜻이다. 반대로 명문대생 뽑았을 때 실력이 꽝이면 책임을 해당 대학에 떠넘긴다. 기업이 원하는 '인재'를 대학이 키워내지 못한다는 당최 이해할 수 없는 불평을 해대면서. 아니 기업이 원하는 인재를 왜 대학이 키워야 하지? 그럼에도 불구하고 기업이 원하는 인재를 대학이 배출해야 한다는 이 미신은 이미 널리 퍼져 있다. 내가 돈을 냈는데 내 입맛이 아니라 기업 입맛에 맞는 교육을 요구한다. 취업난이 우리의 정상적인 사고를 방해하고 있는 예이다. 일자리 부족은 1차적으로 공공부분 일자리 확충을 통해서 해결해야 한다. 즉, 공무원을 대폭 늘려야 한다는 말이다. 그런데 공무원 선발도 대학입시에서 제안한 추첨제를 도입해야 한다. 공무원을 포함해 대부분의 사무직은 뛰어난 지식을 요구하지 않는다. 공무원으로 원만하게 일하기 위해서 과연 취직 그 순간부터 관련 행정지식과 절차를 다 알아야 하는 걸까? 시험을 봐서 꼭 1등부터 꼴등까지 순위를 매겨야 하는 걸까? 공무원 시험 1등 한 사람이 100등 한 사람보다 더 훌륭한 공무원이 되는 걸까? 난 아니라고 본다. 따라서 공무원 시험을 운전면허와 같이 최소한의 능력평가로 바꿔서 당락을 결정하게 하고, 합격한 사람에 대해 추첨으로 선발하고, 해당 시험의 통과 유효기간을 적당하게 설정하면 된다. 즉, 공무원 시험 합격을 공무원이 되기 위한 필요조건, 또는 자격 정도로만 설정하자는 것이다. 그러면 또 같은 질문을 할 것이다. 그 시험에서 1등한 사람이 추첨에서 떨어지면 억울하지 않냐고? 지금처럼 공무원 시험에 올인하는 분위기에서는 억울할 만도 하다. 그러나 내 제안대로 추첨제로 바뀌면 사람들이 공무원 시험에 이토록 혼신의 힘을 기울일까? 설령 억울한 부분이 있을지라도 그로 인한 우리 사회 전체의 이익이 훨씬 크다. 자동차운전면허 필기시험에서 1등 해도 실기시험에서 떨어질 수도 있고, 필기든 실기든 우수한 성적으로 면허시험을 통과했다고 해서 곧바로 베스트드라이버가 되는 것은 아니다. 시험은 딱! 이 정도가 제격이다. 진짜 운전은 도로에서 배운다. 진짜 공무원은 공무원 생활을 하면서 된다. 면허증을 땄다고 바로 차 사는 것 아니듯이 시험 합격했다고 해서 바로 공무원 되라는 법 없다. 최소한의 능력과 지식만 묻도록 난이도를 설정하여 고등학교를 나오면 9급 시험은 합격할 수 있도록 해야 한다. 나는 더 나아가 10년 정도 한시적으로라도 9급 공무원은 전면적으로 고졸에서만 뽑도록 하여 대학 진학률을 낮춰야 한다고 생각한다. 위헌이라고 말하겠지만 지금 우리 사회의 병폐는 이 정도의 혁명적 사고가 있어야 치유가 가능하다. 대학입시 역시 전국 국립대학 네트워크(이른바 대학 평준화)가 이루어지면 수능을 자격고사 정도로 전환해서 통과한 사람은, 이를테면, 3년 정도 안에는 어느 국공립대학이든 입학을 신청할 수 있도록 하고, 신청자

중에서 추첨을 통해 정원을 뽑으면 된다. 학사관리가 선발방식보다 훨씬 중요한 것 아닌가? 교사 임용시험은 또 어떤가? 임용시험의 성적은 평생 교사를 따라다니며 교장 임명에 결정적으로 작용한다. 20년 전에 치른 임용시험의 성적이 지금 교장 임명을 결정한다는 것은 너무 황당하지 않은가?

대학입시나 공무원채용시험 같은 우리 사회에서 치르는 선발을 위한 시험 방식의 가장 큰 문제는 지나치게 순위를 강조한다는 점이다. 궁극적으로 시험 자체가 권력화되고 권위화되면서 시민 개개인의 사고와 영혼을 짓누르고 또한 다양성을 억누른다. 생각해보라. 어느 특정학과에 전국 100등 이내의 성적을 가진 50명이 모인 경우와 전국 천 등 이내의 성적을 가진 50명이 모였을 때를. 전자의 경우가 소위 "뛰어난" 학생들이 더 많이 모이겠지만 지나치게 유사한 사람들만 모이는 위험성이 있다. 그보다는 다양한 구성원을 갖는 후자의 경우가 해당 학과를 다니는 학생들의 삶에는 더 좋을 것이고, 이런 방식이 사회 전체의 발전에도 더 크게 기여할 거라고 믿는다. 모든 공무원을 성적순으로 뽑는 것보다 설령 시험 성적은 낮을지라도 다양한 사람을 섞어서 뽑는 것이 정상적인 국가 운영에 도움이 될 것이다.

지금과 같은 성적기준 선발 방식은 시험에 통과하기 위한 막대한 사회적 비용을 초래할 뿐만 아니라, 해당 시험이 거대한 진입 장벽으로 작용하면서 장벽 안쪽과 바깥을 차별하게 만들고 안쪽을 거대한 이익집단으로 만든다. 그것의 가장 전형적인 예가 사법고시이다. 마땅히 변호사 자격 조건을 크게 낮춰서 개나 소나 다 변호사가 되게 해야 한다. 변호사가 되기 위해 아주 해박한 법 지식이 필요하다고 나는 생각하지 않는다. 관련 분규가 어느 법, 어느 조항에 언급되어 있는지 정도를 파악하고 해당 법 조항을 해석해 낼 수 있는 정도의 논리적이고 합리적 사유가 있으면 가능하리라 본다.

학업과 인생의 길

영미에서 갭이어(gap year)라고 불리는 제도가 있다. 대학 등록 후 곧바로 학업을 시작하는 것이 아니고 1년 정도 여행이나 봉사활동을 하면서 재충전의 시간을 갖는 제도이다. 중고교 시절에 6개월에서 1년 정도 학업을 전면적으로 중단하고 예체능이나 여행, 봉사활동 등을 하는 제도를 시행하는 국가도 있다. 대학 학부 졸업 후 사회활동 하다가 다시 대학으로 돌아가서 계속 공부를 하는 경우가 있다. 서양 사람들 중에는 꽤 많고 우리나라 사람 중에서도 가끔 보곤 한다. 그 과정에서 학부 때의 전공과 다른 길을 모색하는 경우도 있고 다른 길을 선택하는 경우도 있다.

대학원에서 정치학을 공부한 한 출판사 대표가 대학원 진학 전에 정당활동을 경험했다면 더 좋았을 거라고 회고한 걸 본 적이 있다. 이 모든 이야기들은 한 군데를 가리키고 있다. 학업은 본질적으로 사회를 향해야 하며 사회와 분리되어서는 안 된다는 것이다. 그를 위해 학업기간 중에 사회활동을 병행해야 하고, 그것이 물리적으로 힘들면 아예 잠시 학업을 중단하는 것이 주구장창 학교에서 공부하는 것보다 더 좋은 방안일 수 있다.

우리 사회에 초중고 12년에 학부, 대학원 게다가 박사과정까지 20년을 넘게 학교에 머무는 경우가 얼마나 많은가? 그들을 폄하하는 것이 결코 아니다. 그들의 그런 노력이 헛되지 않기 위해서 어떤 점이 필요한가를 말하고자 하는 것이다. 진로에 대한 충분한 고민이 없다 보니 얼마나 많은 학생들이 대학 입학 후 '어! 여기가 아니네!' 하면서 재수, 반수를 하는가? 입시라는 현실의 장벽이 있어서 고등학교 때 이런 과정을 도입하는 것은 어려움도 많고 시간도 많이 필요할 것이지만, 대학 입시가 마무리되고 학업에 들어가기 전에 6개월 이상의 공백을 일부러라도 갖는 것은 대학생활에 많은 도움이 될 것으로 본다. 이는 결국 꿈과 직업의 문제와 연결되어 있다.

길을 잃지 않으려면 가고자 하는 곳 너머를 봐야 한다. 가끔 십대들에게 꿈이 무엇이냐고 묻곤 한다. 그러면 대개 의사, 변호사, 파일럿, 가수 등과 같은 답변을 듣는데, 사실 이것들은 희망 직업이지 '꿈'이라고 볼 수는 없다. 판사가 되어서 하고자 하는 그 무엇, 주위의 모든 사람이 그 사람을 응원하게 만드는 그 무엇, 그것이 꿈이다. 그리고 그 꿈을 실현하는 방법은 대단히 많다.

몇 년 전 한 미국인하고 이야기를 한 적이 있는데, 대학에서 심리학을 전공하였다고 한다. 원래는 정신과의사가 되고 싶었는데 비용도 많이 들어 포기하고 나서 자신이 왜 정신과의사가 되고자 하는지를 곰곰 생각해

보았더니 마음이 아픈 사람을 도와주고 싶은 것이 그 이유였다고 한다. 그런데 마음이 아픈 사람을 도와주기 위해서 꼭 정신과의사가 될 필요는 없겠구나 하는 생각이 들어서 심리학을 전공했다는 것이다. 우리 학생들이 자신의 장래를 고민할 때 부족한 모습이 바로 이런 점이다. 너무 조급하게 직업과 연관 지어서 사고를 전개해 버린다. 그 직업이 안정된 사회적 지위와 넉넉한 수입이라는 기준에 의해 결정되면 최악이 된다. 물론 현실이 얼마나 각박한지는 잘 안다. 연 10%에 가까운 고도성장기에 20대를 보낸 우리 세대가 지금 20대에게 꿈을 이야기하는 것은 정말 미안한 일이다.

그럼에도 불구하고… 그럼에도 불구하고 이런 이야기를 하는 것은 이제 막 50대로 진입하면서 내 지난 30년 삶을 돌아보았을 때 어느 한 순간 후회와 회한이 없는 순간이 없는데, 그 모든 회환의 원인은 마치 경주마처럼 가고자 하는 곳만 응시하면서 달려갔던 내 삶의 태도였다. "민주화가 되고 난 이후 나는 무엇을 할 것인가?"라는 아주 당연한 질문을 하지 못했다. 가고자 하는 곳 너머를 보지 못하면 삶은 한 순간에 휘청거리게 마련이고, 그 자체로는 아주 당연하고 합리적으로 보이는 삶의 원칙들도 순식간에 도그마가 되고 만다.

우리가 가야 하는 궁극의 곳, 궁극의 꿈은 물론 '건강한 시민'이 되어 사회에 기여하는 것이다. 이를 위해 전문지식을 습득해야 하며 또한 가정이나 학교, 소속 집단을 매개하지 않고 사회와 직접 연결된 자신을 바라볼 수 있는 올바른 세계관을 가지고 있어야 한다. 궁극적으로는 자신이 할 수 있는 것으로 즉, '돈 있는 자는 돈으로, 지식 있는 자는 지식으로' 사회에 기여하면 될 터이나, 젊은 시절 전문지식을 습득하지 않으면 삶을 장기적으로 계획하기가 힘들어지며 사회에 기여할 수 있는 길도 매우 좁아진다.

올바른 세계관을 획득하고 다양한 경험을 통하여 보편적 시민이 되는 것도 중요하지만 전문지식이 없으면 자칫 뗏목으로 전락할 위험이 있다. 인간이 생물학적 존재이다 보니 나 자신 인생이 꽤 많이 펼쳐져 있던 20대를 지나 이제 조금씩 그 끝이 보이는 50대로 접어들면서 인생의 여러 분야에 대해 부과하는 가치의 비중이 달라졌다. 80년대 당시에는 전두환 파시즘을 깨부수지 않고서는 세상 어느 문제도 해결되지 않을 것처럼 보였지만, 지금 돌아보면 전두환 파시즘의 붕괴가 내 개인의 진보와 삶의 행복에 얼마나 기여를 했는지 참으로 의심스럽다. 내가 손 놓고 있었어도 전두환 파시즘은 붕괴되었을 거라고 말하는 것이 아니라, 전두환 파시즘의 붕괴 및 사회의 진보는 나의 진보와 행복한 삶의 필요조건일 뿐 충분조건은 아니었다는 것이다. 당연히 사회의 한 걸음 진보를 위해 노력하면서 동시에 나 자신의 진보를 위해 전문지식을 습득해야 했고, 나의 행복을 위해 내 옆에 있는 이를 사랑해야 했다. 사랑하는 이가 곁에 없다면 좋은 세상이 온다 한들 무슨 소용이겠는가? 세월이 흐르면서 사회는 진보하였지만 나는 나아가지 못하고 결국 뗏목이 되어버리고 말았다.

영화 '너무 밝히는 소녀 알마'

〈너무 밝히는 소녀 알마〉라는 노르웨이 영화가 있다. 호르몬 분비가 절정에 이른 고교생 성장기를 다루는 '청소년 성장 영화'이다. 내용이 재미있어서 아이들과 보려고 했는데 청소년 관람불가란다. 극장에 문의하니 부모가 같이 입장해도 안 된단다. 할 수 없이 나 혼자 보았다. 예상대로 고교생의 다양한 성 고민과 판타지를 다루었는데, 아무리 뜯어보아도 그리고 천 보를 양보해도 문제될 장면은 폰팅하면서 자위하는 장면 하나뿐이었다. 검열관들이 그 장면 하나만 보고 청소년 관람불가를 판정했을 거란 의심이 들었다. 사람 죽어나가는 대부분의 전쟁 영화가 12세 이상 관람가인 상황과 비교하면 검열 기준의 유치함과 폭력성을 동시에 느낀다. 영화 내용의 폭력성이나 장면의 선정성에 대한 총체적인 검토는 전혀 없고 오로지 배우들이 얼마나 벗었는가, 남녀의 성기가 노출되는가, 사람을 총으로 죽이는가 칼로 죽이는가, 정도의 기준만 작동하는 듯하다.

누군가 우리 사회를 거대한 병영으로 규정했듯이 우리 사회 곳곳은 군대 논리로 작동하고 있다. 그 영향을 받았는지는 몰라도 검열 기준이 지나치게 전쟁 영화에 관대하고 전쟁의 가장 반대편에 있는 사랑 영화에는 엄격하다. 사람이 총에 맞아 죽는 장면과 사랑하는 두 사람이 서로의 알몸을 어루만지는 장면 중에서 어느 것이 더 청소년들에게 해로운가? 남북이 대치하는 상황에서 전쟁은 현실이니 이른 나이부터 다가올 미래를 준비하게 하자는 것인가? 그러면 연애는? 섹스는? 사랑하는 감정은 청소년들에게 다가올 미래가 아니라 이미 자신들의 현실이다. 그 현실을 다른 사람의 시각으로 바라보겠다는데 보지 말란다. '소나기' 류의 애틋함으로만 청소년의 사랑을 설명할 수는 없는 노릇이다. 하루에도 수십 번씩 꼴리는데 그 이야기를 해야 하는 것 아닌가? 마땅히 응답해야 할 공적 교육이 입을 다무는 사이 성애에 대한 궁금증은 포르노가 대신하게 되었고, 그 포르노에 대한 공교육의 공식 입장은 그저 보지 말라는 것 외엔 없다. 왜 포르노가 문제인가? 남녀의 알몸이 적나라하게 나와서? 적나라한 남녀의 알몸이 성욕을 자극하는 경우는 오히려 드물다. 성기 결합을 여과 없이 보여줘서? 그게 궁금해서 보는 것 아닌가? 포르노를 보면 강간 충동이 일어난다고? "포르노는 이론, 성폭력은 실천"이란 말도 있지만 대부분의 연구는 포르노와 성폭력 간의 상관관계가 없다는 점을 말하고 있다. 포르노가 성폭력의 원인이라는 시각은 인간을 '자극→반응'이라는 지극히 단선적 모델로 파악하고 있다. 짧은 치마가 성폭력을 유발한다는 논리와 전혀 다를 게 없다. 인간은 자극을 받으면 이를 사회적 문화적으로 해석하고 소화해서 자신의 행동을 결정한다. 핵심은 사회적 문화적 해석 능력을 키우는 것이지 자극을 통제하는 것이 아니다. 설령, 자극에서 원인을 찾는다손 쳐도, 짧은 치마 입은 여자를 보고 강간 충동을 느끼는 경우 핵심은 치마의 절대적 길이가 아니라 상대적 길이일 뿐이다. 즉, 대부분의 여성이 긴 치마를 입는 사회에서는 무릎 정도까지 내려오는 치마를 보고서도 강간 충동을 느낄 것이고, 대부분의 여성이 바지를 입는 사회에서는 치마 입은 여성만 봐도 강간 충동을 느낄 것이다. 모든 여성이 바지를 입는 사회에서는 좀 더 타이트한 바지를 입은 여성에게서 동일한 충동을 느낄 것이다. 온몸을 자루로 감추고 눈만 내놓은 사회에서는 여성의 둔부를 보거나 심지어 눈빛만 봐도 같은 충동을 느낄 것이다. 상자 안에 감춰놓아도 상상하는 것만으로도 그런 충동을 느낄 수도 있다. 자극에서 원인과 해법을 찾는 것은 현실적으로도 불가능하고 이론적으로도 불가능하다. 유일한 해법은 성폭력은 폭력일 뿐 섹스가 아니라는 것, 섹스를 하기 위해서는 서로의 동의가 필요하다는 것(대부분은 남성이 여성의 동의를 받는 경우이겠지만), 남성뿐만 아니라 여성에게도 섹스가 정조나 도덕의 대상이 아니라 인간의 쾌락과 행복의 조건임을 사회구성원들이 인식하는 것이고 이것을 중고교 시절부터 가르쳐야 한다. 맘에 드는 이성과 테니스를 즐기는 것과 그 이성과 섹스를 하는 것이 본질적으로 같다는 것을 가르쳐야 한다. 유일한 차이점은 임신이나 어떻게 피임할 것인지를 철저히 가르치면 된다. 한마디로 말해 콘돔 없이 섹스하려는 남자가 얼마나 무책임한 사람인지만 각인되면 성교육의 목적은 달성된 거나 다름없다.

포르노의 가장 큰 문제는 대부분의 경우 포르노의 구매자가 남성인 관계로 지극히 남성적 관점에서 섹스가 묘사된다는 점이다. 그로 인한 가장 큰 문제는 도통 재미가 없다는 것이다. 포르노에 나오는 여성은 대부분 쭉쭉빵빵이고 남성의 성기는 길고 굵고 테크닉은 왜 그리도 현란한지! 남자들이 여자들한테 안 보여주고 자기들끼리만 보는 이유가 여자한테 보여주면 면박 받을지 모른다는 불안감 때문일지도 모른다. 사실 야하기로는 보통의 성애 영화가 훨씬 야하다. 여하튼 한마디로 여성적 관점의 포르노가 너무 부족하다. 포르노는 아니지만 예전에 서울국제여성영화제에서 여성이 자위를 통해 오르가슴을 느끼는 방법이나 사정을 하는 방법을 가르쳐주는 교습소가 나오는 필름을 본 적이 있다. 남녀가 같이 참관하는 모습이 신선했다. 얼마나 많은 소위 '야설'이 여성의 오르가슴과 사정은 남성의 현란한 손놀림과 테크닉의 결과물이라고 묘사하는가? 포르노가 되었든 에로티시즘 영화가 되었든 남성의 현란한 테크닉보다는 여성이 적극적으로 섹스에 참여함으로써 스스로 오르가슴을 '쟁취'하는 것을 묘사하는 필름이 많았으면 하는 바람이다. 남성적 관점에서 제작되는 포르노의 가장 극단적 설정이 성폭력을 당하면서도 오르가슴을 느끼는 여성이다. 섹스의 모든 결과와 책임을 지게 되는 여성은 본능적으로 성에 대해 소극적이 될 수밖에 없고, 섹스의 결과와 책임으로부터 완전히 자유로운 남성은 즉흥적이고 일시적이고 무책임할 수밖에 없다. 즉, 남성은 끊임없이 여성에게 섹스하자고 조르고 여성은 이런 저런 이유로 피하는 것이 자연스러운 그림이다. 여성에게 섹스를 '허락'받기까지의 고단한 과정을 생략한 채 곧장 강제로 성기를 삽입하고 싶으나 도덕 때문인지, 걸리면 인생 망칠지도 모른다는 공포감 때문인지는 몰라도 함부로 실행에 옮기지는 않는다. 이 두 가지 욕망, 고단한 과정을 생략한 채 강제로라도 성기를 결합하고 싶은 욕구와 그것은 폭력이라는 도덕률을 화해시켜주는 장치가 바로 포르노의 전형적인 모범 여성, 강간이든 화간이든 성기만 삽입되면 오르가슴을 느끼는 여성이라는 판타지다. 즉, 강간은 잘못이지만 여성도 오르가슴을 느꼈으므로 결과적으로 용서될 수 있는 것 아니냐는 심리적 장치인 셈이다.

킨제이 보고서에 따르면 이런 류의 판타지는 남성이나 여성이나 자위할 때 가장 많이 애용하는 판타지이다. 그리고 이것이 청소년들이 자위를 하고 나서 죄책감을 느끼는 이유이다. 학교의 성교육 시간이나 텔레비전의 성 상담 코너에서 아무리 자위는 성장기 청소년의 자연스러운 현상이라고 말해 봐야 전혀 도움이 안 된다. 자위행위 자체가 성장기 청소년의 자연스러운 현상이라는 것을 모르는 청소년이 어디 있는가? 그럼에도 불구하고 자위행위가 죄의식을 가져다 주는 이유는 가장 중요한 성감대는 성기가 아니라 뇌이기 때문이다. 자위행위는 성기를 자극하면서 동시에 반드시 뇌를 자극해야 하는데 뇌를 자극한다는 것은 상상으로 섹스를 하는 것이고, 많은 경우 이 상상은 성폭력 또는 사회적 금기의 대상과의 금지된 섹스로 채워진다. 한마디로 말해 남자화장실 벽의 낙서 내용이 그것이다. 남자 친구나 아들의 머릿속이 궁금하면 경비원의 도움을 받아 남자화장실 낙서 탐방을 해보길 권하는 바이다. 이 행위, 성기를 마찰하는 행위가 아니라 금지된 섹스를 상상했다는 것, 그런 섹스를 상상하면서 자신이 흥분했다는 사실은 죄의식을 유발하기에 충분하며 자위 후 극심한 자기혐오를 일으킨다. 나 자신 이런 죄의식으로부터 자유로워진 것은 대학교 2학년 때부터였다. 어느 순간 내가 그런 상상을 한다는 것은 내 본능 어딘가에 그런 폭력의 가능성이 숨어 있다는 것이고, 자위를 통해 해소하지 않으면 어쩌면 그런 폭력이 현실이 될 수도 있다고 생각하니 우습게도 자위행위가 지극히 도덕적인 행위로 인식되었다.

타인의 몸에 대한 허락받지 않는 어떤 접촉도 폭력임을 가르치고, 둘이 원하면 하게 하되 피임은 꼭 하도록 가르치자. 그 방법을 학교와 사회가 가르쳐주면 된다. 피임이 완전한 것은 아니니 가임기를 피하는 요령도 함께 말이다. 나는 큰애(딸)와 둘째(아들)가 고교 2학년 되는 해의 생일에 콘돔을 선물하였다. 자신의 몸에 대한 책임감을 가지라는 메시지였는데 제대로 전달되었는지는 모르겠다. 사랑하면 섹스하되 모든 정성을 쏟아 자신과 상대의 몸을 존중해주기를 바라는 마음 간절하다. 심리기획자 이명수 씨의 글에서 첫 성 경험을 자신이 늘 잠자는 침대에서 하는 것이 중요하다는 내용을 읽은 적이 있다. 크게 동의한다. 나아가 대부분의 섹스가 자신들의 집에서 이루어질 정도로 성이 개방되는 날을 손꼽아 기다린다. 가족들 눈치가 보이면 미리 전화해서 도착 한 시간 전까지 집을 비워줄 것을 요구하고 미리 약속한 시각 전까지는 들어오지 말라고 부탁할 수 있는 것 아닐까? 모텔에서 혹시라도 모를 몰카의 두려움에 떠는 것보다야 훨씬 나을 듯싶다.

교과서와 권위

세상 모든 텍스트가 그러하듯 교과서는 허점투성이의 텍스트이다. 기독경도 그렇고 논어도 그러하다. 단일한 역사가 존재한다는 황당한 믿음의 산물이 국정역사교과서이다. 국정역사교과서가 담고 있는 역사가 옳으냐 그르냐는 중요하지 않다. 내가 국정역사교과서를 반대하는 이유는 잘못된 역사관이 담겨 있을까가 아니고 교과서가 갖는 독점적 지위와 권위 때문이다. 이는 단지 역사교과서에 국한된 염려는 아니다. 지금 우리의 교육 현실에서 교과서는 학생들에게 거의 무한한 권위를 가지고 있으며, 길이요 진리요 생명인 존재다. 엄밀히 말해 내용 자체가 권위를 갖는다기보다는 교과서가 입시 문제 정답의 최종적 판단 기준이기 때문이지만, 어찌되었든 학생들이 의견이 갈릴 때 누가 옳고 그르냐를 판단하는 대표적인 기준이 교사의 의견과 책이다. 교사의 의견이나 책의 내용을 참고해서 자신의 사고에서 문제점을 찾는 것은 좋으나 이 과정이 내 경험으로 보았을 때 지나치게 순종적이고 성급하게 이루어진다는 것이다. 즉, 저 학생이 과연 제대로 이해했을까 싶은 상황에서 너무 쉽게 자신의 의견을 꺾고 교사나 책의 입장을 받아들이는 모습을 많이 보아 왔다.

초등학교에서 가끔 학부모를 초빙해서 일일교사 뭐 이런 행사를 하곤 한다. 정확히 말하면 일일교사가 아니고 한 시간 교사지만. 한 시간 동안 아이들에게 이런 저런 이야기를 해주면 되는데, 보통은 자신이 몸 담고 있는 직업에 대해 이야기를 하곤 한다. 이럴 때 개그맨이 오면 인기 최고다. 어찌어찌해서 나도 그 자리에 서 본 적이 있다. 전날 무슨 이야기를 할까? 고민하다가 내 장기(?)를 살려 과학 이야기를 해주기로 하였다. 초등학생들이 과학에 그다지 관심을 가지고 있을 리는 만무하니 약간의 충격 요법을 쓰기로 하고 초등학교 교과서(사실은 대부분의 중고 교과서도 마찬가지)에 나오는 잘못된 개념을 이야기해 주었다. 대표적인 것이 평면거울이 좌우를 바꾼다는 주장인데, 평면거울에 보이는 상이 좌우가 바뀐 것처럼 보이는 것은 사실이나 결코 좌우를 바꾸지는 않는다. 만약 정말로 평면거울이 좌우를 바꾼다면 왜 위아래는 바꾸지 않는가? 간단한 실험을 통해 평면거울에 대한 이야기를 하면서 내가 원했던 것은 아이들이 '교과서에 나온 내용도 사실이 아닐 수 있구나' 하는 생각을 하는 점이었다. 얼마나 효력을 보았을지는 의문이지만.

권위에 굴하지 않는 인간. 이보다 더 매력적인 교육의 목표가 있을 수 있을까? 나는 역사교과서뿐만 아니라 모든 교과서가 좀 더 재미있으면 좋겠다. 좀 더 논쟁적으로 만들었으면 좋겠다. 국정이든 검인정이든 권위를 내세우는 건 매 한 가지다. 국가라는, 국가로부터 위임을 받았다는, 그 분야 최고라는 권위를 내려놓으면 지금보다는 훨씬 재미있고, 무엇보다 훨씬 더 유익할 것 같다. 지금 당장 할 수 있는 것 하나 소개한다. 교과서 맨 첫 페이지에 "이 책에 나오는 내용이 모두 진실은 아니다. 책 내용의 진실 여부에 대한 최종적인 판단은 여러분 스스로 하기 바란다"는 문구를 넣자. 교과서에 오류가 있을 수 있다는 것을 명시적으로 밝히자. 이 상징적인 문구 하나가 어쩌면 교과서 전체보다 더 학생들에게 가치 있을지도 모른다. 역사적 사실에 대해 의견이 갈린다고? 그러면 둘 다 소개하면 어떨까? 좌우 두 페이지에 걸쳐서 대립하는 관점을 소개하고 그것을 학생들 스스로 토론하게 하면 어떨까? 둘 중 누가 맞는지를 꼭 수업시간에 결론을 내야 한다고? 왜?? 수많은 과학 교과서들이 뛰어난 천재들이 이루어 낸 마법 같은 성과들을 찬양하기에 급급하지만, 그것이 얼마나 힘든 것인지, 얼마나 많은 실수가 필요했는지, 지금 무엇을 해야 하는지를 알기란 얼마나 힘든지를 이야기하는 책은 극히 드물다. 영어 수업 시간에 다루는 텍스트는 왜 그리도 유치한가? 당대의 국내외 인기 가요의 가사가 다루는 감성과 공진을 하는 학생들에게 얼마나 어필을 하는지를 생각해보아야 한다. 영어 실력이 미국 초등학생 수준이라고 해서 다루는 텍스트의 내용도 그 수준이어야 하는 것은 아니다. 국어 시간에 「소나기」를 읽으면서 소년 소녀의 애틋한 마음을 이야기한다면, 영어 수업에서 다루는 텍스트도 마땅히 그 수준의 것을 다루어야 한다. 텍스트가 다루는 감성이 '교과서적'인 수준이라면 누가 흥미를 느끼겠는가? 단편적인 지식이나 정보 전달에 머무르거나 또는 교훈을 줘야 한다는 강박관념을 버리고 지금 그 나이의 학생들이 고민하는 내용을 진지하게 다루는 문학 작품 등을 수록하여 말 그대로 교과서가 재미가 있어야 한다. 어휘력의 한계 때문에 오리지날 텍스트를 그대로 쓸 수는 없을 터이니 흐름상 상관없는 단어나 문구 등은 생략하거나 쉽게 바꾼다면 고등학생들이 『파리대왕』이나 『갯스비』, 또는 엘리스 먼로 등의 당대 영미문학을 공부하지 못하란 법이 없다. 교과서에서 20세기 영미문학의 텍스트 일부를 접한 학생들이 호기심이 솟구쳐서 해당 텍스트 전부를 스스로 읽게 하도록 하는 것, 이것보다 더 나은 영어교육의 목표가 또 있을까? 과학의 경우는 주제의 배열이 어느 정도는 시대의 전개와 엇비슷하기 때문에 조금은 역사적 관점에서 바라보게 되지만 수학의 경우는 그마저도 없다. 점수로 평가해야 한다는 대전제가 있다 보니 정답, 문제풀이만을 바라보게 되면서 수학의 본질은 문제를 제시하는 것이라는 점은 외면당한다. 특정 집합에서 특정 연산에 대한 항등원을 구하는 능력이 중요한 것이 아니라 그 특정 집합과 특정 연산을 설계하는 능력이 더 중요한 것이다. 산술평균과 기하평균의 정의를 이해하고 그 성질을 활용해서 특정 문제를 푸는 것보다 자신이 새로운 평균을 정의해 내는 능력이 더 중요하다. 문제 풀이가 중요한 것이 아니라 문제를 제시하는 능력이 더 중요하고, 시스템을 해석하는 능력보다 시스템을 설계하는 능력이 더 중요하다.

사실 이런 문제의식을 가지고 있지 않는 교사가 오히려 드물 것이다. 하지만 입시가 교육의 모든 문제 의식을 압도하고 있는 현실에서 이런 류의 고민은 참으로 한가롭기 그지 없어 보인다. 창의적인 아이디어로 생산성을 증가시켜 자신들로 하여금 초과이윤을 획득하게 해주는 노동자는 좋아하지만 비판적인 노동자는 결코 원하지 않는 자본, 그 자본이 주는 월급이라는 사슬에 저당 잡힌 청춘들, 자본이 원하는 유형의 사람을 '인재'라 포장해 주는 대학, 그 대학의 입학생 수로 평가받는 학교, 이 수없이 많은 사슬들이 12년 동안 또는 16년 동안 교육이라는 시스템에 놓여 있는 사람들을 권위에 순종하게 만들고, 어떻게 하면 개인으로서가 아니라 집단의 일원으로서 생존에 성공할 것인가 만을 고민하게 만들고 있다.

친구들끼리 종종 하는 이야기가 있다. 우리 때는 선동렬의 방어율(한때 1점 대 방어율을 기록한 적도 있다) 비슷한 학점으로도 대기업 취직이 가능했던 시절이지만 지금은 그렇지 않은데 그들에게 스펙보다 다양한 경험을 쌓으라고 요구하는 것이 타당한가 하는 류다. 지금 젊은이들 탓할 것이 못 된다. 저성장 국면에서 일자리가 정체되니 미래가 불확실한 젊은 세대는 대학 때부터 스펙을 쌓고 대학 졸업 후에도 고시학원 등에서 이른바 과잉 교육을 받고, 중고생들은 좋은 대학 입학에 인생을 걸게 된다는 인과의 연쇄는 일리가 없는 것은 아니다. 그러나 각 단계 단계가 반드시 필연적이라고 볼 수는 없고 반대 방향으로 연쇄가 일어나는 것도 가능하다고 본다. 사회라는 유기체는 모든 분야가 서로가 서로에게 영향을 주고받는 상호의존적인 속성을 갖는다. 종종 우리 사회의 모든 문제는 결국 언론이다. 또는 사법이 바뀌어야 나라가 선다. 또는 우리 사회의 모든 문제의 종착점은 입시라는 주장을 듣는다. 다들 일리는 있다. 그러나 만약 언론이 바로 서야 나라가 선다라는 주장이 맞는다면 그 언론을 바로 세우게 하려면 어떻게 해야 하는가를 생각하다 보면 사법이 제대로 서야 언론이 바로 선다는 논지가 만들어지기도 하고, 또 그 사법이 제대로 서려면 결국은 교육이 바뀌어야 한다는 논리도 성립하게 된다. 사회의 모든 현상은 악순환이든 선순환이든 순환하게 되어 있다. 결국 우리가 할 수 있는 것, 우리가 해야 하는 것은 지금 우리가 서 있는 이 자리에서 선순환의 작은 고리 하나를 만드는 것이고, 각 단계마다 지금까지 적용되어 온 일견 타당해 보이고 어쩌면 그것 말고는 다른 대안이 없어 보이는 방식에서 벗어나 새로운 방안을 모색하고 과감하게 적용해 보는 것이다.

20대에 해야 할 일

　새로운 세상이 가능하다는 믿음을 버려서는 안 된다. 세상을 갈아엎는 꿈을 꾸는 것이야말로 젊음의 특권이다. 너희들이 뭘 안다고 떠드냐고 타박하는 사람들을 간혹 볼 것이다. 그러나 아직 세상에 완전히 편입되기 전일 때, 아직 세상의 이런저런 이해관계로부터 자유로울 때 오히려 세상을 더 정확하게 바라볼 수도 있는 법이지, 그 믿음이 없다면 자본이 던지는 미끼를 무기력하게 물게 될 것이다. 에릭 홉스봄의 말처럼 시대가 아무리 맘에 들지 않아도 절대로 무기를 내려 놓아서는 안 된다. 우리가 이루려는 사회는 수많은 사람들이 흘린 피와 그 피를 기억하는 살아남은 자들의 고통이 결합된 산물이다.

　그 믿음을 현실화하기 위해서 전문지식을 습득해야 하며 특히나 전문지식을 습득하는 방법을 습득해야 한다. 더 많은 지식은 더 많은 부를 의미하는 것이 아니라 더 많은 책임을 의미한다. 전문지식을 습득해야 하는 이유는 그를 이용해 부를 얻고자 함이 아니라 그래야 사회의 좀 더 책임 있는 자리로 나아갈 수 있고, 그래야 좀 더 사회 발전에 기여할 수 있기 때문이다. 스포츠에서 선수 한 명 한 명의 개인 역량이 뛰어나면 팀이 승리할 가능성이 좀 더 커지고, 또 내가 좀 더 뛰어난 개인 기술을 습득하게 되면 좀 더 핵심적인 포지션에서 뛰게 될 것이고, 자연스럽게 팀의 승리에 좀 더 기여를 할 수 있게 되는 것과 같은 이치일 것이다. 한편, 세상의 대부분은 자본이 소유하고 있고 그 자본은 수많은 통로를 통해 자신들에게 유리한 거짓 논리를 세상에 퍼트리기 때문에 자본이 내세우는 거짓 논리를 혁파하기 위해서도 전문지식은 꼭 필요하다. 그리고 언제나 지식은 당대의 문제에 해답을 제시해야 한다. 당대의 문제에 해답을 주지 못하는 지식은 개념의 유희일 뿐이다.

때론 지식을 인도하고 때론 지식과 지식의 빈틈을 채워주는 것이 상상력인 바, 이를 위해 인문학과 예술을 언제나 가까이 해야 한다. 스테판 에셀은 시를 읊는다는 것은 언어와 섹스하는 것이라고 묘사했는데, 훌륭한 시를 읊거나 좋은 노래를 불러보면 과장이 아니라는 생각이 든다. 존 레넌의 〈이매진(imagine)〉이 팝 역사상 가장 위대한 노래로 칭송 받는 이유는 그 가사가 갖는 호소력 때문이다. 문학은 언어로 표현되니 영어를 포함하여 몇몇 주요 언어를 습득하려는 노력도 매우 필요하다. 한국어 사용자 입장에서 유럽 언어를 습득한다는 것이 쉽지는 않은데, 한 가지 팁을 주자면 기본적인 어휘 변형과 문법에 대한 사항을 이해하고 나면 곧바로 해당 언어로 된 '좋은' 텍스트를 읽어야 한다. 짤막짤막한 글 말고 반드시 책을 통째로 읽어야 한다. 해당 텍스트의 한국어 번역본을 동시에 같이 보는 것도 지나친 수고를 덜어주는 괜찮은 방법이다. 공공도서관을 잘 활용하면 큰 비용 없이 가능하다. 그 번역본이 훌륭한 번역가의 작품이라면 금상첨화이다. 안타깝게도 우리 사회에서 번역은 여전히 걸음마 수준이다. 심지어 어떤 텍스트를 번역의 대상으로 삼았는지도 밝히지 않는 후안무치한 작태가 아직도 횡행하고 있다. 유럽 언어가 힘들다면 일어를 습득하는 것은 아주 좋은 플랜 비이다. 일어는 우리말과 어순이 같고 어마어마한 양의 어휘를 공유하고 있다. 그만큼 습득하기가 쉬우면서 그 혜택은 상상 이상이다. 웬만한 유럽 텍스트는 모두 일어로 번역되어 있고 그 수준 또한 탁월하다. 몇 년 전에는 헤겔의 현상학이 현대의 일상 언어로 번역되기도 하였다. 심지어는 유럽 언어를 직접 우리말로 번역한 텍스트보다 일어로 번역된 것을 다시 우리말로 옮긴 텍스트가 오히려 더 읽기 쉬울 정도라고 한다. 동아시아에서 그리고 우리나라에서 일본의 영향력은 점점 커질 것이니 일어 구사능력은 어쩌면 필수일지도 모른다.

무엇보다 온 힘을 다해 사랑해야 한다. 엘리자베스 워렌은 자신의 책 『싸울 기회』에서 자신의 남편에 대해 이렇게 말한다.

"난 세상에서 가장 멋진 남자를 잡아 결혼했다. 브루스는 내가 싸우려 할 때 한 번도 말린 적이 없다. 게다가 키스도 끝내주게 잘한다."

이 구절은 행복한 삶을 참으로 정확하게 묘사한다. 사랑하는 사람과 함께 본인에게 주어진 사회적 책무를 수행하는 것, 사랑하는 사람과 함께 세상을 슬퍼하는 것, 사랑하는 이와 함께 세상을 바꾸는 것, 그것은 인생의 유일한 의미이고 그보다 더 행복한 삶은 없을 것이다. 안타깝게도 나는 그것을 너무 늦게 깨달았다.

그렇게 건강한 시민으로 자라서 당대의 현실을 보듬고 뒹굴면서 인간으로서의 존엄과 품위를 지켜내는 것이 살아남은 자의 몫이며 인간으로서의 예의일 것이다. 인 비노 아모르!

新신개인의 탄생을 꿈꾸며

지은이 마진찬

펴낸곳 도서출판 창해
펴낸이 전형배

출판등록 제9-281호(1993년 11월 17일)
1판1쇄 인쇄 2018년 4월 25일
1판1쇄 발행 2018년 4월 30일

주소 서울 마포구 토정로 222(신수동 448-6) 한국출판콘텐츠센터 316호
전화 02-333-5678
팩스 02-707-0903
이메일 chpco@chol.com

ISBN 978-89-7919-567-5 03330

ⓒ 마진찬, 2018, Printed in Korea

이 도서의 국립중앙도서관 출판예정도서목록(CIP)은 서지정보유통지원시스템 홈페이지
(http://seoji.nl.go.kr)와 국가자료공동목록시스템(http://www.nl.go.kr/kolisnet)에
서 이용하실 수 있습니다. (CIP제어번호 : CIP2018009733)

* 값은 뒤표지에 있습니다.
* 잘못된 책은 구입한 곳에서 바꿔드립니다.